AF290793

Bibliografische Information der Deutschen Nationalbibliothek:

Die Deutsche Nationalbibliothek verzeichnet diese Publikation in der Deutschen Nationalbibliografie; detaillierte bibliografische Daten sind im Internet über http://dnb.d-nb.de abrufbar.

Impressum:

Lektorat: Andrea Schober

Copyright © 2015 ScienceFactory

Ein Imprint der GRIN Verlag GmbH

Druck und Bindung: Books on Demand GmbH, Norderstedt, Germany

Coverbild: pixabay.com

Employer Branding:

Wie können Unternehmen den „War for Talents" gewinnen und qualifizierte Mitarbeiter binden?

Inhalt

Christian Schmidt: Employer Branding. Notwendigkeit und Gestaltungsmöglichkeiten 7

    1   Einleitung 8

    2   Notwendigkeit von Employer Branding 10

    3   Aufbau einer Arbeitgebermarke 14

    4   Fazit 21

    Literaturverzeichnis 23

Nicole Klein: Nachhaltige Unternehmenspolitik – ein Wettbewerbsvorteil im "War for Talents"? 25

    Abkürzungsverzeichnis 26

    Symbolverzeichnis 27

    1   Einleitung 28

    2   Begriffserläuterungen 30

    3   Theoretischer Hintergrund 40

    4   Aktuelle Forschung zum Thema Arbeitgeberwahl 46

    5   Eigene empirische Untersuchung 53

    6   Schlussbetrachtung 67

    Anhang A 69

    Anhang B 73

    Literaturverzeichnis 76

Jakob Stoffel: The War for Talent. Gewinnen und Binden von High Potentials am sich wandelnden Arbeitsmarkt 83

    Abkürzungsverzeichnis 84

    Vorwort 85

    Zusammenfassung 86

    1   Einleitung 87

    2   Konzeptionelle Grundlagen des Personalmanagements von High Potentials ... 91

    3   Praxiskonzepte zum Gewinnen und Binden von High Potentials 106

    4   Fazit 127

    Literaturverzeichnis 129

Nico Oertel: Employer Branding. Personalmarketing mit Zukunft .133

Abkürzungsverzeichnis 134

1   Einleitung 135

2   Bestimmung wichtiger Begrifflichkeiten 138

3   Der Employer Branding Prozess 145

4   Employer Branding in der Praxis 181

5   Schlussbetrachtungen 192

Literaturverzeichnis 194

Anhang 201

Einzelbände 215

Christian Schmidt: Employer Branding.
Notwendigkeit und Gestaltungsmöglichkeiten
2014

1 Einleitung

Die nachfolgende Arbeit befasst sich mit der Thematik des Employer Brandings. Zielsetzung ist es, auf den kommenden Seiten die Bedeutung dieser unternehmensstrategischen Maßnahme herauszuarbeiten, ihre einzelnen Bestandteile zu beleuchten und die Gestaltungsmöglichkeiten eines Employer Branding Konzepts aufzuzeigen.

In den letzten Jahren ist immer wieder von den Auswirkungen des demographischen Wandels die Rede. So ergab das Ergebnis, einer im Jahre 2009 von den statistischen Ämtern des Bundes und der Länder durchgeführten Vorausberechnung, dass sich die Bevölkerungsstruktur in Deutschland innerhalb der nächsten 20 Jahre deutlich verändern wird (s. Abbildung 1).

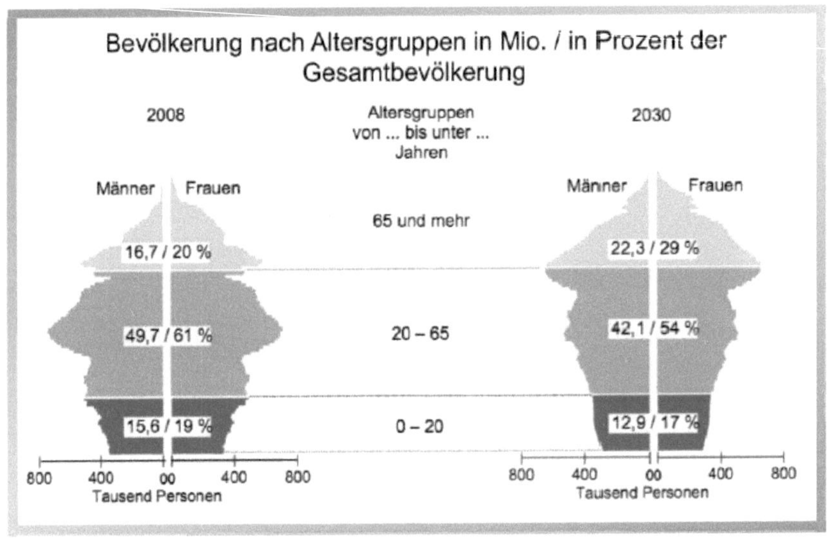

Abbildung 1: Altersaufbau der Bevölkerung in Deutschland (2030 Ergebnisse der 12. koordinierten Bevölkerungsvorausberechnung); Quelle: Entnommen aus: Statistische Ämter des Bundes und der Länder, 2011, S. 24.

In der Abbildung 1 ist die Gegenüberstellung der kalkulierten Bevölkerungspyramiden aus den Jahren 2008 und 2030 abgebildet. Es ist ersichtlich, dass sich die gesellschaftliche Altersstruktur zunehmend nach oben hin verschieben wird. Insbesondere die für Unternehmen wichtige Schicht der Personen im erwerbsfähigen Alter schrumpft diesen Schätzungen nach um etwa 7,5 Millionen Menschen. Ihr Anteil an der Gesamtbevölkerung sinkt infolgedessen um etwa sieben Prozentpunkte. Verstärkt wird dieser Trend zusätzlich durch den akuten Geburtenrückgang in Deutschland. Die Gruppe der unter 20-Jährigen wird sich daher voraussichtlich von 15,6 Millionen Menschen bis 2030 auf etwa 12,9 Millionen Menschen reduzieren (vgl. Statistische Ämter des Bundes und der Länder, 2011, S. 23f.). Dem Arbeitsmarkt stehen immer weniger junge Arbeitnehmer zur Verfügung. Es wird vermutet, dass sich dies bereits innerhalb der nächsten Jahre anhand eines deutlichen Mangels an qualifizierten, jungen Mitarbeitern bemerkbar macht (vgl. DEGW, 2008, S. 6f.). Dieser relevante Wettbewerbsfaktor wird nach und nach zum knappen Gut und belastet damit auch Deutschland als Wirtschaftsstandort. Aufgrund der fehlenden Ressourcen können Wachstumspotenziale nicht ausreichend genutzt werden. So ist laut des Instituts der deutschen Wirtschaft aufgrund dieser demographischen Entwicklung bereits derzeit mit einem jährlichen Verlust von rund 20 Milliarden Euro zu rechnen, Tendenz steigend (vgl. Hummel, 2012, S. 140). Die Unternehmen konkurrieren also immer stärker um gut ausgebildete Fach- und Führungskräfte. In diesem Zusammenhang wird häufig von einem Kampf um Talente, dem sogenannten „War for Talents" gesprochen (vgl. Bruch/Kunze/ Böhm, 2010, S. 42).

Das Angebot an verfügbaren Arbeitsplätzen für qualifizierte Fach- und Führungskräfte übersteigt aktuell die Nachfrage nach freien Vakanzen. Das Kräfteverhältnis verschiebt sich und der Arbeitsmarkt wandelt sich somit von einem Verkäufer- in einen Käufermarkt. Ähnlich wie im Konsumgütermarketing, müssen sich nun Unternehmen auch auf dem Arbeitsmarkt über eine gute Markenführung Gedanken machen. Denn wer sich mit einer starken Arbeitgebermarke besser positionieren kann als der Wettbewerb, erhöht die Chancen, den Bedarf an geeigneten Arbeitnehmern decken zu können. Experten sind sich daher sicher, dass die Relevanz des Employer Brandings in den nächsten Jahren kontinuierlich ansteigen wird (vgl. Stotz/Wedel, 2009, S. 49).

2 Notwendigkeit von Employer Branding

Nachdem eingangs bereits kurz erläutert wurde, weshalb die Bedeutung des Employer Brandings in den kommenden Jahren zunehmen wird, stellen sich nun zunächst die Fragen danach, was unter Employer Branding verstanden wird, welche Eigenschaften eine starke Arbeitgebermarke ausmachen und wie eine solche sukzessive aufgebaut werden kann. Diese Fragen werden auf den kommenden Seiten beantwortet.

2.1 Was ist Employer Branding?

Der Begriff „Employer Branding" entstammt dem Marketingbereich. „Employer", bedeutet im Englischen „Arbeitgeber" und „Brand" ist der Ausdruck für „Marke". Unter einer „Employer Brand" wird folglich die Arbeitgebermarke verstanden (vgl. Buckesfeld, 2009, S. 22). Obwohl dies zunächst einmal relativ selbsterklärend wirkt, finden sich in der Fachliteratur unterschiedlichste Definitionen des Employer Branding Konzepts. Eine einheitliche, wissenschaftliche Begriffsabgrenzung ist bisher nicht vorhanden. Jedoch scheint zumindest ein Konsens in der Fachwelt in Bezug auf die enge Verknüpfung zwischen Employer Branding und dem Konzept der klassischen Markenführung zu bestehen. So wird unter anderem die Terminologie des Marketing auf die Arbeitgebermarke übertragen, indem zum Beispiel auch hier immer wieder vom „Image" oder der „Identität" die Rede ist (vgl. Böttger, 2012, S. 17ff.). Diese Verknüpfung zwischen Marketing und Employer Branding geht jedoch noch weiter.

Gerade in den letzten Jahren sind sich Unternehmen immer mehr der Bedeutung der eigenen Corporate Brand, der Unternehmensmarke, bewusst geworden. Heute ist es nicht nur wichtig, das eigene Produkt oder die eigene Dienstleistung vom Wettbewerb zu differenzieren, sondern ein individuelles Vorstellungsbild des ganzen Unternehmens zu schaffen (vgl. Buckesfeld, 2009, S. 23). Marken wie Apple oder Coca-Cola haben dies vorgemacht und zählen nicht umsonst zu den wertvollsten Marken der Welt. Starke Corporate Brands wirken sich direkt auf den Unternehmenserfolg sowie die Marktkapitalisierung an der Börse aus (vgl. Nölting,

2012). Wesentlich bei einer Corporate Brand ist der ganzheitliche Ansatz der Markensteuerung. Die Corporate Brand richtet sich anders als reine Produktmarken nicht nur an einzelne Bezugsgruppen, zum Beispiel den Kundenstamm, sondern an alle Stakeholder eines Unternehmens. Buckesfeld beschreibt in diesem Zusammenhang den Teil der Corporate Brand, der sich gezielt an die aktuellen sowie potenziellen Mitarbeiter eines Unternehmens richtet, als Employer Brand (s. Abbildung 2) (vgl. Buckesfeld, 2009, S. 22f.). Die Arbeitgebermarke bildet dieser Definition folgend einen wesentlichen Teilbereich der Unternehmensmarke.

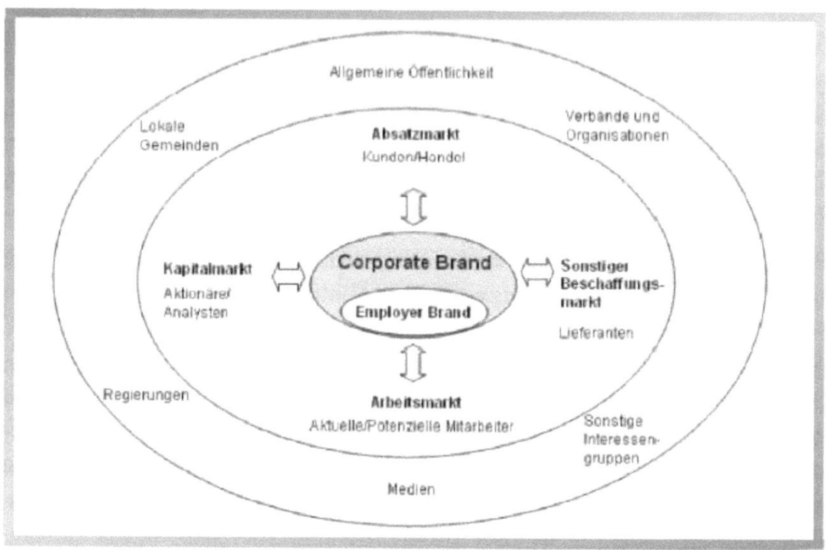

Abbildung 2: Die Anspruchsgruppen einer Corporate Brand; Quelle: Entnommen aus: Buckesfeld, 2009, S. 23.

Auf diesen Grundlagen basierend, ist der Begriff des Employer Brandings bzw. des Personalmarketings als ein umfassendes und vor allem management-relevantes Leitkonzept zu verstehen. Es ist auf den Arbeitsmarkt ausgerichtet, das heißt in seinem Mittelpunkt stehen die Bedürfnisse aktueller sowie potenzieller Mitarbeiter (vgl. Lippold, 2011, S. 6). Employer Branding ist der strategische Prozess des Aufbaus einer Arbeitgebermarke. Dabei geht es aber nicht nur darum den Arbeitgeber an sich populär zu machen, weshalb der Ausdruck „Personalmarketing" oftmals auch missverständlich ist, sondern darüber hinaus auch die Arbeitgeberqualität zu steigern und eine Orientierung für die Weiterentwicklung der gesamten Organisation zu bieten (vgl. BPM, 2011, S. 3). Die Zielsetzung des Employer Brandings sei laut Lippold die personale Wertschöpfung mit Hilfe von Mitarbeitergewinnung und Mitarbeiterbindung zu optimieren. Personalmarketing hat interne als auch externe Wirkungsfelder und betrifft die Aktionsbereiche Personalbeschaffung / Recruiting sowie die Personalbetreuung (vgl. Lippold, 2011, S. 6f.). Diese recht

3 Aufbau einer Arbeitgebermarke

Auf den bisherigen Seiten dieser Arbeit wurden im Wesentlichen die Bedeutung und die Notwendigkeit des Employer Brandings erläutert. Es ging darum, wieso sich Unternehmen mit dem Aufbau einer Arbeitgebermarke beschäftigen müssen. Nachfolgendend soll nun dezidiert auf die Gestaltungsmöglichkeiten eingegangen und die einzelnen Bestandteile eines Employer Branding Konzepts näher betrachtet werden.

Dem Aufbau und der Steuerung einer Arbeitgebermarke liegt das Konzept der strategischen Markenführung zugrunde. Die Deutsche Employer Branding Akademie hat hierzu einen detaillierten Prozess entwickelt, der die einzelnen Schritte auf dem Weg zur Arbeitgebermarke beschreibt:

1. Projekt Setup

2. Analyse

3. Entwicklung der Strategie

4. Kommunikations- & Kreativkonzept

5. Implementierung (extern & intern)

6. Steuerung & Controlling

Anhand dieses Prozesses wird nun nachfolgend die Entwicklung einer Employer Brand veranschaulicht.

3.1 Projekt Setup

Ausgangspunkt jedes Projekts bildet die strategische Basis. Employer Branding muss auf die Strategie des Unternehmens abgestimmt werden. Auf diese Weise werden Leitplanken für den weiteren Projektverlauf festgelegt. Zudem empfiehlt es sich hier bereits unterschiedliche Bereiche des Unternehmens zu involvieren. Die Arbeitgebermarke ist, wie bereits zuvor erwähnt, ein Teil der Corporate Brand, weshalb das Thema Employer Branding nicht nur für das Personalmanagement von Relevanz ist. Genauso sollten auch Personal-marketing, Unternehmenskommunikation, Marketing sowie das komplette Management und die Geschäftsführung eingebunden werden (vgl. BPM, 2011, S. 6f.).

3.2   Analyse

In der Analysephase wird sowohl das eigene Unternehmen als auch die externe
Umwelt unter die Lupe genommen. Es geht um das Sammeln von relevantem
Datenmaterial mit dem Ziel am Ende der Phase ein klares Bild des eigenen
Unternehmens, der Zielgruppe und des Wettbewerbs zu erhalten (vgl. Nagel,
2011, S. 109).

Die Unternehmensanalyse beinhaltet im Grunde eine Identifikation von Stärken
und Schwächen des eigenen Unternehmens, eine Untersuchung des Marken-
kerns sowie der damit verbundenen Nutzenversprechen (vgl. Lukascyk, 2012, S.
15).

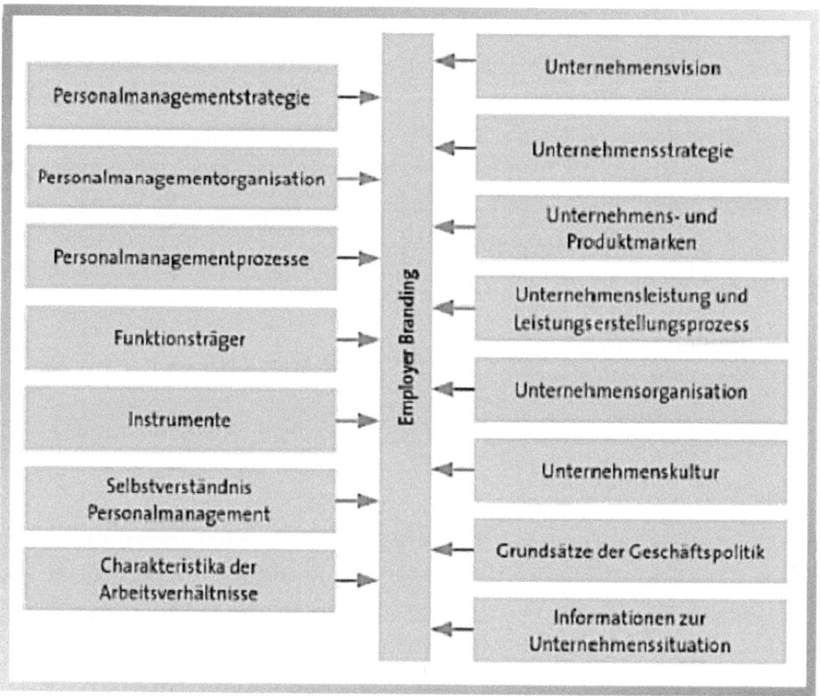

Abbildung 3: Interne Einflussfaktoren des Employer Branding; Quelle: Entnommen
aus: Seng/Armutat, 2012, S. 26.

Da die Employer Branding Strategie auf der aktuellen Unternehmenssituation
basiert, ist eine umfassende Betrachtung und Analyse an dieser Stelle des
Prozesses elementar. Hierbei gilt es die unternehmensinternen Einflussfaktoren
zu kennen und in die Betrachtung miteinzubeziehen. Zu diesen Einflussfaktoren

zählen unter anderem die Unternehmensvision, die eigenen Marken oder auch die Unternehmenskultur. Seng und Armutat nennen hier insgesamt 15 verschiedene interne Faktoren, die für das Employer Branding von Relevanz sind (s. Abbildung 3). Es würde den Rahmen dieser Arbeit sprengen, alle diese Faktoren detailliert zu betrachten, daher wird nur kurz auf die drei bereits genannten Beispiele eingegangen. So bildet die Vision die langfristig angestrebte Organisationsentwicklung zusammen mit dem definierten Selbstzweck eines Unternehmens ab. Ein Blick auf das Marken-Portfolio verrät hingegen, ob bereits bekannte Produktmarken vorhanden sind oder ob das Unternehmen über eine starke Corporate Brand verfügt. Eine Analyse der Unternehmenskultur verdeutlicht, welche Werte gelebt werden oder wie das allgemeine Arbeitsklima ist (vgl. Seng/Armutat, 2012, S. 22f.).

Während im Mittelpunkt der Unternehmensanalyse die Organisation selbst und die internen Einflussfaktoren stehen, betrachtet die Umweltanalyse das externe Umfeld in dem sich das Unternehmen bewegt. Hier wird ein Blick auf relevante Bezugsgruppen und die Wettbewerber geworden. Hilfreich sind dabei die Instrumente des strategischen Managements wie die PEST- oder eine Stakeholderanalyse (vgl. Lukascyk, 2012, S. 15f.). Mit solchen Methoden lassen sich unternehmensexterne Einflussfaktoren identifizieren. Dazu beispielsweise:

- Politik
- Wirtschaft
- Gesellschaft
- Technologie
- Recht

Das Employer Branding bildet eine Schnittstelle zwischen dem Unternehmen selbst und seiner Umwelt. Daher sind diese Faktoren zwingend in den strategischen Planungsprozess aufzunehmen. So ist beispielsweise der bereits zuvor erwähnte demographische Wandel ein Teil der gesellschaftlichen Faktoren, die einen wesentlichen Einfluss auf ein Unternehmen haben können. Ähnlich verhält es sich mit wirtschaftlichen Faktoren, wie der Branchenentwicklung oder möglichen Veränderungen im Wettbewerbsumfeld des Unternehmens. Am Ende der Analysephase müssen die gesammelten Informationen evaluiert und Orientierungspunkte für den weiteren Employer Branding Prozess festgelegt werden. Alles was maßgeblich die Attraktivität als Arbeitgeber beeinflusst, ist für die weitere Planung zu berücksichtigen (vgl. Seng/Armutat, 2012, S. 19ff.). Hilfreiches Instrument ist dieser Stelle ein weiteres Tool des strategischen Managements, die SOWT-Analyse. Hier werden interne Informationen, Strengths (Stärken) und Weaknesses (Schwächen) des Unternehmens, mit den Ergebnissen der externen Betrachtung, Opportunities (Chancen) und Threats (Risiken), zusammengebracht, um strategische Handlungsempfehlungen abzuleiten (vgl. Stotz/Wedel, 2009, S. 90).

3.3 Entwicklung einer Employer Branding Strategie

Nachdem im Rahmen der Analyse ein Bild des eigenen Unternehmens sowie der Umwelt entstanden, wird im dritten Schritt ein strategischer Ansatz entwickelt. Den Kern bildet hier die Erarbeitung einer Arbeiterpositionierung aus den zuvor gesammelten Informationen (vgl. Lehmann, 2012, S. 33ff.).

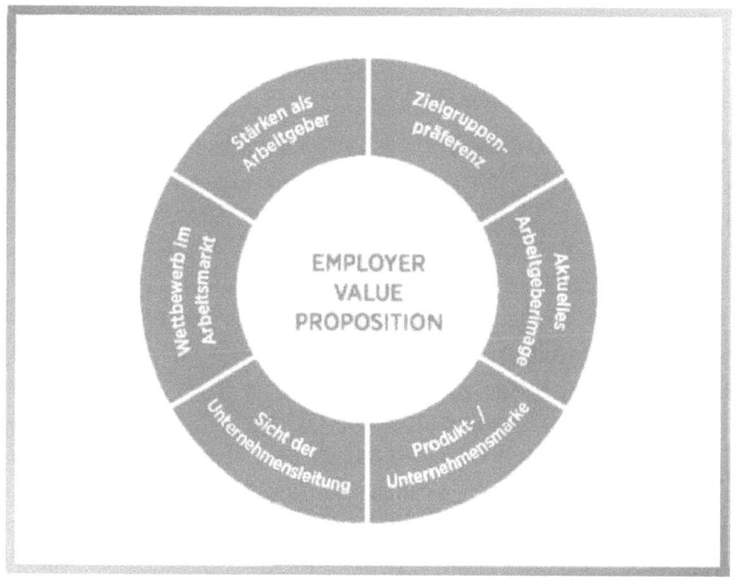

Abbildung 4: Dimensionen der Employer Value Proposition; Quelle: Entnommen aus: Ruf, 2011, S. 54.

Bei der Suche nach positionierungstauglichen Aspekten bietet es sich an, zum Beispiel Unternehmenskultur, Arbeitswelt oder unternehmensinterne HR-Angebote zu durchforsten. Wichtig ist stets, jeden Ansatz zu validieren, damit sich mögliche Chancen und Risiken lokalisieren lassen. Ein weiterer Bestandteil dieser Phase ist das Definieren der Markenidentität, der Employee Value Proposition (EVP). Dies geschieht meist auf Grundlage einer kritischen Selbstreflexion sowie dem Ausarbeiten der Arbeitgeberidentität (vgl. BPM,

2011, S. 6f.). Die EVP bildet den Mittelpunkt der Arbeitgebermarke sowie aller Employer Branding Maßnahmen. Sie ist als die zentrale Kernaussage zu verstehen, die erklärt, was einen Arbeitgeber auszeichnet und ihn interessant macht (s. Abbildung 4); (vgl. Ruf, 2011, 53f.). Idealerweise sollte die EVP aus einem kurz und prägnant formulierten Argument bestehen, was in der Realität jedoch nicht immer möglich ist. Es empfiehlt sich trotzdem, auf mehr als drei zentrale Argumente zu verzichten, um ein klares und eindeutiges Bild am Arbeitsmarkt zu gewährleisten (vgl. Lehmann, 2012, S.37). Ein gutes Beispiel für eine solche Employer Value Proposition bietet die Unternehmensberatung und Wirtschaftsprüfungsgesellschaft Ernst & Young (EY). Im Mittelpunkt aller Employer Branding Maßnahmen des Unternehmens steht die Aussage: „Whenever you join, however long you stay, the exceptional Ernst & Young experience will last you a lifetime." (vgl. Nikravan, 2013)

3.4   Kommunikations- & Kreativkonzept

Sobald die Arbeitgeberpositionierung klar ist, muss die inhaltliche Botschaft an die Zielgruppe vermittelt werden. Zu diesem Zweck werden ein Kommunikations- bzw. ein Kreativkonzept ausgearbeitet. Es gilt die Employee Value Proposition in eine Bild- und Textsprache zu verpacken und eine Kampagne auszuarbeiten. Diese Aufgabe obliegt meist einer Werbeagentur (vgl. Trost, 2008, S. 129f.). Wichtig ist bei einem Kampagnenentwurf darauf zu achten, dass über alle gewählten Instrumente des Marketingmix konsistente Signale ausgesendet werden. Die Zielgruppe muss über jedes Medium, sei es eine Stellenanzeige, ein Messestand oder der Internetauftritt eine identische Grundbotschaft und ein einheitliches Gefühl vermittelt bekommen. Ein graphisches Hilfsmittel kann an dieser Stelle die Einführung eines Keyvisuals sein, dass einen hohen Wiedererkennungswert erzeugt. Ein Beispiel für ein solches Keyvisual ist das Silberpfeilchen" der Firma Continental. Dieses wird von Continental seit 2005 in den verschiedensten Medien genutzt (s. Abbildung 5); (vgl. Lehmann, 2012, S.37ff.).

Abbildung 5: Keyvisual von Continental in einer Stellenanzeige; Quelle: Entnommen aus: Stepstone, 2014.

3.5 Implementierung (internes & externes Employer Branding)

Die Implementierung der Arbeitgebermarke findet sowohl intern als auch extern statt und wird auf alle Ebenen heruntergebrochen. Intern bedeutet dies, dass sie für jeden Mitarbeiter und jede Führungskraft erlebbar gemacht wird. (vgl. BPM, 2011, S. 7ff.). So müssen alle internen Instrumente nach den Richtlinien der neuen Strategie gestaltet und angepasst werden. Das umfasst alle HR-Prozesse, HR-Produkte, die Gestaltung der Arbeitswelt genauso wie die Mitarbeiterführung. Jeder Kontaktpunkt mit dem Mitarbeiter wird dabei einbezogen, angefangen bei der internen Rekrutierung über die Integration sowie die Mitarbeiterbindung bis hin zum Austritt. Maßnahmen, die im Rahmen des internen Employer Brandings stattfinden können, sind zum Beispiel die Einführung flexibler Arbeitszeitmodelle, neuer Benefitprogramme oder regelmäßiger Mitarbeitergespräche (vgl. Stotz/Wedel, 2009, S. 107ff.). Solch eine konsequente Umsetzung auf allen Ebenen sorgt dafür, dass die Mitarbeiter die Employer Brand aktiv erleben können. Zugleich erhöht sich auf diese Weise auch die Qualität des Arbeitgebers und die Mitarbeiterzufriedenheit (vgl. BPM, 2011, S. 7).

Das externe Employer Branding fokussiert sich zu großen Teilen auf den Bereich der Personalbeschaffung. Das heißt, es deckt den gesamten Prozess von der Segmentierung und Positionierung auf dem Arbeitsmarkt, über das in Kontakt treten mit geeigneten Bewerbern, bis zum Abschluss des Auswahlprozesses und der Integration ins Unternehmen ab (vgl. Lippold, 2011, S. 30). Darüber hinaus gehören zum externen Employer Branding jedoch auch das Networking (z.B. Alumniprogramme) oder die Corporate Reputation. Diese beinhaltet Synergien zwischen Unternehmensimage und Arbeitgebermarke z.B. in Form von PR oder Corporate Social Responsibility (vgl. BPM, 2011, S. 5). Im Mittelpunkt des externen Employer Brandings steht jedoch zumeist die Gestaltung der Touchpoints zu potenziellen Mitarbeitern. Ein Beispiel für Ausgestaltungsmaßnahmen sind unter anderem die Aufnahme von Hochschulkooperationen oder die Überarbeitung des Bewerbungsprozesses (vgl. Stotz/ Wedel, 2009, S. 115ff.). Eine wesentliche Rolle kommt darüber hinaus der Positionierung der Arbeitgebermarke in Form einer zielgruppenspezifischen Kommunikation und Ansprache zu. So müssen die Kanäle richtig gewählt werden, um die Zielgruppen zu erreichen und Aufmerksamkeit zu erregen (vgl. Siebrecht, 2011, S. 57).

3.6 Steuerung & Controlling

Wie bei jedem Wertschöpfungsprozess ist auch beim Employer Branding eine Steuerung unabdingbar. So muss das Ergebnis der Maßnahmen und Aktivitäten mit Hilfe von Kennzahlen und Erfolgsindikatoren messbar sein. Es empfiehlt sich daher, bereits im Laufe des Prozesses, zum Beispiel in der Analysephase, geeignete Zielgrößen zu definieren, mit denen eine spätere Evaluation des Prozesses ebenso wie einzelner Aktivitäten ermöglicht wird (vgl. BPM, 2011, S. 7).

4 Fazit

Der demographische Wandel und der daraus resultierende Fach- und Führungskräftemangel haben erhebliche Auswirkungen auf die Wirtschaft. So sehen sich viele Unternehmen bei der Besetzung von wichtigen Positionen mit wachsenden Problemen konfrontiert. Sie konkurrieren um qualifizierte Mitarbeiter, im sogenannten „War for Talents". Der Arbeitsmarkt verschiebt sich im Zuge dessen von einem Verkäufer- zu einem Käufermarkt und das Angebot an freien Vakanzen für gut ausgebildete Fach- und Führungskräfte übersteigt deren Nachfrage. Umso wichtiger wird es für Unternehmen sich als attraktiver Arbeitgeber zu positionieren und vom Wettbewerb abzugrenzen. Dabei spielt das Employer Branding eine wesentliche Rolle. Im Zentrum dieses strategischen Prozesses steht der Auf- und Ausbau der Arbeitgebermarke mit der Zielsetzung, die personale Wertschöpfung durch Mitarbeitergewinnung und -bindung zu optimieren. Employer Branding richtet sich folglich sowohl an interne als auch an externe Bezugsgruppen. Bei den eigenen Mitarbeitern stärkt es die Identifikation mit dem Unternehmen und das Zugehörigkeitsgefühl. Ein attraktiver Arbeitgeber sorgt zudem für Zufriedenheit und kann sogar zum Statussymbol werden. Für die Gruppe der potenziellen Mitarbeiter sind starke Arbeitgebermarken Orientierungspunkte. Sie bieten Sicherheit, da eine Marke als ein Werte- und Qualitätsversprechen empfunden wird. Auf diese Weise erleichtern sie die sonst oftmals risikobehaftete Wahl des passenden Arbeitgebers.

Aufgrund dieser Vorteile beschäftigen sich immer mehr Unternehmen mit dem Employer Branding. Jedoch ist dies ein Prozess, der viel Zeit und Gründlichkeit erfordert. Er gliedert sich in sechs Phasen: Setup, Analyse, Strategieentwicklung, Kommunikations- & Kreativkonzept, Implementierung und Controlling. So ist eine gründliche Vorarbeit essentiell. Dazu gehört eine umfassende Analyse des eigenen Unternehmens, z.B. im Hinblick auf Stärken und Schwächen, ebenso wie eine Betrachtung der Umwelt z.B. der Zielgruppe oder des Wettbewerbs. Darauf basierend werden Strategien entwickelt, um die Arbeitgebermarke zu positionieren. Wichtig ist dabei, eine Kernaussage zu definieren, die kurz und prägnant die Einzigartigkeit als Arbeitgeber ausdrückt, die sogenannte Employee Value Proposition (EVP). Letztere steht auch im Mittelpunkt der Umsetzung. Sie muss mit Hilfe von geeigneten Kanälen an die internen und externen Bezugsgruppen mittels Bild- und Textsprache vermittelt werden. Dazu gehört eine konsistente Umsetzung auf allen Ebenen. Das heißt über jeden Kontaktpunkt, sei es intern im Rahmen der Mitarbeiterbetreuung oder extern in der Personalbeschaffung, wird der Zielgruppe die gleiche Botschaft und das gleiche Gefühl vermittelt. Um den Erfolg der einzelnen Maßnahmen bzw. des gesamten Prozesses am Ende bewerten zu können, sollten bereits vorab entsprechende Erfolgsindikatoren und Benchmarks festgelegt werden. Nur auf diese Weise kann der strategische Employer Branding Prozess wirklich gesteuert werden.

Literaturverzeichnis

Andratschke, N., Regier, S., Huber, F. (2009): Employer Branding als Erfolgsfaktor: Eine conjoint-analytische Untersuchung, Lohmar, 2009

Böttger, E. (2012): Employer Branding – Verhaltenstheoretische Analysen als Grundlage für die identitätsorientierte Führung von Arbeitgebermarken, Wiesbaden, 2012

BPM (2011): Service – Employer Branding Konpakt, URL: http://www.bpm.de/sites/default/files/service_1%5B1%5D.pdf, Abruf am 28.01.2014

Bruch, H., Kunze, F., Böhm, S. (2010): Generationen erfolgreich führen: Konzepte und Praxiserfahrungen zum Management des demographischen Wandels, Wiesbaden, 2010

Buckesfeld, Y. (2009): Employer Branding – als Strategie für die Steigerung der Arbeitgeberattraktivität in KMU, Marl, 2009

DEGW (2008): Recruiting the next generation: der Wettlauf um die besten Köpfe, URL: http://www.recruitingthenextgeneration.de/files/rng_executive_summary.pdf, Abruf: 20.12.2013

Hummel, T.-R. (2012): Personalmanagement, URL: http://www.springerprofessional.de/die-wertvollsten-marken-der-welt/3536510.html, Abruf am 30.01.2014

Lehmann, M. (2012): Die Employer Brand strategisch ableiten und positionieren, in DGFP e.V. (Hrsg.), Employer Branding – Die Arbeitgebermarke gestalten und im Personalmarketing umsetzen, Bielefeld, 2012, S. 33-40

Lippold, D. (2011): Die Personalmarketing-Gleichung – Einführung in das wertorientierte Personalmanagement, München 2011

Lukascyk, A. (2012): Strategisches und operatives Employer Branding – das Konzept, in DGFP e.V. (Hrsg.), Employer Branding – Die Arbeitgebermarke gestalten und im Personalmarketing umsetzen, Bielefeld, 2012, S. 15-18

Nagel, K. (2011): Employer Branding – Starke Arbeitgebermarken jenseits von Marke- tingphrasen und Werbetechniken, Wien 2011

Nikravan, L. (2013): Bringing Work and Life into Balance, URL:
http://talentmgt.com/articles/view/bringing-work-and-life-into-balance/print:1,
Abruf am 30.01.2014

Nölting, A. (2012): Die wertvollsten Marken der Welt, URL:
http://bookboon.com/de/personalmanagement-2-ebook, Abruf am 30.01.2014

Ruf, M. (2011): Employer Branding, in: Personalführung 2011, S. 52-57

Seng, A., Armutat, S. (2012): Einflussfaktoren des Employer Branding
analysieren, in DGFP e.V. (Hrsg.), Employer Branding – Die Arbeitgebermarke
gestalten und im Personalmarketing umsetzen, Bielefeld, 2012, S. 19-32

Siebrecht, S. (2012): Umsetzung der Employer Brand in den
Personalinstrumenten, in DGFP e.V. (Hrsg.), Employer Branding – Die
Arbeitgebermarke gestalten und im Personalmarketing umsetzen, Bielefeld,
2012, S. 53-58

Statistische Ämter des Bundes und der Länder (2011): Demographischer
Wandel in Deutschland: Bevölkerungs- und Haushaltsentwicklung im Bund und
in den Ländern,
URL: https://www.destatis.de/DE/Publikationen/Thematisch/Bevoelkerung/-
VorausberechnungBevoelkerung/BevoelkerungsHaushaltsentwicklung58711011
1-9004.pdf?__blob=publicationFile, Abruf am 20.12.2013

Stepstone (2014): Manager (w/m) konzernweite Diagnostik & Karrierepfade
(Job ID: 260591),
URL: http://www.stepstone.de/stellenangebote--Manager-w-m-konzernweite-
Diagnostik-Karrierepfade-Job-ID-260591-Hannover-Continental-AG--2762997-
inline.html?ssaPOP=10&ssaPOR=10, Abruf am 30.01.2014

Stotz, W., Wedel, A. (2009): Employer Branding – Mit Strategie zum
bevorzugten Arbeitgeber, München 2009

Trost, A. (2008): Employer Branding – Entwickeln einer Arbeitgebermarke, in:
Arbeit und Arbeitsrecht 2008, S. 136-140

Weitzel, T., et al. (2013): Recruiting Trends 2013 – Management-
Zusammenfassung, URL:
http://de.amiando.com/eventResources/c/2/PYV5O4GinAMtop/Recruiting_Tren
ds_2013_Management_Zusammenfassung.pdf, Abruf am 30.01.2014

Nicole Klein: Nachhaltige Unternehmenspolitik – ein
Wettbewerbsvorteil im "War for Talents"?
2014

Abkürzungsverzeichnis

bzw.	- beziehungsweise
CSP	- Corporate Social Performance
CSR	- Corporate Social Responsibility
d.h.	- das heißt
DIHK	- Deutscher Industrie- und Handelskammertag
engl.	- Englisch/e/r
KMUs	- kleine und mittlere Unternehmen
LOHAS	- Lifestyle of Health and Sustainability
NGOs	- Nichtregierungsorganisationen
u.a.	- unter anderem
u.Ä.	- und Ähnliches
UNCED	- United Nations Conference on Environment and Development
WCED	- World Commission on Environment and Development
z.B.	- um Beispiel

Symbolverzeichnis

%	- Prozentzeichen
n_{ij}^e	- erwartete absolute Häufigkeit von Ausprägungspaaren
$n_{\cdot j}$	- Spaltensumme in der Kreuztabelle
$n_{i\cdot}$	- Zeilensumme in der Kreuztabelle
n	- Stichprobenumfang, Gesamtsumme in der Kreuztabelle
χ^2	- Chi-Quadrat
$\sum$	- Summenoperator
i	- Zählvariable
j	- Zählvariable
n_{ij}	- beobachtete/empirische absolute Häufigkeit von Ausprägungspaaren
H0	- Nullhypothese
H1	- Alternativhypothese
min	- minimiere
k	- Spaltenanzahl in der Kreuztabelle
m	- Zeilenanzahl in der Kreuztabelle

1 Einleitung

Die vorliegende Arbeit beschäftigt sich mit der Frage, ob nachhaltig wirtschaftende Unternehmen einen Vorteil im „War for Talents" besitzen. Bedingung hierfür ist, dass für Arbeitnehmer nachhaltige Themen von Bedeutung sind und sie eine nachhaltige Unternehmenspolitik bei der Wahl ihres Arbeitgebers berücksichtigen. Nachhaltigkeit hat sich in den letzten Jahren zum Schlagwort etabliert und wird viel diskutiert. Ebenso werden oft die Vorteile von nachhaltigem Wirtschaften für Unternehmen auf allen Ebenen erforscht, wie z.B. Kosteneinsparungen durch sparsameren Verbrauch von Wasser und Energie oder dem Gerecht werden von Kundenansprüchen mit hohem Umwelt- und Nachhaltigkeitsbewusstsein. Wenig ergründet ist bis dato jedoch die Fragestellung, ob und inwieweit Nachhaltigkeit für Arbeitnehmer bei der Wahl ihres Arbeitgebers von Relevanz ist.

Hierbei liegt der Fokus vorliegender Arbeit hauptsächlich auf der zukünftigen hochqualifizierten Generation von Arbeitnehmern in Deutschland. Nach der Generation Baby Boomer und Generation X ist die jüngste Generation, die in den Arbeitsmarkt eintritt, die Generation Y. Alternativ finden sich in der Literatur auch die Begriffe „Millennials" oder Internetgeneration/„Digital Natives". Genauso uneinheitlich wie die Bezeichnungen, die verwendet werden, ist auch die Altersspanne für diese Generation. In etwa zählen aber Jahrgänge ab 1980 bis 2000 zur Generation Y (Dahlmanns 2014, S. 13 f.). Prägende Entwicklungen der Generation Y auf dem Arbeitsmarkt sind, dass Arbeitsplätze ins Ausland verlagert werden, die beruflichen Anforderungen steigen, die Erwerbsformen sich ändern hin zu mehr Teilzeitbeschäftigung und Minijobs und es immer mehr befristete Arbeitsverhältnisse und Zeitarbeit gibt (Dahlmanns 2014, S. 21; statistisches Bundesamt 2012, S. 56 f.). Dies impliziert eine höhere Unsicherheit des Arbeitsplatzes und fordert eine höhere Flexibilität und Ausbildung der Generation Y (Dahlmanns 2014, S. 22). Das Thema Umwelt erhielt bei dieser Generation vor allem durch kritische Ereignisse Aufmerksamkeit, wie z.B. Klimawandel, bedrohte Tierarten und den Reaktorunfall von Fukushima (Dahlmanns 2014, S. 24 f.). Dies lässt den Schluss zu, dass ökologische Aspekte stärker in den Fokus dieser Generation rücken und dass sie nachhaltig wirtschaftende Arbeitgeber wertschätzen, die langfristig denken, Stabilität und ein angenehmes Arbeitsklima bieten. Hermann spricht in seinem Buch „Corporate Sustainability Branding" von einer wachsenden Anzahl an Interessensgruppen, die Nachhaltigkeit von Unternehmen fordern und von höherer Arbeitgeberattraktivität bei Unternehmen mit einem nachhaltigkeitsgeprägten Image, sowohl für potentielle als auch für bestehende Mitarbeiter (Hermann 2005, S. 83, S. 85).

Ob nun Unternehmen mit einer nachhaltigen Unternehmenspolitik tatsächlich die attraktiveren Arbeitgeber sind und inwiefern nachhaltige Aspekte bei der Arbeitgeberwahl eine Rolle spielen, wird im Folgenden untersucht.

Der weitere Verlauf dieser Arbeit ist folgendermaßen aufgebaut: Zunächst werden die Begriffe „War for Talents" und Nachhaltigkeit bzw. nachhaltige Entwicklung zum besseren Verständnis erläutert und erklärt. Welche Bedeutung hat der „War for Talents" für Unternehmen? Wieso werden die Begriffe Nachhaltigkeit und nachhaltige Entwicklung immer öfter verwendet? Welche Ziele verfolgt eine nachhaltige Unternehmenspolitik? Diese Fragen werden im zweiten Kapitel beantwortet. Danach werden im dritten Kapitel einige Theorien erläutert, die erste Hinweise darauf geben, wieso nachhaltige Unternehmen von Arbeitnehmern als attraktiver bewertet werden könnten. Dies sind Theorien über Arbeitgeberwahlverhalten, interne Marketingtheorie und Erkenntnisse aus der Glücksforschung. Während Arbeitgeberwahltheorien Aufschluss darüber geben, mit welchen psychologischen Hintergründen die Wahl für oder gegen einen Arbeitgeber fällt, untersucht die Glücksforschung, welche Aspekte im Leben glücklich machen. Die Erkenntnisse zeigen, dass dies nicht in großem Maße nur materielle Dinge sind und dass ab einem bestimmten Einkommen ein noch höheres Einkommen kaum glücklicher macht. Die interne Marketingtheorie betrachtet einen Arbeitsplatz als ein Produkt, welches unterschiedliche Bedürfnisse eines Arbeitnehmers erfüllen kann. Im vierten Kapitel werden Forschungen der letzten Jahre vorgestellt, die aufzeigen, auf was zukünftige und junge Arbeitnehmer bei der Wahl ihres Arbeitgebers achten und was ihnen im Beruf und persönlich im Leben wichtig ist. Anschließend werden im fünften Kapitel die Ergebnisse einer eigenen Untersuchung präsentiert. In einer Onlineumfrage wurden Studenten verschiedener Fachrichtungen aus ganz Deutschland darüber befragt, welche Faktoren für sie bei der Arbeitgeberwahl von Relevanz sind und welche Werte ihnen persönlich wichtig sind. Nach einem Einblick in die Methodik der Untersuchung werden die Ergebnisse sowohl univariat als auch bivariat analysiert. Das Zusammenhangsmaß Cramers V zeigt den Zusammenhang zwischen persönlichen Werten und der Relevanz bestimmter Arbeitgeberfaktoren. Die Ergebnisse werden abschließend kurz diskutiert. In der Schlussbetrachtung, welche das sechste und letzte Kapitel dieser Arbeit ist, werden die zentralen Ergebnisse noch einmal aufgegriffen und es wird auf weiterführende Aspekte hingewiesen.

2 Begriffserläuterungen

Dieses Kapitel erläutert, was unter dem Begriff „War for Talents" zu verstehen ist, wie er sich äußert und wie wichtig hochqualifiziertes Personal für ein Unternehmen ist. Anschließend wird Nachhaltigkeit und nachhaltige Entwicklung erklärt. Es wird darauf eingegangen wie relevant diese Begriffe allgemein und auch in der Politik sind und wie Nachhaltigkeit auf Unternehmensebene einzuordnen ist.

2.1 War for Talents

Der „War for Talents", den man ins Deutsche übersetzen kann mit Kampf um die Besten, wird sich in den nächsten Jahren verschärfen und an Bedeutung zunehmen. Die Unternehmensberatung Roland Berger prognostiziert: „The war for talent will intensify up to 2030. Key regions and countries such as Western Europe, the US and China suffer a serious shortage of qualified employees" (Roland Berger Strategy Consultants 2011, S. 111). Unter „Talent" ist jemand zu verstehen, der eine höhere fachliche Ausbildung besitzt, motiviert ist und sich in seinem Beruf engagiert. Zudem spielen soziale Kompetenzen eine Rolle. Dennoch werden wohl in jedem Unternehmen die Anforderungen an Talente etwas verschieden sein, sodass Talente unterschiedliche spezifische Merkmale und fachliche Fähigkeiten aufweisen (Gay 2013, S. 46 f.). Synonym wird in der Literatur auch der Begriff High Potentials verwendet. In dieser Arbeit wird Talent mit Personen, die über einem Hochschulabschluss verfügen, gleichgesetzt. Dies ist vereinfachend, aber nicht exakt, da sowohl Personen ohne Hochschulabschluss als Talent angesehen werden können, sowie nicht alle Personen mit Hochschulabschluss ein Talent im Sinne der obigen Definition sind.

Die Tendenz geht zu einem steigenden Bedarf an Talenten. Die Gründe hierfür sind verschieden. Der Übergang zur Wissensgesellschaft, der technische Fortschritt, durch welchen einfache Aufgaben von Maschinen übernommen werden und die zunehmende Vernetzung der Welt, die mit höherer Komplexität einhergeht, da immer mehr in globalen Dimensionen gedacht wird, sind einige davon (Blumenthal et al. 2013, S. 593). Kann dieser Bedarf mit Blick auf den demographischen Wandel in Deutschland noch gedeckt werden? Werding prognostiziert, dass die Anzahl erwerbstätiger Personen von 2012 bis 2030 um 8,5 % und bis 2040 um 15 % sinken wird (Werding 2013, S. 30). Dem gegenüber steht allerdings ebenso eine qualitative Veränderung der Bevölkerung, denn prozentual mehr Personen streben einen Hochschulabschluss an (Werding 2013, S. 33). Dies mildert die absolute Zahl fehlender Hochschulabsolventen ab. Wichtig ist zudem, wie sich die Nachfrage an Talenten entwickeln wird. Wie bereits erwähnt, geht die Tendenz zu einem steigenden Bedarf an Hochschulabsolventen. Diesen Bedarf genau zu prognostizieren ist allerdings weitaus schwieriger als die Berechnung der zukünftigen Anzahl an Erwerbspersonen. Sie unterliegt viel stärker Schwankungen und hängt u.a. von der wirtschaftlichen Situation des Landes, rechtlichen Regelungen, technischem Fortschritt und Innovationen ab (Hansen und Hauff 2013, S. 66).

Die Ergebnisse einer aktuellen DIHK-Unternehmensbefragung von 20.000 Unternehmen besagen, dass jedes vierte Unternehmen mit einem Fach-kräftemangel konfrontiert ist, wobei KMUs am stärksten betroffen sind. Ein Fachkräftemangel besteht nach dem DIHK dann, wenn eine Stelle länger als zwei Monate nicht besetzt werden kann (DIHK 2014, S. 2). Bei einer Umfrage von Haufe im Jahr 2013 hingegen, bei der gefragt wurde „Bemerken Sie bereits die Auswirkungen des Fachkräftemangels in Ihrem Unternehmen?" beant-worteten 67 % der 212 Unternehmen diese Frage mit Ja (Haufe 2013, S. 5). Die Ansicht über einen Fachkräftemangel scheint oftmals subjektiv zu sein. Arbeitgeber reden lieber von einem Mangel, in der Hoffnung auf die Politik dergestalt Einfluss nehmen zu können, dass die Politik den Bestand an Fachkräften erweitert, sodass sie besser zwischen Bewerbern wählen können. Zudem geht ein höheres Arbeitsangebot auch mit einem niedrigeren Preis, hier einem niedrigeren Gehalt, einher. Bei einem starken Fachkräftemangel sollten die durchschnittlichen Reallöhne eher steigen, anstatt zu sinken, wie es aktuell der Fall ist. Daher ist die Perspektive der Unternehmen auf den Fachkräfte-mangel kritisch zu betrachten. Arbeitssuchende hingegen, die wissen, dass sie nicht die einzigen sind, die sich auf diese Stelle bewerben, werden dann wohl auch keinen Mangel sehen (Wirtschaftswoche 2012). Die Bundeagentur für Arbeit schreibt in ihrem Arbeitsmarktbericht 2013, dass sich kein flächendeckender Fachkräftemangel in Deutschland zeigt, jedoch in einzelnen Berufsgruppen und Regionen Mangelsituationen bzw. Engpässe erkennbar sind (Bundesagentur für Arbeit 2013, S. 5).

Selbst ungeachtet der Frage wie stark ein Fachkräftemangel ausfallen wird, ist es für ein Unternehmen entscheidend, hochqualifiziertes Personal zu gewinnen. Um erfolgreich zu sein, braucht ein Unternehmen einen Wettbewerbsvorteil. Immer mehr tritt ins Bewusstsein der Unternehmer, dass die eigenen Mitarbeiter ein wichtiger Faktor sind, um einen Wettbewerbsvorteil zu generieren (Pfeffer

2002, S. 61 ff.). Eine Begründung hierfür liefert die Resource-Based Theory. Der Wettbewerbsvorteil und somit der Erfolg eines Unternehmens hängt ab von den vorhandenen Ressourcen im Unternehmen und der effektiven Nutzung dieser Ressourcen (App et al. 2012, S. 264). Ein Wettbewerbsvorteil ist allerdings erst nachhaltig, wenn er nicht leicht von Konkurrenten zu imitieren ist (Greening und Turban 2000, S. 256). Da jeder Mitarbeiter einzigartig ist, können diese wichtigen Humanressourcen nicht kopiert werden. So wird qualifiziertes und motiviertes Personal zum kritischen Erfolgsfaktor.

Sicherlich haben Unternehmen schon immer um die qualifiziertesten Fachkräfte und Experten „gekämpft", allerdings bestärken demographische Entwicklungen und vor allem steigende Anforderungen an Arbeitnehmer den „War for Talents". Hochqualifizierte und motivierte Mitarbeiter sind ausgesprochen wichtig für den Erfolg und die Innovationsfähigkeit eines Unternehmens.

2.2 Nachhaltigkeit

Viel zu oft wird der Begriff Nachhaltigkeit mit Umweltschutz gleichgesetzt, wodurch Nachhaltigkeit nicht in seiner Ganzheit erfasst wird. Umweltschutz ist eine vieler Facetten einer nachhaltigen Entwicklung. Dieses Kapitel dient zum besseren Verständnis der umfassenden Begriffe Nachhaltigkeit und nachhaltige Entwicklung, die immer häufiger verwendet werden. Es geht nicht darum eine feste Definition zu vermitteln, sondern einen Überblick zu verschaffen, welche Entwicklung Nachhaltigkeit von der Idee bis hin zum umfassenden Konzept durchlaufen hat.

2.2.1 Begriff und Geschichte

Nachhaltigkeit hat seinen Ursprung vom englischen „sustainable development" (deutsch: nachhaltige Entwicklung). Die etymologischen Wurzeln finden sich jedoch im lateinischen Wort „sustinere", welches übersetzt aufrechterhalten oder bewahren heißt. Anfänglich wurde es hauptsächlich in Bezug auf die Umwelt verwendet, später wurde es umfangreicher definiert, ökonomische und soziale Aspekte kamen hinzu. Mittlerweile lassen sich in der Literatur über 70 Definitionen von Nachhaltigkeit finden (Mathieu 2002, S. 11). Trotz der zahlreichen Definitionen herrscht noch längst keine Klarheit über die Ausgestaltung einer nachhaltigen Entwicklung. So schreibt die Enquete-Kommission „Schutz des Menschen und der Umwelt" des Deutschen Bundestages, dass „die gesellschaftlichen Vorstellungen von nachhaltig zukunftsverträglicher Entwicklung sowohl zeit-, situations- als auch kultur- und wissensabhängig sind." (Enquete-Kommission des Deutschen Bundestages 1998, S. 16). Ferner schreibt sie: „Folglich kann auch nicht vorgegeben oder definiert werden, wie eine nachhaltig zukunftsverträgliche Gesellschaft oder eine nachhaltige Wirtschaft konkret auszusehen hat" (Enquete-Kommission des Deutschen Bundestages 1998, S. 16).

Die Grundidee der Nachhaltigkeit ist, dass man nur so viel verbraucht, wie auch nachwachsen kann und auch nur so viel Umweltverschmutzung produziert, wie von der Natur aufgenommen werden kann (Spindler, S. 16). Dieses Denken ist sicherlich nicht neu, sondern vielmehr wichtiger geworden, in einer Welt, in der die Möglichkeiten der Ausbeutung und das Bevölkerungswachstum rasant zunehmen. Bereits seit Jahrtausenden leben Naturvölker nach dem Paradigma „von den Zinsen leben, nicht von der Substanz" (Sebaldt 2002, S. 23). Im 18. Jahrhundert entstand die erste systematische wissenschaftliche Abhandlung von Nachhaltigkeit in der Forstwirtschaft (Hermann 2005, S. 61). Zu dieser Zeit verstand man darunter, dass „nicht mehr Holz gefällt wird, als die Natur jährlich darin erzeugt, und auch nicht weniger" (Kasthofer 1818, S. 71, zit. nach Birnbacher und Schicha 1996). Es ging darum den ganzen Ertrag zu ernten, ohne die Substanz zu vermindern. Die moderne Nachhaltigkeitsdebatte begann jedoch erst viel später, als Umweltbelastungen, wie z.B. Smog in Großstädten und Wasserverunreinigungen, vermehrt entdeckt wurden und die Erkenntnis ins Bewusstsein gelangte, dass Öl und andere Rohstoffe endlich sind (Sebaldt 2002, S. 31 f.).

Großes Aufsehen erregte ein 1972 veröffentlichter Bericht des Club of Rome mit dem Titel „Die Grenzen des Wachstums" (engl. Originaltitel "The Limits to Growth"). In dieser Studie wurden mit Hilfe von Computermodellierungen Zukunftsszenarien unseres Planeten simuliert. Speziell wurden die Faktoren Bevölkerungswachstum, Nahrungsmittelproduktion, Industrialisierung, Umweltverschmutzung und Ausbeutung von Rohstoffen für die nächsten 100 Jahre untersucht (Meadows et al. 1972, S. 15, S. 18). Dabei wurde berücksichtigt, dass sich die Faktoren sowohl selbst als auch gegenseitig beeinflussen (Meadows et al. 1972, S. 75 f.). Im Mittelpunkt stand die Frage, was passiert, wenn sich die fünf Faktoren ihren jeweiligen Grenzen annähern (Meadows et al. 1972, S. 110). Damit ist gemeint, dass jeder dieser Faktoren eine natürliche Obergrenze hat, folglich nicht unendlich weiter wachsen kann. Die Grenze der Nahrungsmittelproduktion ist beispielsweise dadurch gegeben, dass die bebaubare Fläche der Erde begrenzt ist. Durch Einsatz von Technologien und verbesserter Ausnutzung der Fläche kann diese Grenze zwar sehr hoch sein, doch wird sich die Nahrungsmittelproduktion nicht unendlich ausdehnen lassen.

In Abbildung 2.1. ist das Ergebnis einer Computermodellierung zu sehen. Der betrachtete Zeitraum erstreckt sich von 1900 bis 2100. Von 1900 bis 1970 stimmen die Werte der Simulation mit denen der Realität überein, sofern die Daten vorhanden waren. Ab 1970 hat man versucht die Trends fortzusetzen bis 2100. Nahrungsmittelproduktion, Bevölkerung und Industrieproduktion wachsen exponentiell. Dadurch steigt die Umweltverschmutzung und die Rohstoffvorräte schwinden kontinuierlich. Werden die Obergrenzen des Wachstums erreicht, führt dies aufgrund der Wechselwirkungen zu einem Zusammenbruch des ganzen Systems, bei dem die Bevölkerung sinkt, die Rohstoffvorräte erschöpft und Nahrungsmittel- und Industrieproduktion auf niedrigen Niveau sind (Meadows et al. 1972, S. 111–113).

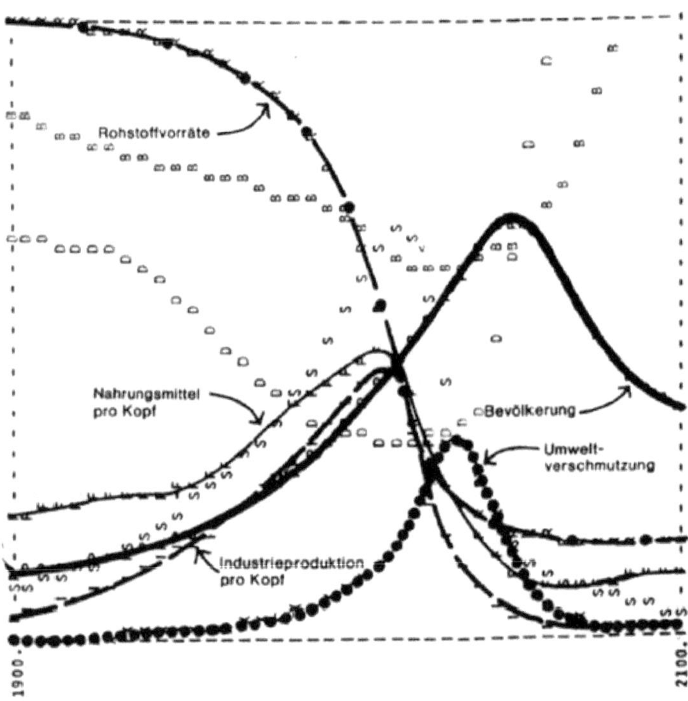

Bevölkerung (Gesamtzahl aller lebenden Menschen)

industrielle Gesamtproduktion pro Kopf; als Maßstab dient der Dollarwert pro Kopf und Jahr

Nahrungsmittel pro Kopf; angegeben in Kilogramm Getreide als Vergleichsmaßstab pro Kopf und Jahr

Umweltverschmutzung; angegeben als Vielfaches des Wertes von 1970

nicht regenerierbare Rohstoffvorräte; angegeben als jeweils noch vorhandene Teilmenge der Rohstoffvorräte im Jahr 1900

B   Geburtenrate (Zahl der Geburten je 1000 Weltbewohner im Jahr)

D   Sterberate (Zahl der Todesfälle je 1000 Weltbewohner im Jahr)

S   Dienstleistungen pro Kopf (Dollarwert pro Kopf und Jahr)

Abbildung 1: Zukunftsszenario
Quelle: Meadows et al. 1972, S. 110, S. 113.

Das Ergebnis: Bei Fortführung der Wachstumstrends von 1900 bis 1970 würde der globale Zusammenbruch noch innerhalb der nächsten 100 Jahre erfolgen. Für die Autoren liegt der Grund hierfür bei dem exponentiellen Wachstum von Bevölkerung und Kapital (Meadows et al. 1972, S. 129). Sie fordern deswegen einen Übergang von Wachstum zu einem Gleichgewicht, bei dem die natürlichen Grenzen des Wachstums bei keinem der untersuchten Faktoren überschritten wird, sondern die natürlichen Grenzen akzeptiert und eingehalten werden (Meadows et al. 1972, S. 141, S. 154). Kritiker werfen der Studie vor, dass sie zu viele Vereinfachungen treffe (Zeit 2012). Die Autoren selbst weisen in ihrem Buch darauf hin, dass sie keine Exaktheit der Zahlenwerte erwarten, jedoch davon ausgehen, dass die Trends und das Verhalten des Modells stimmen (Meadows et al. 1972, S 108 f.). Die Autoren bewerten ihre Simulationen sogar als optimistisch, da sie nach eigenen Angaben optimistische Werte herangezogen haben und beschleunigende Ereignisse wie Kriege, Epidemien u.Ä. außer Acht gelassen haben (Meadows et al. 1972, S. 112). Sie heben in ihrem Buch ebenfalls hervor, dass es der Zweck dieser Studie war, einen Gedankenanstoß zu geben, damit eine breite Öffentlichkeit darüber diskutiert (Meadows et al. 1972, S. 17). Die Erkenntnis, dass quantitatives Wachstum bei endlichen natürlichen Ressourcen nicht unbegrenzt möglich ist und das damit verbundene Bewusstsein, dass Ressourcen erhalten und geschützt werden müssen, ist im Nachhaltigkeitsgedanken ganz zentral. In der Folgezeit wurden weitere Studien veröffentlicht und Konferenzen abgehalten, welche die

Wirkungen und Zusammenhänge von Umweltverschmutzung, Ressourcen-verbrauch, Bevölkerungswachstum und ignoranten Lebensstilen ergründen (Hermann 2005, S. 63 f.).

Nachdem das Interesse einer breiten Öffentlichkeit für dieses Thema geweckt worden war, folgte 1987 die unter dem Namen Brundtland-Bericht bekannt gewordene Veröffentlichung „Our Common Future" (deutsch: unsere gemeinsame Zukunft). Dieser Bericht war im Auftrag der 1983 gegründeten Weltkommission für Umwelt und Entwicklung (WCED) der Vereinten Nationen entstanden. Ziel war es, die derzeitigen Probleme zu analysieren und Handlungsstrategien für wachsende ökologische und soziale Probleme zu entwickeln, um nachhaltige Entwicklung bis zum Jahr 2000 und darüber hinaus zu ermöglichen. Folgende Problemkomplexe wurden dabei herausgearbeitet: Bevölkerungswachstum, Engpässe in der Nahrungsmittelproduktion, Schwund von Ressourcen, Belastung der Umwelt, das Aussterben von Arten und Urbanisierung (Sebaldt 2002, S. 36 f.). Ebenfalls wurde gewarnt: „Many present efforts to guard and maintain human progress, to meet human needs, and to realize human ambitions are simply unsustainable – in both the rich and poor nations. They draw too heavily, too quickly, on already overdrawn environmental resource accounts to be affordable far into the future without bankrupting those accounts" (WCED 1987, S. 7). Besondere Relevanz erhielt die in diesem Bericht enthaltene Definition von Nachhaltigkeit: Sustainable development "meets the needs of the present without compromising the ability of future generations to meet their own needs" (WCED 1987, S. 7). Diese Definition wird bis heute oft übernommen. Neben intragenerationaler Gerechtigkeit (Gerechtigkeit zwischen Arm und Reich) geht es auch um intergenerationale Gerechtigkeit (Verantwortung für zukünftige Generationen) (Mathieu 2002, S. 12 f.). War das Verständnis von Nachhaltigkeit bislang eher ökologischer Natur, kamen mit diesem Bericht soziale und ökonomische Komponenten hinzu. Der Bericht bekam allgemein große Zustimmung, allerdings wurde oft bemängelt, dass er nicht konkret genug sei (z.B. Mathieu 2002, S. 17). Die Kommission empfahl regelmäßige Folgekonferenzen zum Thema Nachhaltigkeit zu initiieren (WCED 1987, S. 272).

Auf Basis dieser Empfehlung wurde im Juni 1992 in Rio de Janeiro die „Konferenz der Vereinten Nationen für Umwelt und Entwicklung" (UNCED) abgehalten. Sie gilt als weltweite Anerkennung des Leitbildes Nachhaltigkeit, schließlich nahmen 178 der knapp über 200 Staaten der Erde teil. Zum ersten Mal wurden auch Nichtregierungsorganisationen (NGOs) zu politischen

Verhandlungen eingeladen. Aus diesem „Erdgipfel", wie diese Konferenz gerne genannt wird, ging die Agenda 21 hervor (Sebaldt 2002, S. 38-40). Dieses Leitpapier für nachhaltige Entwicklung beinhaltet konkrete Handlungsaufträge auf globaler und nationaler Ebene zur Einhaltung nachhaltiger Entwicklung (Bundesministerium für Umwelt, Naturschutz und Reaktorsicherheit 1992, S.1). Im September 2002 und 2011 gingen die Folgekonferenzen „Rio + 10" in Johannesburg und „Rio + 20" in Rio de Janeiro hervor. Sie zeigten zwar, dass das Thema noch immer hochaktuell und relevant ist und die Staaten sich zu Nachhaltigkeit verpflichtet fühlen, jedoch kam es in keinem hohen Maße zu neuen Fortschritten. Gründe waren u.a. die Interessenskonflikte zwischen Nord und Süd (Hermann 2005, S. 65 f.). Nachhaltigkeit hat längst den Einzug in die politische Diskussion gefunden, jedoch lässt sich über die Erfolgsgeschichte bisher noch streiten.

Das Nachhaltigkeitskonzept ist zwar auf der Makroebene anzusiedeln, jedoch kann es auch auf kleinere Ebenen übertragen werden, z.B. auf Unternehmen. Es ist zu unterscheiden zwischen der statischen Sichtweise, die das Unternehmen als ein geschlossenes System betrachtet und der dynamischen Sichtweise, die das Unternehmen als ein offenes System auffasst, das im Austausch mit seiner Umwelt steht. Bei der statischen Sichtweise ist das Unternehmen selbst ein nachhaltiges System. Bei der dynamischen Sichtweise leistet das Unternehmen einen Beitrag dazu, Nachhaltigkeit auf höherer Ebene zu implementieren. Ein erfolgreiches nachhaltiges Unternehmen sollte beides erreichen, sowohl intern mit den eigenen Mitarbeitern und Ressourcen schonend umgehen, als auch einen Beitrag leisten für die Umwelt, mit der es in Verbindung steht (Parrish 2010, S. 512).

2.2.2 Drei-Säulen-Modell im Unternehmenskontext

Das Drei-Säulen-Modell (engl. Triple Bottom Line) ist ein Konzept, welches Nachhaltigkeit in die drei Dimensionen Ökonomie, Ökologie und Soziales unterteilt. Im Folgenden wird dieses Modell im Kontext des Unternehmens vorgestellt.

Unter die ökonomische Dimension der Nachhaltigkeit fällt der Erhalt der ökonomischen Leistungsfähigkeit einer Gesellschaft (Glaser 2006, S. 67). Auf Unternehmen übertragen bedeutet dies das langfristige Überleben des Unternehmens und eine stabile wirtschaftliche Entwicklung. Dadurch ergeben sich als Unternehmensziele Rentabilität, Wirtschaftlichkeit und Wettbewerbsfähigkeit, um die Existenz des Unternehmens zu gewährleisten. Die ökologische

Dimension der Nachhaltigkeit beinhaltet die Erhaltung natürlicher Ressourcen und die Schonung der Umwelt. Ziele der Unternehmen sind hier die Reduzierung von schädlichen Emissionen, der Einsatz erneuerbarer Energien und der sparsame Umgang mit natürlichen Ressourcen (Weinrich 2013, S. 44-46). Die soziale Nachhaltigkeit umfasst sowohl den Erhalt des eigenen Humankapitals (der eigenen Arbeitnehmer), als auch des Sozialkapitals der Gesellschaft (Dyllick und Hockerts 2002, S. 134). Es geht um eine gerechte Ressourcen- und Chancenverteilung und die Ausrichtung auf ein „gutes" Leben, sowohl materiell als auch immateriell (Siebenhüner 2001, S. 86). Ziele sind Übernahme gesellschaftlicher Verantwortung, Gleichberechtigung von Minderheiten und der Geschlechter, Schonung humaner Ressourcen (keine Ausbeutung) und Wahrung der beruflichen Bedürfnisse der Mitarbeiter.

Kritisiert wird an diesem Modell des Öfteren die Gleichstellung der drei Dimensionen (z.B. Haugh und Talwar 2010, S. 385). Eine eindeutige Zuordnung zu den drei Dimensionen ist nicht immer möglich, da sie sich teilweise thematisch überschneiden. Die drei Dimensionen stehen in Wechselwirkungen und haben eine komplexe Beziehung zueinander. Unternehmen sind auf Humankapital und natürliche Ressourcen angewiesen, sodass die Berücksichtigung der ökologischen und sozialen Dimension Voraussetzungen für das Überleben des Unternehmens sind (Meffert und Münstermann 2005, S. 1). Andersherum ist auch die ökonomische Dimension Voraussetzung dafür, dass das Unternehmen in der Lage ist, sich um die anderen Dimensionen zu kümmern. Auf praktischer Ebene gestaltet es sich oft als schwierig allen drei Dimensionen in gleicher Weise gerecht zu werden, wenn zum Beispiel Geld nur für eines, z.B. entweder Mitarbeiterschulungen oder Spenden für soziale Projekte, zur Verfügung steht. Doch auch wenn nicht alle Ziele vollständig erreicht werden können, ist es dennoch sinnvoll, danach zu streben, damit sie zumindest eher erreicht werden (Mathieu 2002, S. 13).

Mit dem Konzept der Nachhaltigkeit eng verwandt ist Corporate Social Responsibility (CSR), welches die Rolle von Unternehmen in der Gesellschaft behandelt. Ursprünglich ging es vornehmlich um die soziale Komponente, in moderneren Auffassungen spielen jedoch auch ökonomische und ökologische Aspekte eine Rolle (Meffert und Münstermann 2005, S. 20 f.). CSR umfasst freiwillige soziale und ökologische Bemühungen eines Unternehmens, wobei die Wirtschaftlichkeit Voraussetzung für diese ist (App et al. 2012, S. 266).

Nachhaltigkeit ist ein fortlaufender Gedanke, der sich in Zukunft noch weiterentwickeln wird. Wichtig für den weiteren Verlauf dieser Arbeit ist das

Verständnis von Nachhaltigkeit als ein umfassender Begriff, der nicht mit Umweltschutz gleichzusetzen ist. Im Folgenden, vor allem in der eigenen empirischen Untersuchung, wird auf das Drei-Säulen-Modell der Nachhaltigkeit zurückgegriffen.

3 Theoretischer Hintergrund

Im folgenden Kapitel werden verschiedene Theorien erläutert, die im Zusammenhang mit Arbeitgeberwahlverhalten stehen und die Bedeutung eines Berufes näher betrachten. Diese Theorien geben Aufschluss darüber, ob und unter welchen Umständen nachhaltige Unternehmenspolitik für Arbeitnehmer attraktiv ist.

3.1 Arbeitgeberwahltheorien

Die Theorie der sozialen Identität (engl. Social Identity Theory) stammt aus der Sozialpsychologie. Sie besagt, dass sich Menschen über die Zugehörigkeit zu sozialen Gruppen definieren (Tajfel 1978, S. 63). Solch eine soziale Gruppe kann die religiöse Zugehörigkeit, das Geschlecht, eine Altersspanne oder die Zugehörigkeit zu einem Land sein. So würde man sich selbst definieren beispielweise als Katholik, als Frau, als Teenager oder als Schweizer. Auch das Unternehmen, in dem wir arbeiten stellt eine Gruppe dar, über die wir uns definieren. Das Komplement zur sozialen Identität ist die persönliche Identität. Sie beinhaltet z.B. persönliche Interessen und Fähigkeiten. Persönliche und soziale Identität zusammen bilden das Selbstkonzept, welches die Frage „Wer bin ich?" beantwortet. Daher bestimmt die soziale Identität zu einem Teil mit, wer wir sind (Ashforth und Mael 1989, S. 21 f.).

Allgemein hat ein Individuum das Bedürfnis nach positiv wahrgenommener sozialer Identität (Mummendey 1984, S. 19 f.). Durch Zugehörigkeit zu einem Unternehmen, welches positive Werte vertritt und ein gutes Image hat, können wir uns selbst aufwerten. Diese Aufwertung (und auch Abwertung) erfolgt vor allem durch den Vergleich mit anderen Gruppen (Tajfel 1982, S. 106). Daraus folgt, dass zwei Bedingungen erfüllt sein müssen, damit wir durch die Wahl eines bestimmten Arbeitgebers unser Selbstkonzept verbessern können: Das Unternehmen muss einen guten Ruf und ein hohes Ansehen allgemein haben und sich zudem darin von anderen Unternehmen abheben. So ein positives Image kann z.B. dadurch hervorgerufen werden, dass das Unternehmen nachhaltig agiert. Wenn ein Unternehmen dafür bekannt ist, besonders nachhaltig zu sein, verbessert dort zu arbeiten das Selbstbild (wie sehe ich mich), wenn Nachhaltigkeit als etwas Positives angesehen wird. Greening und Turban schreiben „We suggest prospective job applicants will be attracted to firms with positive, rather than negative, CSP because these prospective job applicants would have more positive self-concepts if they worked for firms with a strong CSP" (Greening und Turban 2000, S. 272). Cable und Turban zeigen, dass Unternehmen mit einer besseren Reputation bei Bewerbern bessere Chancen haben, da eine bessere Reputation den Stolz für dieses Unternehmen zu arbeiten positiv beeinflusst (Cable und Turban 2003, S. 2259).

Die Theorie vom „Person-Organisation Fit" besagt, dass Individuen nach einem Unternehmen suchen, welches zu ihnen passt. Ein Unternehmen wird als passend empfunden, wenn die Werte und Kultur des Unternehmens und die eigenen persönlichen Werte kompatibel sind (Kristof 1996, S. 1, S. 3 f.). Demnach suchen potentielle Arbeitnehmer ihren Arbeitsplatz danach aus, wie stark ein Unternehmen zu ihren Interessen, ihrer Persönlichkeit, ihren Präferenzen und ihren Bedürfnissen passt (Lievens et al. 2001, S. 31). So werden verschiedene Persönlichkeiten von verschiedenartigen Unternehmen angezogen (Kristof 1996, S. 21 f.). Legt man beispielsweise persönlich viel Wert auf soziales Engagement, so wird man eher von wohltätigen Unternehmen angezogen als von Unternehmen, deren Ziel ausschließlich Profitmaximierung ist, auch wenn die zu verrichtenden Aufgaben die gleichen sind. Die Übereinstimmung der Werte zwischen Unternehmen und Arbeitnehmer ist insofern wichtig als Werte über die Zeit relativ beständige Grundüberzeugungen sind (Chatman 1991, S. 459). Rynes und Cable sind sogar der Auffassung, dass Arbeitssuchende sich mindestens genauso viele Gedanken darüber machen, das richtige Unternehmen zu wählen wie darüber, den richtigen Beruf auszuwählen (Rynes und Cable 2003, S. 56). Cable und Judge zeigen in ihrer Studie „Person–Organization Fit, Job Choice Decisions, and Organizational Entry", dass es bei der Arbeitgeberwahl eine Rolle spielt, wie die potentiellen Arbeitnehmer die Übereinstimmung (den Fit) der Werte der Organisation mit den eigenen auffassen (Cable und Judge 1996, S. 301 f.). Nach dieser Theorie haben nachhaltige Unternehmen vor allem einen Vorteil bei Arbeitnehmern, denen Nachhaltigkeit persönlich wichtig ist, die nachhaltig leben und diese Lebenseinstellung ebenfalls im Arbeitsleben ausleben wollen. Diese Personengruppe wird oft als LOHAS (Lifestyle of Health and Sustainability) bezeichnet. Es handelt sich hierbei um einen Lebens-/ Konsumentenstil, der auf Gesundheit und Nachhaltigkeit ausgerichtet ist. Charakteristisch ist für die LOHAS vor allem das Bewusstsein für die eigene Gesundheit, Berücksichtigung nachhaltiger Aspekte, ein stark ausgeprägtes Verantwortungsbewusstsein, ein wertebasiertes Konsumverständnis und Genuss/ Lebensfreude. Der Anteil der LOHAS an der deutschen Bevölkerung wird meistens zwischen 20 und 25 % geschätzt (Klein 2014, S. 67-72, S. 75). Ein nicht zu verachtender Teil, bei dem man sich mit nachhaltiger Unternehmenspolitik als attraktiver Arbeitgeber positionieren kann.

Die Signalling-Theorie befasst sich mit Informationsasymmetrien. Potentielle Arbeitnehmer haben weniger Informationen über das Unternehmen und wissen nicht, wie die Arbeitsbedingungen dort sind. Deswegen sind Bewerber empfänglich für „Signale", die das Unternehmen sendet. Sie werten diese als Hinweise darauf, wie es ist in dem Unternehmen zu arbeiten (Greening und Turban 2000, S. 258). Nachhaltige Unternehmenspolitik kann ein Signal für positive Arbeitsbedingungen sein. Faire Behandlung der Mitarbeiter und soziales sowie ökologisches Engagement verbessern den Ruf eines Unternehmens, wenn diese nach außen kommuniziert werden. Die Studie von Cable und Turban zeigt, dass Arbeitsuchende die Arbeitsbedingungen besser bewerten, wenn das Unternehmen einen guten Ruf hat (Cable und Turban 2003, S. 2259).

3.2 Interne Marketingtheorie

Interne Marketingtheorie (engl. internal marketing theory) betrachtet die Mitarbeiter eines Unternehmens als interne Kunden. Die freie Stelle bzw. der Arbeitsplatz wird hierbei als Produkt angesehen, welches dem Kunden bzw. dem Arbeitnehmer verkauft werden soll. Das Unternehmen hat dabei die Aufgabe, das Produkt Arbeitsplatz so zu gestalten, dass es den Bedürfnissen des Kunden gerecht wird. Dieser besteht aus einem Bündel verschiedener Produkteigenschaften. Je besser die Eigenschaften des Produktes Arbeitsplatz, desto eher wird es vom Kunden gekauft. Die Bedürfnisse der Kunden sind facettenreich, reichen über finanzielle Bedürfnisse, wie beispielsweise ein hohes Gehalt, über das Bedürfnis nach Entwicklungsmöglichkeiten bis zu ideologischen, psychologischen und sozialen Zielen (Du et al. 2013, S. 3-6). William George meint dazu, dass zwar jeder Mitarbeiter gut und fair bezahlt werden möchte, die Motivation vieler Arbeitnehmer jedoch daraus resultiert, dass ihre Arbeit ein erstrebenswertes, höheres Ziel verfolgt (George 2001, S. 42).

Jeder Arbeitnehmer hat verschiedene Bedürfnisse und eine unterschiedliche Gewichtung der Bedürfnisse. In der Literatur werden drei verschiedene Arten von Arbeitnehmern unterschieden, die Arbeit entweder als Job, als Karriere oder als Berufung ansehen. Ersteren geht es um finanzielle Belohnung. Die Arbeit dient eher zur angenehmen Gestaltung der Freizeit. Die Karrieretypen haben ein persönlicheres Verhältnis zu ihrer Arbeit. Ihnen geht es primär um persönliche und berufliche Weiterentwicklung. Die letzte Art der Arbeitnehmer sieht ihren

Beruf mehr als Berufung und als Teil ihres Selbst. Sie legen mehr Wert auf gesellschaftliche Werte und haben höhere ideologische Ansprüche als die anderen beiden Typen (Du et al. 2013, S. 8 f.). Nachhaltige Unternehmenspolitik erweitert Eigenschaften des Produktes Arbeitsplatz, sodass der Arbeitgeber ein Produkt anbieten kann, welches mehr Bedürfnisse erfüllt. Anders ausgedrückt: Arbeitnehmer mit höheren ideologischen Ansprüchen an einen Beruf werden eher das Produkt Arbeitsplatz eines nachhaltigen Unternehmens nachfragen. Neben den ideologischen Bedürfnissen erfüllt Nachhaltigkeit ebenfalls das Bedürfnis nach Entwicklung (Du et al. 2013, S. 31).

3.3 Glücksforschung

In der Glücksforschung beschäftigt man sich mit Glück im Sinne von subjektivem Wohlbefinden. Es werden zwei „Arten" von Wohlbefinden unterschieden: emotionales Wohlbefinden, welches momentanes Glück anzeigt und kognitives Wohlbefinden im Sinne einer generellen Lebenszufriedenheit (Ruckriegel 2012, S. 71; Diener et al. 2010, S. xi). Es wird dabei beachtet, dass Wohlstand sich nicht nur durch materielle Güter äußert, sondern durch hohe Lebensqualität, die viel mehr Aspekte umfasst (Michaelis 2012, S. 16). Zentral ist in der Glücksforschung die Frage, welche Faktoren Wohlbefinden und Glück auslösen. Forscher haben als solche Glücksfaktoren soziale Beziehungen, physische und psychische Gesundheit, Engagement und befriedigende Erwerbstätigkeit, persönliche Freiheit, Lebenseinstellung und Mittel zur Befriedigung materieller (Grund-) Bedürfnisse identifiziert (Ruckriegel 2012, S. 73 f.).

Obwohl in der wirtschaftlichen Lehre gerne die Maximierung des Nutzens mit der Maximierung von Geld gleichgesetzt wird, ist dies in der Realität nicht oft direkt zu beobachten. Gerade in wohlhabenden Ökonomien ist der Zusammenhang zwischen Pro-Kopf-Einkommen und Wohlbefinden schwach korreliert (Umweltbundesamt 2008, S. 47). Höherer materieller Wohlstand führt nicht zwangsweise zu höherem Glücksempfinden, vor allem führt er nicht automatisch zu dauerhaftem kognitivem Wohlbefinden. Dieser Zusammenhang zwischen Einkommen und Glück wird als Easterlin-Paradoxon bezeichnet. Dies lässt sich zum einen mit Anspruchsinflationierung erklären: mit steigendem Einkommen steigen ebenfalls die Ansprüche und Erwartungen. Das höhere Einkommen und der damit verbundene materielle Konsum werden zur Selbstverständlichkeit, das Glücksmaß verschiebt sich nach oben. Zum anderen spielt wie bereits bei der Theorie der sozialen Identität der soziale Vergleich eine große Rolle. Bei einem gleichen Anstieg für alle steigt das Glück nicht, da man relativ zu anderen noch dasselbe Einkommen hat (Ruckriegel 2012, S. 83 f.). Folglich werden reiche Menschen prinzipiell nicht zufriedener, wenn sie noch reicher werden, jedoch sind sie tendenziell glücklicher als arme Menschen. Das Easterlin-Paradoxon wurde bereits von einigen Autoren bestätigt (z.B. Blanchflower und Oswald 2000; Diener und Oishi 2003; Myers 2000), indem in westlichen Nationen die Entwicklung des Pro-Kopf-Einkommens mit den Ergebnissen von Zufriedenheitsbefragungen verglichen wurden. Ein sehr herausragendes Beispiel ist China. Während das reale Pro-Kopf-Einkommen von 1994 bis 2005 um das 2,5-fache anstieg und auch der materielle Wohlstand stark zunahm, nahm die Lebenszufriedenheit nicht zu. Die Anzahl zufriedener Chinesen nahm sogar ab (Kahneman und Krueger 2006, S. 15). Überträgt man diese Ergebnisse auf die individuelle Ebene, so bedeutet dies, dass bei einem hohen Gehalt ein noch höheres Gehalt nicht unbedingt langfristig glücklicher macht. Arbeitnehmern könnte es wichtiger oder gleich wichtig sein flexible und geregelte Arbeitszeiten und eine Arbeit mit einem höheren Sinn zu haben, anstatt einer sehr hochbezahlten.

Wie bereits erwähnt beeinflusst ferner die Erwerbstätigkeit die Lebenszufriedenheit. Es besteht ein starker negativer Zusammenhang zwischen Arbeitslosigkeit und Lebenszufriedenheit (Di Tella et al. 2001, S. 337). Über den Einkommensverlust hinaus fehlt den Arbeitslosen Sinnstiftung. Sie haben ein geringeres Selbstwertgefühl und bekommen weniger Anerkennung (Grimm 2006, S. 14 f.). Dies impliziert, dass es beim Beruf um höhere Ziele geht als nur um das Verdienen von Geld. Dieser unentgeltliche negative Effekt der Erwerbslosigkeit ist sogar größer als der finanzielle negative Effekt auf die Zufriedenheit (Ferrer-i-Carbonell 2012, S. 45). Helliwell und Huang zeigen, dass Vertrauen am Arbeitsplatz zu den Kollegen und Vorgesetzten einen starken signifikant positiven Einfluss auf das Wohlbefinden hat (Helliwell und Huang 2005, S. 18, 36).

Die vorgestellten Arbeitgeberwahltheorien geben einen Einblick in die psychologischen Hintergründe bei der Arbeitgeberwahl. Wenn Nachhaltigkeit als ein positiver Wert angesehen wird oder den Arbeitnehmern Nachhaltigkeit sogar im Privatleben wichtig ist, werden Unternehmen mit einer nachhaltigen Unternehmenspolitik von diesen bevorzugt. Die Erkenntnisse der Glücksforschung und der internen Marketingtheorie zeigen, dass nicht nur materielle Dinge wichtig sind. Ab einem bestimmten Einkommen macht ein höheres Einkommen kaum glücklicher. Da Menschen tendenziell nach einem glücklichen Leben streben, kann man daraus den Schluss ziehen, dass es Arbeitnehmern nicht nur um ein hohes Gehalt geht. Beide Theorien implizieren, dass Arbeitnehmer vielseitige Bedürfnisse haben und deswegen Arbeitgeber zu bevorzugen sind, die verschiedenen Bedürfnisse erfüllen, nicht nur materielle. Für alle Theorien ist wichtig, dass das Unternehmen die nachhaltigen Werte kommuniziert. Allerdings müssen diese auch wirklich im Unternehmen gelebt werden, sonst besteht das Risiko eines Bruches des psychologischen Vertrags, wenn die Erwartungen mit der Realität nicht übereinstimmen (App et al. 2012, S. 272).

4 Aktuelle Forschung zum Thema Arbeitgeberwahl

Eine Theorie ist wissenschaftlich erst dann von Wert, wenn sie empirisch bekräftigt werden kann. In diesem Kapitel werden einige Umfrageforschungen und Studien zum Thema Arbeitgeberwahl und Wuncharbeitgeber vorgestellt, um zu untersuchen, ob die Generation Y nachhaltige Aspekte bei einem Arbeitgeber berücksichtigt.

4.1 Kienbaum Absolventenstudie 2009/2010

Für diese Studie wurden 353 Absolventen verschiedener Fachrichtungen befragt. 60 % von diesen absolvierten ihr Studium in Wirtschaftswissenschaften. Sie wurden u.a. gefragt, welche Kriterien und Eigenschaften ihnen bei Arbeitgebern und welche Werte ihnen persönlich wichtig seien (Kienbaum 2010).

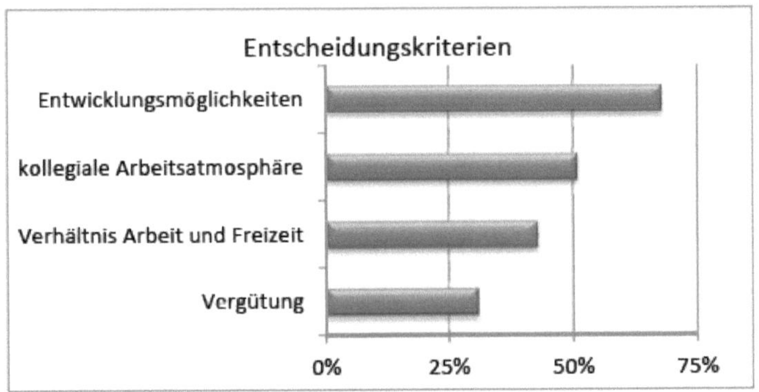

Abbildung 2: Entscheidungskriterien (Kienbaum)
Quelle: Kienbaum 2010, eigene Darstellung.

68 % der Absolventen geben an, dass die persönlichen Entwicklungsmöglichkeiten, die ein potenzieller Arbeitgeber bietet, das wichtigste Entscheidungskriterium sind und 51 % legen Wert auf eine kollegiale Arbeitsatmosphäre. Auf Platz drei liegt mit 43 % ein ausgeglichenes Verhältnis zwischen Arbeit und Freizeit und auf dem vierten Platz mit 31% folgt die Vergütung (2008 waren es hier noch 78 %) (Kienbaum 2010).

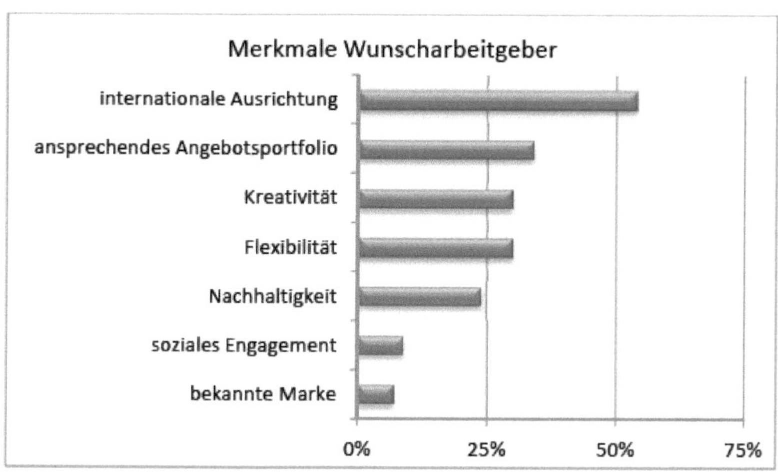

Abbildung 3: Merkmale Wunscharbeitgeber (Kienbaum)
Quelle: Kienbaum 2010, eigene Darstellung.

Für 54 % der Absolventen ist eine internationale Ausrichtung das wichtigste Merkmal ihres Wunscharbeitgebers. 34 % legen Wert auf ein ansprechendes Angebotsportfolio, jeweils 30 % der Befragten ist Kreativität und Flexibilität im späteren Arbeitsleben wichtig. Auf Nachhaltigkeit legen 24 % und auf soziales Engagement 9 % der Absolventen Wert und eine bekannte Marke ist für nur 7 % der Studierenden entscheidend (Kienbaum 2010).

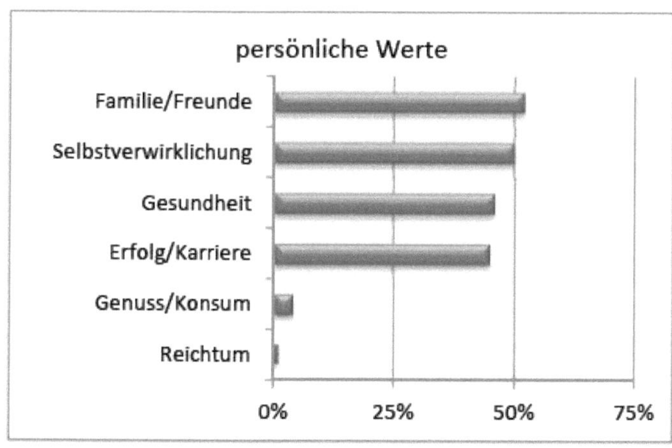

Abbildung 4: Persönliche Werte (Kienbaum)
Quelle: Kienbaum 2010, eigene Darstellung.

Die wichtigsten Werte und Ziele sind immateriell: die meisten Teilnehmer der Umfrage gaben an erster Stelle in ihrem Leben Familie und Freunde an, gefolgt von Selbstverwirklichung und Gesundheit. Erfolg und Karriere kommen erst auf dem vierten Platz der Lebensprioritäten. Genuss und Konsum werden lediglich von 4 % für bedeutungsvoll erachtet, Reichtum ist nur knapp 1 % der Befragten wichtig (Kienbaum 2010).

Aus den Ergebnissen der Studie kann man direkt ablesen, dass knapp ein Viertel der befragten Absolventen Nachhaltigkeit als bedeutungsvoll erachtet. Dass eine Trennung zwischen Nachhaltigkeit und sozialem Engagement stattfand, ist fragwürdig, da soziales Engagement als ein Nachhaltigkeitskriterium angesehen werden kann. Allgemein ist es schwierig, danach zu fragen, wie wichtig Nachhaltigkeit ist, wenn dies vorher nicht genau definiert oder abgegrenzt wurde. Wie bereits erörtert, ist Nachhaltigkeit ein sehr umfangreicher Begriff, der sich stetig weiterentwickelt und unterschiedlich definiert wird. Es bietet sich vielmehr an, einzelne Aspekte der Nachhaltigkeit zu verwenden und bei der Auswertung zur Kategorie Nachhaltigkeit zu summieren, da es für die Befragten leichter ist, auf konkrete Sachverhalte zu antworten. Bezieht man sich auf die WIN-Initiative für nachhaltiges Wirtschaften des Landes Baden-Württemberg, bei der messbare Nachhaltigkeitskriterien vorgeschlagen werden, zählen auch Aus- und Weiterbildungen der Mitarbeiter zu nachhaltigem Wirtschaften. Dadurch wird die Innovationskraft des Unternehmens erhalten und so der Unternehmenserfolg langfristig gesichert (Ministerium für Umwelt, Klima und Energiewirtschaft Baden-Württemberg, 2012). Dies würde dem wichtigsten Entscheidungskriterium persönliche Entwicklungsmöglichkeit entsprechen. Ebenso kann es als nachhaltig angesehen werden, für wenige Überstunden zu sorgen und flexible Arbeitszeiten anzubieten, da dadurch die humanen Ressourcen geschont werden. Dies kommt dem Wunsch nach einem ausgewogenen Verhältnis zwischen Arbeit und Freizeit, vor allem Familie, entgegen, welches von 43 % als wichtiges Entscheidungskriterium genannt wurde. Interessant ist auch, dass die Vergütung als Entscheidungskriterium im Vergleich zum Jahr 2008 stark zurückgegangen ist und erst auf Platz vier erscheint. Dies bestärkt die Ergebnisse aus der Glücksforschung, nach der ab einem gewissen Niveau noch mehr Geld nicht zufriedener macht und immaterielle Werte eine bedeutende Rolle spielen.

4.2 Studie Bettina Lis 2012

Bettina Lis hat für ihre Studie „The relevance of corporate social responsibility for a sustainable human resource management" eine Umfrage an 193 Studenten in Deutschland durchgeführt. Ziel war es herauszufinden, welche der vier CSR Dimensionen „Diversität", „Umwelt", „Produkt" und „Arbeitnehmer Absicherung" den Arbeitssuchenden am wichtigsten sind (Lis 2012, S. 285-287). Dabei bedeutet „Diversität", dass das Unternehmen Frauen und Minderheiten unterstützt, „Umwelt" meint, dass das Unternehmen umweltfreundliche Produkte herstellt, „Produkt" steht für die Herstellung qualitativ hochwertiger Produkte durch Implementierung eines Qualitätsmanagementsystems und „Arbeitnehmer Absicherung" äußert sich durch betriebliche Altersvorsorge. Den Studenten wurden Beschreibungen von imaginären Unternehmen vorgelegt, die sich in den vier Dimensionen unterscheiden (Lis 2012, S. 295). Abbildung 4.4 zeigt eine Beschreibung, bei der alle Dimensionen vom Unternehmen erfüllt werden.

> The company produces environmentally friendly products. The company advocates the engagement and encouragement of women and minorities. The company has implemented a quality management system. There exists an occupational pension scheme in the company.

Abbildung 5: Szenario mit allen CSR-Dimensionen
Quelle: Lis 2012, S. 287.

Danach sollten sie auf einer Skala angeben, wie sehr sie den Aussagen zustimmen, dass sie für das Unternehmen arbeiten wollen würden, dass sie das Unternehmen in die engere Auswahl bei der Arbeitsplatzentscheidung nehmen würden, dass sie einen Arbeitsplatz in diesem Unternehmen attraktiv finden würden und dass sie sich sehr anstrengen würden, um für das Unternehmen zu arbeiten (Lis 2012, S. 295). Die abhängige Variable bei der Regression ist die Unternehmensattraktivität, welche definiert ist als positive Einstellung gegenüber einer Organisation, die assoziiert wird mit der Motivation dort zu arbeiten (Lis 2012, S. 287).

Alle vier Dimensionen haben einen signifikanten Einfluss auf die Unternehmensattraktivität. Den stärksten Einfluss haben „Diversität" und „Arbeit-nehmer Absicherung" (Lis 2012, S. 288). Da alle vier Dimensionen auch zum Begriff Nachhaltigkeit gehören (die Überschneidung des Modells Nachhaltigkeit und dem modernen Verständnis des CSR wurde bereits erwähnt), ist dies ein Beweis dafür, dass zumindest einige Nachhaltigkeitsaspekte die

Unternehmensattraktivität steigern. Den stärksten Einfluss hat hier die soziale Dimension.

4.3   Ernst & Young Absolventenstudie 2012/2013

An dieser Befragung haben sich 483 Studierende verschiedener Fachrichtungen aus ganz Deutschland beteiligt. Von den Befragten sind 57 % weiblich und 43 % männlich. 45 % sind Masterstudenten, 32 % Bachelorstudenten, 20 % streben ein Diplom, 3 % einen Magister- und 1 % einen Examensabschluss an (Ernst & Young 2013, S. 3).

Welche Werte und Ziele sind Ihnen im Leben wichtig? (Mehrfachnennung möglich, maximal drei)

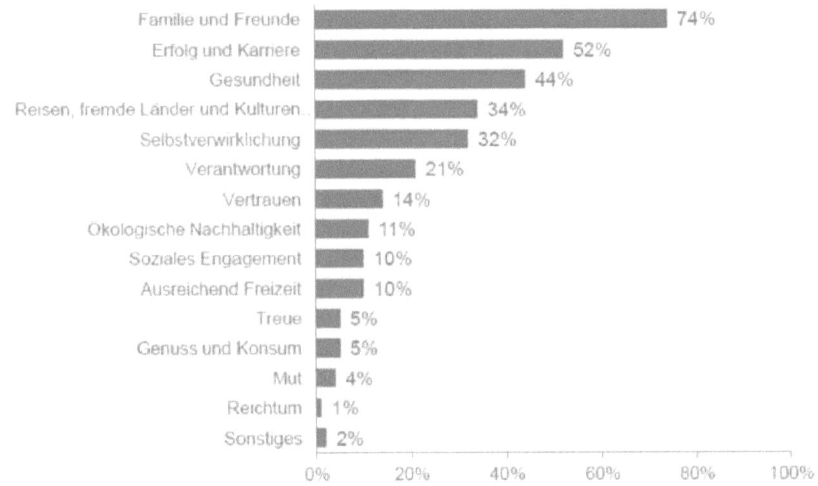

Abbildung 6: Werte und Ziele (Ernst & Young)
Quelle: Ernst & Young 2013, S. 5.

Diese Ergebnisse bestärken überwiegend die Ergebnisse der Kienbaumstudie und die Erkenntnisse aus der Glücksforschung, da Familie/Freunde und Gesundheit zu den relevantesten Werten zählen. Nachhaltige Werte wie beispielsweise Verantwortung, ökologische Nachhaltigkeit und soziales Engagement sind für die Befragten im Durchschnitt wichtiger als Konsum und Reichtum.

Welche Eigenschaften und Angebote eines Arbeitgebers sind für Sie ausschlaggebend bei der Entscheidung für einen Arbeitgeber? (Mehrfachnennung möglich, maximal fünf)

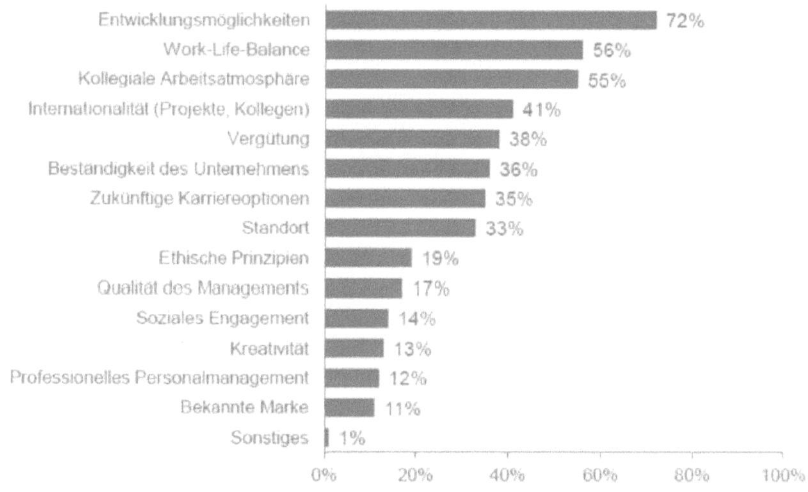

Abbildung 7: Eigenschaften und Angebote Arbeitgeber (Ernst & Young)
Quelle: Ernst & Young 2013, S. 23.

Am relevantesten sind für die Studierenden Entwicklungsmöglichkeiten, Work-Life-Balance und eine kollegiale Arbeitsatmosphäre. Ethische Prinzipien sind ebenfalls für knapp jeden fünften Befragten ausschlaggebend bei der Arbeitgeberwahl und für 14 % soziales Engagement. Die Vergütung ist für 38 % ein entscheidender Faktor; im Jahr zuvor wurde die Vergütung noch von gut der Hälfte der Befragten (49 %) als wesentliches Entscheidungskriterium genannt (Ernst & Young 2013, S. 23). Auch bei dieser Umfrage fällt wieder auf, dass die Vergütung im Vergleich zu vorangehenden Umfragen in den Hintergrund rückt.

4.4 Forsa Umfrage 2013

Im November und Dezember 2013 führte das Marktforschungsinstitut Forsa im Auftrag der ALTANA Gruppe eine Befragung von 250 Berufseinsteigern aus Industrieunternehmen zwischen 18 und 35 Jahren mit einer Berufserfahrung zwischen zwei und fünf Jahren durch. Ganz oben auf der Liste der relevanten Kriterien für die Arbeitgeberwahl stehen mit 87 % ein kooperatives Arbeitsklima, mit 66 % Gestaltungsspielraum und mit 56 % attraktive Aufstiegsperspektiven. Ein hohes Gehalt ist nur für 28 % der Berufseinsteiger ausschlaggebend bei der Arbeitgeberwahl. Wichtiger als das Finanzielle sind den Befragten außerdem Erfolg (47 %), Image und Zukunftsfähigkeit des Unternehmens (jeweils 34 %) (Institut für nachhaltige Unternehmensführung und Ressourcenplanung 2014).

Zusammenfassend lässt sich sagen, dass persönliche Entwicklungsmöglichkeiten, eine angemessene Work-Life-Balance und eine angenehme Arbeitsatmosphäre für die allermeisten Befragten die wichtigsten Entscheidungskriterien sind. Ebenfalls zu sehen ist ein Rückgang der Relevanz der Vergütung. Gründe könnten sein, dass Studenten eher hochqualifizierte Berufe anstreben und diese auch eher gut bezahlt werden, sodass Vergütung keine so große Rolle mehr spielt, was die Glücksforschung bestätigen würde. Das eigene seelische und körperliche Wohlbefinden ist weitaus wichtiger als Konsum, Genuss oder Reichtum. Es geht der Generation Y nicht nur um eine Erhöhung des Einkommens, sondern um eine Steigerung der Lebensqualität, die viele Aspekte umfasst. Für einige der Studienteilnehmer sind bei der Arbeitgeberwahl ebenfalls Faktoren wichtig, die sie nicht direkt betreffen, wie z.B. soziales Engagement, ethische Prinzipien und andere Nachhaltigkeitsaspekte. In Anlehnung an die im dritten Kapitel vorgestellten Arbeitgeberwahltheorien, kann man annehmen, dass dies nicht auf alle Arbeitssuchenden zutrifft, sondern auf diejenigen, die Nachhaltigkeit als bedeutsam und erstrebenswert ansehen und dem Faktor Nachhaltigkeit einen hohen persönlichen Stellenwert einräumen. Auch wenn es bis dato noch nicht ausreichend explizit untersucht wurde, liefern die vorgestellten Studien und Umfragen Indizien dafür, dass nachhaltige Unternehmen von der Generation Y als Arbeitgeber bevorzugt werden.

5 Eigene empirische Untersuchung

5.1 Design und Methodik

Die Datenerhebung erfolgte in Form einer Onlineumfrage mit Hilfe der Befragungssoftware Unipark der Questbeck AG. Die Umfrage war Teilnehmern vom 15.07.2014 bis zum 18.08.2014 zugänglich. Diese Form der Datenerhebung wurde gewählt, da so viele potentielle Teilnehmer erreicht werden können, unabhängig von Ort und Zeit. Zwar werden bei einer Onlineumfrage nur Teilnehmer erreicht, die regelmäßig das Internet nutzen, allerdings kann bei der angestrebten Zielgruppe davon ausgegangen werden, dass dies auf die meisten Personen zutrifft und somit kein Problem darstellt. Die Befragung richtete sich an Studenten unterschiedlicher Fachrichtungen in ganz Deutschland. Verbreitet wurde die Umfrage im Internet über die Social Media Plattform Facebook. Das Ausfüllen des Fragebogens nahm in etwa vier bis fünf Minuten Zeit in Anspruch. Durch das Speichern von Cookies wurde zudem eine mehrfache Teilnahme derselben Person verhindert, jedoch ermöglicht, den Fragebogen zu einem späteren Zeitpunkt an der gleichen Stelle fortzusetzen.

Einführend wurden Fragen zu Geschlecht, Alter und Bildung gestellt. Danach wurden die Teilnehmer gebeten, die Relevanz verschiedener Faktoren für sie bei der Arbeitgeberwahl anzugeben. Die genaue Aufgabenstellung lautete:

Stellen Sie sich vor, Sie stehen vor der Wahl Ihres Arbeitgebers. Nehmen Sie hierbei an, dass Sie mehrere Arbeitgeber zur Auswahl haben, und das Einstiegsgehalt, der Standort und die zu verrichtenden Aufgaben ähnlich sind und in einem für Sie angemessenen Bereich liegen.

Wie relevant sind folgende Faktoren für Sie, wenn Sie sich für einen Arbeitgeber entscheiden?

Für die Beantwortung wurde eine vierstufige Ratingskala verwendet, die von 1= sehr relevant bis 4= irrelevant reichte. Es wurde eine vierstufige Skala gewählt, damit sich die Teilnehmer in eine Richtung hingehend entscheiden mussten („Forced Choice"). Zusätzlich gab es immer die Möglichkeit die Antwortoption „kann ich nicht beantworten" zu wählen, die als Missing Value nicht in die Bewertung einfloss. Die Faktoren beinhalten Eigenschaften, Angebote und Merkmale von Arbeitgebern, die sich den drei Nachhaltigkeitsdimensionen ökonomisch, sozial und ökologisch zuordnen lassen. Als Vergleich sind auch solche Attribute eines Arbeitgebers dabei, die nichts über Nachhaltigkeit aussagen und sich eher traditionellen Wunscharbeitgebern (traditionelle

Dimension) zurechnen lassen. Zudem bezog sich eine Frage darauf, wie relevant es für die Teilnehmer ist, dass das Unternehmen zu den eigenen persönlichen Werten passt. Für die Befragten war diese Aufteilung jedoch nicht sichtbar und die Faktoren in zufälliger Reihenfolge angeordnet. Die Faktoren wurden hauptsächlich in Anlehnung an die WIN-Charta und Mathieu S. 25 f. erstellt.

In der abschließenden Frage ging es um die persönlichen Werte und Ziele der Befragten. Es war eine Mehrfachwahl folgender Werte möglich: Statussymbole, viel Freizeit, Verantwortung übernehmen, Umweltbewusst zu leben, intensives Familienleben, soziales Engagement, Erfolg im Beruf und gesellschaftliche Anerkennung. Diese Werte und Ziele finden in der Literatur oft Anwendung (Kirchgeorg und Günther 2006, S. 37; Sponheuer 2009, S. 161; Weinrich 2013, S. 175). Der vollständige Fragebogen ist in Anhang A zu sehen.

5.2 Auswertung

Insgesamt wurde der Onlinefragebogen von 745 Teilnehmern vollständig ausgefüllt. Es wurden diejenigen Teilnehmer aussortiert, die unter 21 Jahre oder über 34 Jahre alt waren. Zudem wurden alle Studenten entfernt, die sich im Bachelorstudium oder Examensstudium im ersten bis dritten Semester befanden. Dadurch wurden Studienanfänger und diejenigen, die nicht zur Generation Y gehörten, ausselektiert. Nach der Bereinigung der Daten basiert die weitere statistische Analyse auf einer Stichprobe von 653 ausgefüllten Fragebögen.

Geschlecht	Anzahl	Anteil
Weiblich	335	51%
Männlich	318	49%
Gesamt	653	100%
Alter		
Modus	24	
Arithmetisches Mittel	24,8	
Standardabweichung	2,4	

angestrebter Bildungsabschluss	Anzahl	Anteil
Bachelor	237	36%
Master	378	58%
Diplom	6	1%
Staatsexamen	21	3%
Sonstige	11	2%
Gesamt	653	100%
Fachbereich	Anzahl	Anteil
Wirtschaftswissenschaften	360	55%
Naturwissenschaften	42	6%
Geisteswissenschaften	42	6%
Sozialwissenschaften	65	10%
Medizin/ Gesundheitswissenschaften	16	2%
Agrarwissenschaften	13	2%
Technik	48	7%
Sonstige	67	10%
Gesamt	653	100%

Abbildung 8: Zusammensetzung der Stichprobe
Quelle: eigene Erhebung, eigene Darstellung.

Bei der Frage nach dem angestrebten Bildungsabschluss wurde unter „Sonstige"
folgendes angegeben: Sechs Teilnehmer hatten gerade ihr Studium beendet, drei
promovierten zum Zeitpunkt der Umfrage, eine/r befand sich im Gap Year
zwischen Bachelor und Master und eine/r strebte sowohl einen Master-, als auch
ein Examensabschluss an. Unter „Sonstige" beim Fachbereich wurden am
häufigsten Rechtswissenschaften, Wirtschaftsingenieursstudium, Architektur
und Kombinationsfächer genannt. 19 % hatten vor Ihrem Studium bereits eine
Berufsausbildung absolviert.

Die Abbildungen 5.3 bis 5.5 zeigen die Relevanz der Arbeitgeberfaktoren,
sortiert nach den Nachhaltigkeitsdimensionen bzw. der traditionellen
Dimension. Diese Einteilung ist nicht immer als trennscharf zu betrachten, da
manche Faktoren mehreren Dimensionen gleichermaßen zugeordnet werden
können. So wurde z.B. die Herstellung hochwertiger Produkte der ökologischen
Dimension zugeordnet, da hochwertige Produkte aus hochwertigen,
unschädlichen Materialien hergestellt werden und eine gewisse Qualität auch
mit einer gewissen Produktlanglebigkeit einhergeht, wodurch weniger Müll
produziert wird und weniger Ressourcen für Neuproduktion verbraucht werden.
Genauso gut könnte man dies jedoch auch der ökonomischen Dimension
zuordnen, da hochwertige Produkte ein Wettbewerbsvorteil sein können und
somit den langfristigen Erfolg des Unternehmens sichern.

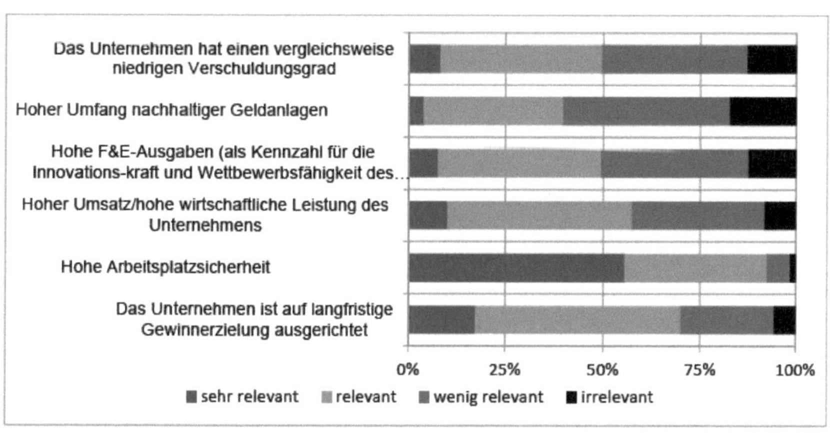

Abbildung 9: Ökonomische Nachhaltigkeitsdimension
Quelle: eigene Erhebung, eigene Darstellung.

Eine hohe Arbeitsplatzsicherheit ist für 92 % der Befragten relevant oder sehr relevant. 70 % der Studienteilnehmer gaben an, dass es für sie von Relevanz oder sogar hoher Relevanz ist, dass das Unternehmen auf langfristige Gewinnerzielung ausgerichtet ist, lediglich für 6 % ist dies irrelevant. Die restlichen Aspekte der ökonomischen Nachhaltigkeit sind relativ ausgeglichen und teilen die Absolventen in zwei fast gleich große Gruppen, die hauptsächlich zu relevant bzw. zu wenig relevant tendieren.

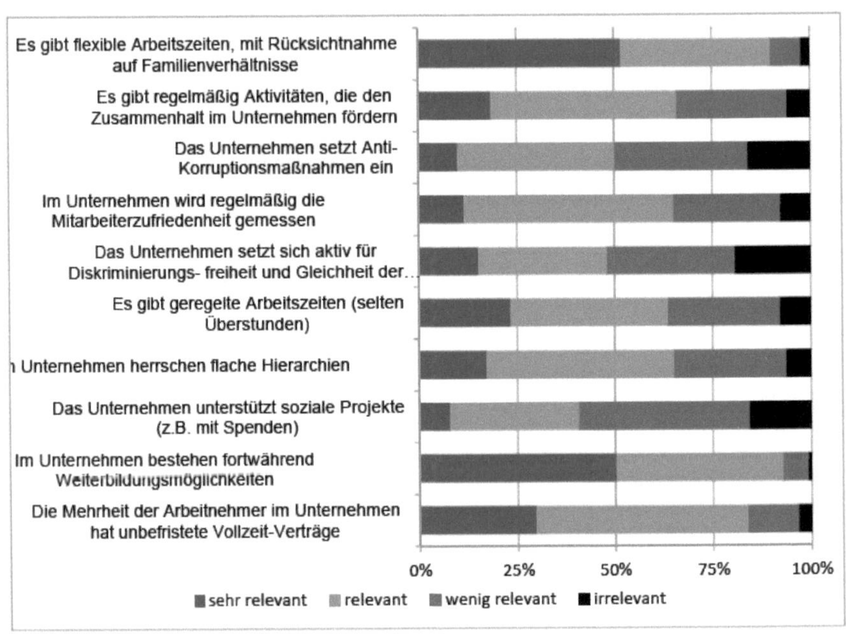

Abbildung 10: Soziale Nachhaltigkeitsdimension
Quelle: eigene Erhebung, eigene Darstellung.

Für 90 % der Befragten ist es relevant oder sehr relevant, dass es flexible Arbeitszeiten gibt. 93 % gaben an, dass Weiterentwicklungsmöglichkeiten im Unternehmen entscheidend bei der Wahl des Arbeitgebers sind. Ein Grund hierfür könnte sein, dass die Teilnehmer der Umfrage noch sehr jung und noch nicht fertig ausgebildet sind. Für 84 % ist es wichtig oder sehr wichtig, dass die Mehrheit der Arbeitnehmer im Unternehmen unbefristete Vollzeit-Verträge hat, für nur 3 % ist dies bei der Arbeitgeberwahl irrelevant. Gerade diesem Wunsch wird in der Realität nicht nachgekommen, da wie bereits im ersten Kapitel erwähnt, die atypischen Beschäftigungsverhältnisse zunehmen. Ebenfalls sehr wichtig sind den Befragten Aktivitäten, die den Zusammenhalt im Unternehmen fördern (wie z.B. Betriebsausflüge, Betriebsfeiern), regelmäßige Mitarbeiterzufriedenheitsmessungen, geregelte Arbeitszeiten (selten Überstunden) und flache Hierarchien. Am wenigsten relevant ist in dieser Dimension die Unterstützung sozialer Projekte durch das Unternehmen, Er ist aber immer noch für 41 % der Befragten von Relevanz.

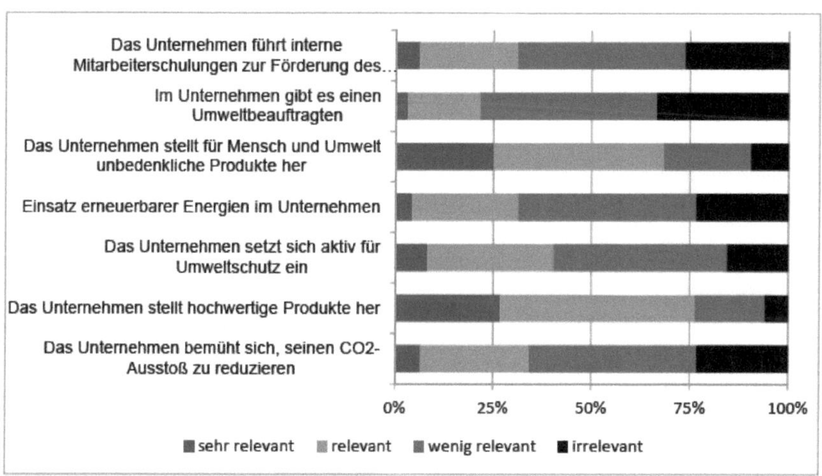

Abbildung 11: Ökologische Nachhaltigkeitsdimension
Quelle: eigene Erhebung, eigene Darstellung.

Für 68 % ist es relevant oder sehr relevant, dass das Unternehmen für Mensch und Umwelt unbedenkliche Produkte herstellt und für 76 %, dass das Unternehmen hochwertige Produkte herstellt. Dass sich das Unternehmen aktiv für Umweltschutz einsetzt ist für 40 % wichtig bei einem Arbeitgeber. Die geringste Relevanz erhält hier das Vorhandensein eines Umweltbeauftragten. Ein Grund könnte hier sein, dass einige diesen Aspekt eher mit dem Titel als mit der inhaltlichen Funktion verbinden, sodass es nicht unbedingt notwendig ist, dass es einen Ansprechpartner im Unternehmen gibt, der diesen Titel trägt. Die restlichen Aspekte befinden sich im Bereich von 31 % bis 35 % von relevant bis sehr relevant.

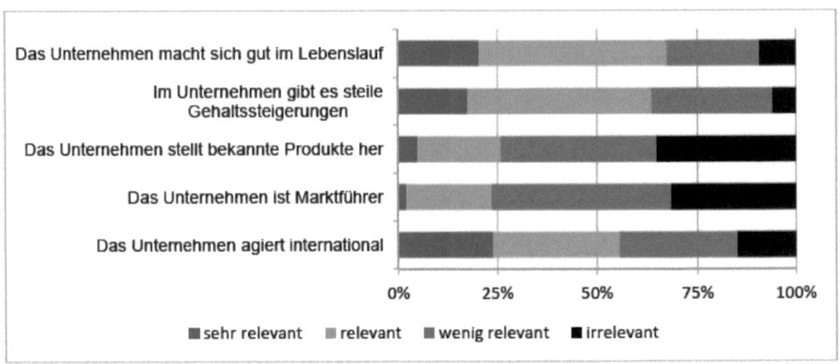

Abbildung 12: Traditionelle Dimension
Quelle: eigene Erhebung, eigene Darstellung.

Die Mehrheit achtet bei der Arbeitgeberwahl darauf, dass sich das Unternehmen gut im Lebenslauf macht und es steile Gehaltssteigerungen gibt, für 67 % bzw. 63 % der Teilnehmer sind diese Faktoren zumindest relevant. Am wenigsten relevant ist, ob das Unternehmen Marktführer ist und ob es bekannte Produkte herstellt (mit 24 % bzw. 26 % Relevanz oder hohe Relevanz).

Die nachfolgende Abbildung zeigt, wie sich die Werte und Ziele auf die Umfrageteilnehmer verteilen.

Welche dieser Werte und Ziele sind Ihnen persönlich wichtig?

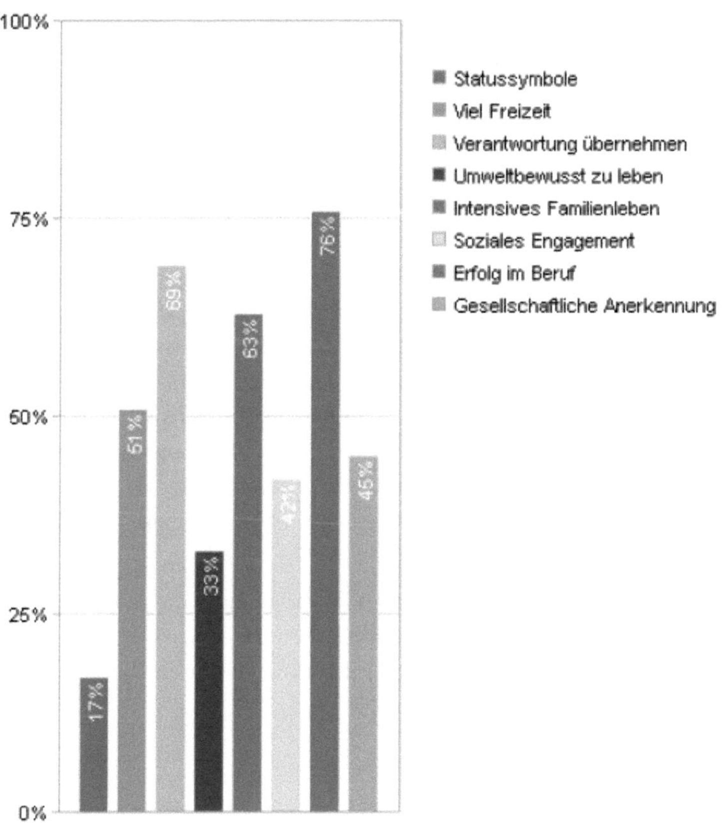

Abbildung 13: Persönliche Werte
Quelle: eigene Erhebung, eigene Darstellung.

Am häufigsten wurden die Werte Erfolg im Beruf und Verantwortung übernehmen genannt (von 76 % bzw. 69 %). Diese berufliche Ambition erklärt sich zu einem Teil auch dadurch, dass die Befragten ein Studium gewählt haben. Danach folgen ein intensives Familienleben und viel Freizeit (63 % bzw. 51 %). Gesellschaftliche Anerkennung ist für 45 % und soziales Engagement für 42 % wichtig. Von jedem Dritten wurde umweltbewusst zu leben als Wert genannt, was sich mit den Zahlen zum Anteil der LOHAS an der Bevölkerung deckt, diese sogar leicht übertrifft. Das Schlusslicht bilden mit 17 % die Status-symbole.

Eine der Erklärungen dafür, dass nachhaltige Arbeitgeber von Arbeitnehmern bevorzugt werden ist, dass Arbeitnehmer Unternehmen bevorzugen, die zu ihren Werten passen (Person-Organisation Fit). Dies wurde zum einen direkt gefragt, wobei es für 93 % der Teilnehmer relevant oder sehr relevant ist, dass das Unternehmen zu den eigenen persönlichen Werten passt. Zum anderen wird im Folgenden eine bivariate Zusammenhangsanalyse durchgeführt, welche den Zusammenhang zweier Merkmale angibt. Eine Kreuztabelle (Kontingenztabelle), in der die absoluten oder relativen Häufigkeiten von Ausprägungspaaren enthalten sind, stellt diesen Zusammenhang dar (Cleff 2008, S. 79 f.). Die Analyse wird für den Zusammenhang zwischen persönlichen Werten und den Arbeitgeberfaktoren und zwischen dem Geschlecht und den Arbeitgeberfaktoren durchgeführt.

Die folgende Kreuztabelle zeigt den Zusammenhang zwischen dem Wert soziales Engagement und der Relevanz, dass das Unternehmen soziale Projekte unterstützt für die Arbeitgeberwahl (relative Häufigkeiten von Ausprägungspaaren sind auf 1 % gerundet).

Soziales Engagement / Das Unternehmen unterstützt soziale Projekte	Soziales Engagement ist Befragten persönlich nicht wichtig	Soziales Engagement ist Befragten persönlich wichtig	Gesamt
Sehr relevant	8 (2%)	41 (15%)	49
Relevant	91 (24%)	121 (45%)	212
Wenig relevant	191 (51%)	90 (33%)	281
Irrelevant	84 (22%)	17 (6%)	101
Summe	374 (100%)	269 (100%)	643

Tabelle 0.1: Kreuztabelle: Zusammenhang zwischen sozialem Engagement und Unterstützung sozialer Projekte durch das Unternehmen
Quelle: eigene Erhebung, eigene Berechnung.

Die Tabelle liest sich wie folgt: 91 der befragten Personen gaben an, dass soziales Engagement nicht zu ihren persönlichen Werten gehört und der Faktor „Unterstützung sozialer Projekte durch das Unternehmen" für sie relevant ist. Das sind 24 % aller Personen, welche soziales Engagement persönlich nicht wichtig finden. Demgegenüber finden 45 % aller Befragten, die soziales Engagement persönlich wichtig finden, den Faktor „Unterstützung sozialer Projekte durch das Unternehmen" relevant. In der Stichprobe zählen 374 Personen soziales Engagement nicht zu ihren persönlichen Werten, wohingegen 269 Befragte dies tun.

Im Folgenden wird mithilfe eines Chi-Quadrat-Tests überprüft, ob ein Zusammenhang zwischen sozialem Engagement und dem Faktor „Unterstützung sozialer Projekte durch das Unternehmen" existiert. Anschließend wird die Stärke des Zusammenhangs mittels der statistischen Kennzahl Cramers V gemessen.

Als erstes werden dazu die erwarteten Häufigkeiten berechnet. Würde kein Zusammenhang zwischen beiden Merkmalen bestehen, dann würden die Werte der Stichprobe mit den erwarteten Werten übereinstimmen. Dazu werden nach Formel 5.1 die erwarteten absoluten Häufigkeiten ermittelt, die in Tabelle 5.2 dargestellt sind. Der Gedanke dahinter ist, zu ermitteln, wie die Werte bei keinem Zusammenhang zwischen den beiden Merkmalen sein müssten und zu untersuchen, ob sich diese erwarteten Werte stark von den Werten der Stichprobe unterscheiden.

$$\text{Erwartete absolute Häufigkeit} = \frac{\text{Spaltensumme} * \text{Zeilensumme}}{\text{Gesamtsumme}} = \frac{n_{\cdot j} * n_{i \cdot}}{n} = n_{ij}^{e} \tag{5.1}$$

(Cleff 2008, S. 83 f.).

Soziales Engagement / Das Unternehmen unterstützt soziale Projekte	Soziales Engagement ist Befragten persönlich nicht wichtig	Soziales Engagement ist Befragten persönlich wichtig	Gesamt
Sehr relevant	29	20	49
Relevant	123	89	212
Wenig relevant	163	118	281
Irrelevant	59	42	101
Summe	374	269	643

Tabelle 0.2: Erwartete absolute Häufigkeiten
Quelle: eigene Erhebung, eigene Berechnung.

Voraussetzung ist, dass alle erwarteten absoluten Häufigkeiten in der Kreuztabelle mindestens den Wert 5 annehmen, da anderenfalls das Ergebnis des Chi-Quadrat-Tests nicht zuverlässig ist (Brosius 2005, S. 406).

Weichen empirische Daten von den erwarteten Werten stark ab, so ist die Differenz zwischen diesen groß. Um bei der Analyse zu verhindern, dass positive und negative Abweichungen sich aufheben, werden die Differenzen bei der Berechnung des Chi-Quadrat-Wertes quadriert. Der Chi-Quadrat-Wert ergibt sich als Summe aller quadrierten absoluten Abweichungen dividiert durch die entsprechende erwartete absolute Häufigkeit, d.h.

$$\text{Chi-Quadrat} = \chi^2 = \sum_{i=1}^{k} \sum_{j=1}^{m} \left[\frac{\left(n_{ij} - n_{ij}^{e}\right)^2}{n_{ij}^{e}} \right] \tag{5.2}$$

χ^2 kann minimal den Wert Null annehmen, nämlich dann, wenn erwartete und empirische absolute Häufigkeiten übereinstimmen und damit die beiden Merkmale unabhängig voneinander sind bzw. kein Zusammenhang besteht (Cleff 2008, S. 86). Bei diesem Chi-Quadrat-Test ist die Nullhypothese H0: Es existiert kein Zusammenhang zwischen dem Wert soziales Engagement und der Relevanz des Faktors „Unterstützung sozialer Projekte durch das Unternehmen" und die Alternativhypothese H1: Es existiert ein Zusammenhang. Es ergibt sich bei einem Chi-Quadrat-Wert von 92,54 und 3 Freiheitsgraden ein p-Wert von 0,000, sodass die Nullhypothese auf jedem üblichen Signifikanzniveau abzulehnen ist (höchste Signifikanz). Die Alternativhypothese ist damit indirekt zu bestätigen.

	Wert	Freiheitsgrade	p-Wert (asymptotische Signifikanz (2-seitig))
Chi-Quadrat-Test nach Pearson	92,54	3	0,000

Tabelle 0.3: Chi-Quadrat-Test
Quelle: eigene Erhebung, eigene Berechnung.

Auf dem Chi-Quadrat-Wert aufbauend lässt sich das Zusammenhangsmaß Cramers V berechnen, welches angibt, wie stark der Zusammenhang ist. Der Wertebereich liegt zwischen null und eins, wobei sich der Wert null bei keinem Zusammenhang und der Wert eins bei einem perfekten Zusammenhang ergibt.

Das Cramers V lässt sich wie folgt ermitteln:

$$\text{Cramers V} = \left[\frac{\chi^2}{n(\min(k,m)-1)} \right]^{0,5}, \qquad (5.3)$$

wobei k die Zahl der Spalten, m die Zeilenanzahl und n die Zahl der Beobachtungen für den zu untersuchenden Zusammenhang bezeichnet (Cleff 2008, S. 92). Die Zahl der Beobachtungen n kann aufgrund der Missing Values von der Gesamtstichprobe abweichen.

Die Interpretation des Cramers V ist nicht eindeutig und in der Literatur verschieden. In dieser empirischen Analyse wird folgende Faustregel zugrunde gelegt (in Anlehnung an 2ask. Leitfaden statistische Auswertung, S. 42 und Cleff 2008, S. 92):

Cramers V $\in$ [0,0; 0,1) > kein Zusammenhang

Cramers V $\in$ [0,1; 0,3) > schwacher Zusammenhang

Cramers V $\in$ [0,3; 0,5) > mittlerer Zusammenhang

Cramers V $\in$ [0,5; 1,0] > starker Zusammenhang

	Unterstützung sozialer Projekte (z.B. mit Spenden)
Soziales Engagement	0,379 (+)

Tabelle 0.4: Zusammenhangsmaß Cramers V für „soziales Engagement"
Quelle: eigene Erhebung, Eigene Berechnung.

Bei dem gewählten Beispiel nimmt das Cramers V den Wert 0,379 an. Damit besteht ein mittlerer Zusammenhang zwischen dem Wert soziales Engagement und dem Faktor „Unterstützung sozialer Projekte durch das Unternehmen". Das (+) steht für einen positiven Zusammenhang. Die Richtung des Zusammenhanges gibt Cramers V zwar nicht an, jedoch lässt er sich anhand der Ausprägungspaare in der Kreuztabelle ablesen. Das bedeutet, dass für die Studienteilnehmer, die soziales Engagement zu ihren persönlichen Werten zählen, tendenziell die Unterstützung sozialer Projekte durch das Unternehmen bei der Arbeitgeberwahl relevanter ist und umgekehrt. Dieser mittelgroße Zusammenhang ist statistisch höchst signifikant, da die Nullhypothese selbst auf einem 1%-Niveau abzulehnen ist.

Die Vorgehensweise bei den nachfolgenden Zusammenhangsanalysen ist analog, weshalb nur noch die Ergebnisse vorgestellt werden. Die Tabellen 5.5 bis 5.8 listen die Cramers V-Werte bei mittleren und starken Zusammenhängen auf (Werte gerundet auf drei Nachkommastellen).

	Das Unternehmen bemüht sich, seinen CO2-Ausstoß zu reduzieren	Das Unternehmen unterstützt soziale Projekte (z.B. mit Spenden)	Das Unternehmen setzt sich aktiv für Umweltschutz ein	Einsatz erneuerbarer Energien im Unternehmen
Umweltbewusst zu leben	0,579 (+)	0,314 (+)	0,507 (+)	0,486 (+)
	Das Unternehmen stellt für Mensch und Umwelt unbedenkliche Produkte her	Im Unternehmen gibt es einen Umweltbeauftragten	Das Unternehmen führt interne Mitarbeiterschulungen zur Förderung des Umweltbewusstseins durch	
Umweltbewusst zu leben	0,406 (+)	0,383 (+)	0,400 (+)	

Tabelle 0.5: Zusammenhangsmaß Cramers V für „Umweltbewusst zu leben"
Quelle: eigene Erhebung, eigene Berechnung.

	Es gibt geregelte Arbeitszeiten (selten Überstunden)
Viel Freizeit	0,360 (+)

Tabelle 0.6: Zusammenhangsmaß Cramers V für „viel Freizeit"
Quelle: eigene Erhebung, eigene Berechnung.

	Es gibt flexible Arbeitszeiten, mit Rücksichtnahme auf Familienverhältnisse
Intensives Familienleben	0,314 (+)

Tabelle 0.7: Zusammenhangsmaß Cramers V für „intensives Familienleben"
Quelle: eigene Erhebung, eigene Berechnung.

	Das Unternehmen unterstützt soziale Projekte (z.B. mit Spenden)	Das Unternehmen setzt sich aktiv für Diskriminierungsfreiheit und Gleichheit der Geschlechter ein
Geschlecht weiblich	0,300 (+)	0,371 (+)

Tabelle 0.8: Zusammenhangsmaß Cramers V für „Geschlecht"
Quelle: eigene Erhebung, eigene Berechnung.

Bei allen in den Tabellen aufgeführten Zusammenhängen ergibt sich beim Chi-Quadrat-Test ein p-Wert von 0,000, d.h. es besteht eine höchste Signifikanz (höchste Evidenz gegen die Nullhypothese). Die Cramers V-Werte für schwache

Zusammenhänge sind in Anhang B dargestellt. Bei dieser Stichprobe sind den Frauen im Durchschnitt nachhaltige Aspekte im Unternehmen wichtiger als den Männern.

5.3 Diskussion

Die Ergebnisse zeigen, dass es nicht den wichtigsten Faktor gibt und dass sich die Präferenzen unterscheiden. Ein Unternehmen ist umso erfolgreicher im Kampf um qualifizierte Arbeitskräfte, je mehr der Faktoren es in sein Angebot aufnimmt. Bestätigt werden die Ergebnisse anderer Umfragen und Studien, dass weit oben auf der Präferenzliste von angehenden Absolventen Entwicklungsmöglichkeiten, gute Work-Life-Balance mit flexiblen Arbeits-zeiten, sowie hohe Arbeitsplatzsicherheit stehen. Ebenfalls sehr wichtig ist den Befragten, dass die Mehrheit der Arbeitnehmer im Unternehmen unbefristete Vollzeit-Verträge hat – was im Konflikt mit den derzeitigen Trends am Arbeitsmarkt steht – und dass das Unternehmen hochwertige Produkte herstellt. Am wichtigsten ist den Befragten die soziale Nachhaltigkeits-dimension. Dies könnte darin begründet liegen, dass Arbeitnehmer die sozialen Aspekte am meisten direkt in ihrem Arbeitsleben spüren. Die ökologische Dimension ist dagegen nicht so wichtig. Ein Grund hierfür könnten die hohen gesetzlichen Standards in Deutschland sein. Ebenfalls im Durchschnitt nicht so wichtig ist die traditionelle Dimension. Die Ergebnisse der bivariaten Analyse implizieren, dass, wenn die jeweiligen Werte wichtiger werden, auch die positiv korrelierten Faktoren des Arbeitgebers wichtiger werden. Besonders stark ist der Zusammenhang zwischen dem Wert „umweltbewusst zu leben" und der ökologischen Nachhaltigkeitsdimension.

Die empirische Untersuchung weist einige Limitationen auf. Da der Mindest-stichprobenumfang unbekannt ist, ist nicht sicher, ob die Stichprobengröße repräsentativ ist. Zudem kann nicht immer gleichgesetzt werden, was die Befragten angeben zu tun und was sie dann wirklich tun, d.h., wenn jemand sagt, er beachte den Aspekt bei der Arbeitgeberwahl, heißt das nicht auto-matisch, dass er es in der Situation dann auch wirklich tun wird. Des Weiteren ist unklar, ob und inwieweit sich die Befragten bereits mit dem Thema Arbeitgeberwahl auseinander gesetzt haben, sodass sie leicht ihre Meinung ändern könnten, wenn sie sich intensiver mit dem Thema beschäftigen.

6 Schlussbetrachtung

Am Anfang dieser Arbeit wurde deutlich gemacht, dass Nachhaltigkeit ein sehr wichtiges Thema ist und sehr viel mehr Aspekte umfasst als nur Umweltschutz. Existentiell ist für Unternehmen das eigene Personal, wobei es immer schwieriger wird die qualifiziertesten Arbeitskräfte für sich zu gewinnen. Die im dritten Kapitel vorgestellten Theorien deuten darauf hin, dass Arbeitnehmer nachhaltige Unternehmenspolitik durchaus bei der Arbeitgeberwahl beachten, jedoch unterschiedlich stark. Die Theorien konnten durch die empirische Untersuchung zu einem großen Teil bestärkt werden. In den vorgestellten Studien und in der eigenen Datenerhebung war die soziale Dimension die wichtigste Nachhaltigkeitsdimension. Die ökologische Dimension ist bis jetzt noch nicht so stark von Relevanz. Jedoch ist davon auszugehen, dass sich der bisherige Trend fortsetzt und ökologische Themen wichtiger werden. Dennoch gibt es ebenfalls Gründe, die gegen einen hohen Stellenwert von Nachhaltigkeit sprechen. So wird der Preis für eine nicht nachhaltige Lebensweise vor allem von zukünftigen Generationen getragen. Die Auswirkungen sind noch nicht direkt oder nur im Ansatz spürbar. Zudem denken viele Leute, dass ihr Beitrag zu Problemen in so großen Dimensionen so verschwindend gering ist, dass es sowieso nichts nützt und benutzen dies als Vorwand nichts zu tun. Viele Personen sehen auch den Staat für die Lösung solch großer und komplexer Probleme verantwortlich und nicht sich selbst (Rogall 2012, S.104-108). Nichtsdestotrotz gewann nachhaltige Unternehmenspolitik in den letzten Jahren an Attraktivität. Eine gute Bezahlung allein reicht den hochqualifizierten Arbeitskräften von morgen längst nicht mehr aus.

Von Unternehmensseite her ist zu beachten, dass die nachhaltige Unternehmenspolitik glaubwürdig nach außen kommuniziert wird. Bei einer Umfrage gab ca. die Hälfte der Teilnehmer an, dass sie die Werbekampagnen, in denen Unternehmen ihr Engagement für Nachhaltigkeit und Klimaschutz betonen, für eher unglaubwürdig oder sogar auf jeden Fall für unglaubwürdig halten (Statista 2014). Interessant für weitere Untersuchungen wäre die Frage, inwieweit zukünftige Arbeitnehmer bereit wären ein niedrigeres Gehalt zugunsten von Nachhaltigkeit im Unternehmen in Kauf zu nehmen. Dies ist vor allem für Unternehmen interessant, da eine nachhaltige Unternehmenspolitik Kosten verursacht. Nachhaltige Unternehmenspolitik könnte vor allem für KMUs eine Möglichkeit sein, Talente zu gewinnen, da sie nicht durch die höchste Bekanntheit und meist auch nicht durch das höchste Gehalt bestechen können.

Abschließend lässt sich die Frage, ob Unternehmen mit einer Nachhaltigkeitspolitik einen Wettbewerbsvorteil im „War for Talents" besitzen, nicht konkret mit Ja oder Nein beantworten. Wie bereits erwähnt, ist die soziale Dimension sehr wichtig und auch viele Aspekte der ökonomischen Dimension werden von den meisten Befragten als relevant betrachtet. Die ökologische Dimension spielt aktuell noch eine eher untergeordnete Rolle. Da Nachhaltigkeitspolitik jedoch allen drei Dimensionen gerecht werden sollte, ist das Ergebnis nicht absolut eindeutig. Die bivariate Zusammenhangsanalyse zeigt, dass die Personen, für die umweltbewusst zu leben wichtig ist, ökologische Bemühungen des Unternehmens viel stärker in ihre Wahl einbeziehen. Auf der anderen Seite gibt es ebenfalls Talente, die das nicht tun. Abzuwarten bleibt, wie sich die Verteilung dieser beiden Typen an der Gesamtbevölkerung genau entwickeln wird.

Anhang A

Fragebogen der eigenen empirischen Untersuchung

Liebe Teilnehmerin, lieber Teilnehmer,

vielen Dank, dass Sie den folgenden Fragebogen zum Thema Arbeitgeberattraktivität beantworten. Die Befragung wird nur etwa 4 Minuten Ihrer Zeit beanspruchen.

Ihre Antworten werden selbstverständlich vertraulich behandelt und dienen ausschließlich als Datengrundlage für diese Untersuchung. Da nur vollständig bearbeitete Fragebögen in die Auswertung einbezogen werden können, bitte ich Sie alle Fragen zu beantworten.

Beantworten Sie die Fragen bitte möglichst ehrlich. Es gibt weder „falsche" noch „richtige" Antworten.

Falls Sie Fragen oder Anregungen haben, können Sie sich gerne mit mir per E-Mail in Verbindung setzen.

Wichtig: Bitte navigieren Sie durch den Fragebogen ausschließlich über den "Zurück"- und "Weiter"-Button und nicht über die entsprechenden Browser-Funktionen.

Die Umfrage startet mit einem Klick auf den "Weiter"-Button rechts unten.

Viel Spaß beim Ausfüllen!

Frage 1:
Welches Geschlecht haben Sie?

O weiblich
O männlich

Frage 2:
Wie alt sind Sie?
Bitte geben Sie Ihr Alter in Jahren an

Frage 3:
Welchen Bildungsabschluss streben Sie momentan an?

O Bachelor
O Master
O Diplom
O Staatsexamen
O Sonstige, bitte angeben:

Frage 4:
In welchem Semester studieren Sie?

O 1
O 2
O 3
O 4
O 5
O 6
O 7
O 8
O 9 oder mehr

Frage 5:
In welchem Fachbereich absolvieren Sie Ihr Studium?

O Wirtschaftswissenschaften
O Naturwissenschaften
O Geisteswissenschaften
O Sozialwissenschaften (nicht Wirtschaftswissenschaften)
O Medizin / Gesundheitswissenschaften
O Agrarwissenschaften
O Technik
O Sonstige, bitte angeben:

Frage 6:
Haben Sie bereits eine Ausbildung abgeschlossen?

O Ja, bitte angeben:
O Nein

Frage 7:

Stellen Sie sich vor, Sie stehen vor der Wahl Ihres Arbeitgebers. Nehmen Sie hierbei an, dass Sie mehrere Arbeitgeber zur Auswahl haben, und das Einstiegsgehalt, der Standort und die zu verrichtenden Aufgaben ähnlich sind und in einem für Sie angemessenen Bereich liegen.

Wie relevant sind folgende Faktoren für Sie, wenn Sie sich für einen Arbeitgeber entscheiden?

	sehr relevant	relevant	wenig relevant	irrelevant	kann ich nicht beantworten
Die Mehrheit der Arbeitnehmer im Unternehmen hat unbefristete Vollzeit-Verträge	O	O	O	O	O
Das Unternehmen ist auf langfristige Gewinnerzielung ausgerichtet	O	O	O	O	O
Im Unternehmen bestehen fortwährend Weiterbildungsmöglichkeiten	O	O	O	O	O
Das Unternehmen bemüht sich, seinen CO2-Ausstoß zu reduzieren	O	O	O	O	O
Das Unternehmen unterstützt soziale Projekte (z.B. mit Spenden)	O	O	O	O	O
Das Unternehmen stellt hochwertige Produkte her	O	O	O	O	O
Das Unternehmen agiert international	O	O	O	O	O
Das Unternehmen setzt sich aktiv für Umweltschutz ein	O	O	O	O	O
Hohe Arbeitsplatzsicherheit	O	O	O	O	O
Im Unternehmen herrschen flache Hierarchien	O	O	O	O	O
Das Unternehmen passt zu meinen eigenen persönlichen Werten	O	O	O	O	O
Hoher Umsatz/hohe wirtschaftliche Leistung des Unternehmens	O	O	O	O	O
Es gibt geregelte Arbeitszeiten (selten Überstunden)	O	O	O	O	O
Das Unternehmen ist Marktführer	O	O	O	O	O
Einsatz erneuerbarer Energien im Unternehmen	O	O	O	O	O
Hohe F&E-Ausgaben (als Kennzahl für die Innovationskraft und somit auch Wettbewerbsfähigkeit des Unternehmens)	O	O	O	O	O
Das Unternehmen setzt sich aktiv für Diskriminierungsfreiheit und Gleichheit der Geschlechter ein (z.B. durch Gleichstellungsbeauftragte)	O	O	O	O	O
Das Unternehmen stellt bekannte Produkte her	O	O	O	O	O
Im Unternehmen wird regelmäßig die Mitarbeiterzufriedenheit gemessen	O	O	O	O	O

Hoher Umfang nachhaltiger Geldanla gen	O	O	O	O	O
Das Unternehmen setzt Anti-Korruptionsmaßnahmen ein	O	O	O	O	O
Das Unternehmen hat einen vergleichsweise niedrigen Verschuldungsgrad	O	O	O	O	O
Das Unternehmen stellt für Mensch und Umwelt unbedenkliche Produkte her	O	O	O	O	O
Im Unternehmen gibt es steile Gehaltssteigerungen	O	O	O	O	O
Es gibt regelmäßig Aktivitäten, die den Zusammenhalt im Unternehmen fördern (z.B. Betriebsausflüge, Betriebsfeiern)	O	O	O	O	O
Im Unternehmen gibt es einen Umweltbeauftragten	O	O	O	O	O
Das Unternehmen macht sich gut im Lebenslauf	O	O	O	O	O
Es gibt flexible Arbeitszeiten, mit Rücksichtnahme auf Familienverhält nisse	O	O	O	O	O
Das Unternehmen führt interne Mitar beiterschulungen zur Förderung des Umweltbewusstseins durch	O	O	O	O	O

Frage 8:

Welche dieser Werte und Ziele sind Ihnen persönlich wichtig?

- O Statussymbole
- O Viel Freizeit
- O Verantwortung übernehmen
- O Umweltbewusst zu leben
- O Intensives Familienleben
- O Soziales Engagement
- O Erfolg im Beruf
- O Gesellschaftliche Anerkennung

Vielen Dank für Ihre Teilnahme!

Anhang B

Zusammenhangsmaß Cramers V für verschiedene Merkmale: Schwache Zusammenhänge mit p-Wert ≤ 0,01 beim Chi-Quadrat-Test (starke Signifikanz)

Geschlecht weiblich		Erfolg im Beruf	
Das Unternehmen ist auf langfristige Gewinnerzielung ausgerichtet	0,134 (-)	Das Unternehmen ist auf langfristige Gewinnerzielung ausgerichtet	0,188 (+)
Das Unternehmen bemüht sich, seinen CO2-Ausstoß zu reduzieren	0,209 (+)	Das Unternehmen bemüht sich, seinen CO2-Ausstoß zu reduzieren	0,206 (-)
Das Unternehmen agiert international	0,146 (-)	Das Unternehmen unterstützt soziale Projekte (z.B. mit Spenden)	0,235 (-)
Das Unternehmen setzt sich aktiv für Umweltschutz ein	0,214 (+)	Das Unternehmen agiert international	0,285 (+)
Es gibt geregelte Arbeitszeiten (selten Überstunden)	0,219 (+)	Das Unternehmen setzt sich aktiv für Umweltschutz ein	0,205 (-)
Einsatz erneuerbarer Energien im Unternehmen	0,21 (+)	Hoher Umsatz/hohe wirtschaftliche Leistung des Unternehmens	0,287 (+)
Das Unternehmen hat einen vergleichsweise niedrigen Verschuldungsgrad	0,156 (+)	Einsatz erneuerbarer Energien im Unternehmen	0,165 (-)
Das Unternehmen stellt für Mensch und Umwelt unbedenkliche Produkte her	0,267 (+)	Das Unternehmen stellt bekannte Produkte her	0,200 (+)
Im Unternehmen gibt es einen Umweltbeauftragten	0,212 (+)	Das Unternehmen stellt für Mensch und Umwelt unbedenkliche Produkte her	0,188 (-)
Es gibt flexible Arbeitszeiten, mit Rücksichtnahme auf Familienverhältnisse	0,245 (+)	Im Unternehmen gibt es steile Gehaltssteigerungen	0,27 (+)
Das Unternehmen führt interne Mitarbeiterschulungen zur Förderung des Umweltbewusstseins durch	0,230 (+)	Das Unternehmen macht sich gut im Lebenslauf	0,243 (+)
		Das Unternehmen führt interne Mitarbeiterschulungen zur Förderung des Umweltbewusstseins durch	0,196 (-)

Intensives Familienleben		Soziales Engagement	
Das Unternehmen bemüht sich, seinen CO2-Ausstoß zu reduzieren	0,134 (+)	Das Unternehmen bemüht sich, seinen CO2-Ausstoß zu reduzieren	0,202 (+)
Das Unternehmen unterstützt soziale Projekte (z.B. mit Spenden)	0,163 (+)	Das Unternehmen setzt sich aktiv für Umweltschutz ein	0,229 (+)
Das Unternehmen setzt sich aktiv für Umweltschutz ein	0,165 (+)	Hoher Umsatz/hohe wirtschaftliche Leistung des Unternehmens	0,156 (-)
Es gibt geregelte Arbeitszeiten (selten Überstunden)	0,248 (+)	Das Unternehmen ist Marktführer	0,140 (-)
Einsatz erneuerbarer Energien im Unternehmen	0,156 (+)	Einsatz erneuerbarer Energien im Unternehmen	0,223 (+)
Das Unternehmen setzt sich aktiv für Diskriminierungsfreiheit und Gleichheit der Geschlechter ein (z.B. durch Gleichstellungsbeauftragte)	0,150 (+)	Das Unternehmen setzt sich aktiv für Diskriminierungsfreiheit und Gleichheit der Geschlechter ein (z.B. durch Gleichstellungsbeauftragte)	0,233 (+)
Im Unternehmen wird regelmäßig die Mitarbeiterzufriedenheit gemessen	0,187 (+)	Das Unternehmen setzt Anti-Korruptionsmaßnahmen ein	0,191 (+)
Hoher Umfang nachhaltiger Geldanlagen	0,149 (+)	Das Unternehmen stellt für Mensch und Umwelt unbedenkliche Produkte her	0,232 (+)
Das Unternehmen setzt Anti-Korruptionsmaßnahmen ein	0,152 (+)	Im Unternehmen gibt es steile Gehaltssteigerungen	0,214 (-)
Das Unternehmen stellt für Mensch und Umwelt unbedenkliche Produkte her	0,165 (+)	Im Unternehmen gibt es einen Umweltbeauftragten	0,265 (+)
Im Unternehmen gibt es einen Umweltbeauftragten	0,142 (+)	Das Unternehmen führt interne Mitarbeiterschulungen zur Förderung des Umweltbewusstseins durch	0,267 (+)
Das Unternehmen führt interne Mitarbeiterschulungen zur Förderung des Umweltbewusstseins durch	0,139 (+)		

Umweltbewusst zu leben		Verantwortung übernehmen	
Das Unternehmen agiert interna-tional	0,149 (-)	Das Unternehmen agiert internati-onal	0,191 (+)
Hoher Umsatz/hohe wirtschaftli-che Leistung des Unternehmens	0,202 (-)	Im Unternehmen herrschen flache Hierarchien	0,138 (+)
Das Unternehmen setzt sich aktiv für Diskriminierungsfreiheit und Gleichheit der Geschlechter ein (z.B. durch Gleichstellungsbeauf-tragte)	0,204 (+)	Es gibt geregelte Arbeitszeiten (selten Überstunden)	0,155 (-)
Das Unternehmen setzt Anti-Korruptionsmaßnahmen ein	0,154 (+)	Hohe F&E-Ausgaben (als Kenn-zahl für die Innovationskraft und somit auch Wettbewerbsfähigkeit des Unternehmens)	0,14 (+)
Im Unternehmen gibt es steile Gehaltssteigerungen	0,223 (-)		
Es gibt flexible Arbeitszeiten, mit Rücksichtnahme auf Familien-verhältnisse	0,143 (+)		
Das Unternehmen stellt bekannte Produkte her	0,139 (-)		

Gesellschaftliche Anerkennung		Viel Freizeit	
Das Unternehmen bemüht sich, seinen CO2-Ausstoß zu reduzie-ren	0,171 (-)	Das Unternehmen agiert internati-onal	0,155 (-)
Das Unternehmen unterstützt soziale Projekte (z.B. mit Spen-den)	0,168 (-)	Es gibt flexible Arbeitszeiten, mit Rücksichtnahme auf Familienver-hältnisse	0,185 (+)
Hohe F&E-Ausgaben (als Kenn-zahl für die Innovationskraft und somit auch Wettbewerbsfähigkeit des Unternehmens)	0,205 (+)		
Das Unternehmen macht sich gut im Lebenslauf	0,232 (+)		

Quelle: Eigene Erhebung, eigene Berechnung.

Literaturverzeichnis

Bücher

Cleff, T. (2008). Deskriptive Statistik und moderne Datenanalyse. Eine computergestützte Einführung mit Excel, SPSS und STATA, Wiesbaden: Gabler Verlag.

Dahlmanns, A. (2014). Generation Y und Personalmanagement, München und Mering: Rainer Hampp Verlag.

Diener, E., Helliwell, J. F. und Kahneman, D. (2010). International Differences in Well-Being, New York: Oxford University Press.

Glaser, A. (2006). Nachhaltige Entwicklung und Demokratie, Tübingen: Mohr Siebeck.

Hermann, S. (2005). Corporate Sustainability Branding. Nachhaltigkeits- und stakeholderorientierte Profilierung von Unternehmensmarken, Wiesbaden: Deutscher Universitäts-Verlag/ GWV Fachverlage GmbH.

Klein, A. (2014). Lifestyle of Health and Sustainability: Gestaltung touristischer Angebote unter Berücksichtigung der LOHAS, Hamburg: Verlag Dr. Kovac.

Meadows, D., Meadows, D. H., Zahn, E. und Milling, P. (1972). Die Grenzen des Wachstums. Bericht des Club of Rome zur Lage der Menschheit, Stuttgart: Deutsche Verlags-Anstalt.

Siebenhüner, B. (2001). Homo sustinens. Auf dem Weg zu einem Menschenbild der Nachhaltigkeit, Marbug: Metropolis-Verlag.

Tajfel, H. (1978). Differentiation between social groups: Studies in the social psychology of intergroup relations, Oxford: Academic Press.

Tajfel, H. (1982). Gruppenkonflikt und Vorurteil. Entstehung und Funktion sozialer Stereotypen, Bern: Huber.

Zeitschriftenaufsätze

App, S., Merk, J. und Büttgen, M. (2012), Employer branding: Sustainable HRM as a competitive advantage in the market for high-quality employees, Management Revue, Vol. 23 (3), 262-278.

Ashforth, B. E. und Mael, F. (1989), Social Identity Theory and the Organization, The Academy of Management Review, Vol. 14 (1), 20-39.

Cable, D. M. und Judge, T. A. (1996), Person–Organization Fit, Job Choice Decisions, and Organizational Entry, Organizational Behavior and Human Decision Processes, Vol. 67 (3), 294-311.

Cable, D. M. und Turban D. B. (2003), The Value of Organizational Reputation in the Recruitment Context: A Brand-Equity Perspective, Journal of Applied Social Psychology, Vol. 33 (11), 2244-2266.

Chatman J. (1991), Matching people and organizations: Selection and socialization in public accounting firms, Administrative Science Quarterly, Vol. 36 (3), 459-484.

Di Tella, R., MacCulloch, R. J. und Oswald, A. J. (2001), Preferences over Inflation and Unemployment: Evidence from Surveys of Happiness, American Economic Review, Vol. 91 (1), 335-341.

Dyllick, T. und Hockerts, K. (2002), Beyond the Business Case for Corporate Sustainability, Business Strategy and the Environment, Vol. 11 (2), 130-141.

George, W. W. (2001), Medtronic's chairman William George on how mission-driven companies create long-term shareholder value, Academy of Management Executive, Vol. 15 (4), 39-47.

Greening, D. W. und Turban, D. B. (2000), Corporate Social Performance as a Competitive Advantage in Attracting a Quality Workforce, Business & Society, Vol. 39 (3), 254-280.

Haugh H. M. und Talwar A. (2010), How Do Corporations Embed Sustainability Across the Organization?, Academy of Management learning & education, Vol. 9 (3), 384-396.

Kahneman, D. und Krueger, A. (2006), Developments in the Measurement of Subjective Well-Being, Journal of Economic Perspectives, Vol. 20 (1), 3–24.

Kristof, A. L. (1996), Person-Organization Fit: An integrative Review of its Conceptualizations, Measurement, and Implications, Personnel Psychology, Vol. 49 (1), 1–49.

Lievens, F., Decaesteker, C. und Coetsier, P. (2001), Organizational Attractiveness for Prospective Applicants: A Person-Organisation Fit Perspective, Applied Psychology: An International Review, 50 (1), 30-51.

Lis, B. (2012), The relevance of corporate social responsibility for a sustainable human resource management: An analysis of organizational attractiveness as a determinant in employees' selection of a (potential) employer, Management Revue, Vol. 23 (3), 279-295.

Myers, D. (2000), The Funds, Friends, and Faith of Happy People, American Psychologist, Vol. 55 (1), 56-67.

Parrish, B. D. (2010), Sustainability-driven entrepreneurship: Principles of organization design, Journal of Business Venturing, Vol. 25 (5), 510–523.

Rynes, S. L. und Cable, D. M. (2003), Recruitment Research in the Twenty-First Century, Handbook of Psychology, Vol. 12 (5), 55-76.

Aufsätze aus Sammelwerken

Blumenthal, I., Faix, W. G., Hochrein, V., Horne, A., Keck, G., Lenz, R., Mergenthaler, J. und Sax, S. (2013), Über einige Fronten des War for Talents, in: Faix, W. G., Erpenbeck, J. und Auer, M. (Hrsg.), Bildung. Kompetenzen. Werte., Steinbeis-Edition, Stuttgart, 592-623.

Diener, E. und Oishi, S. (2003), Money and Happiness: Income and Subjective Well-Being Across Nations, in: Diener, E. und Suh, E.M. (Hrsg.), Culture and Subjective Well-Being, MIT Press, Cambridge, 185-218.

Gay, F. (2013), Talent – eine Bestandsaufnahme, in: Busold, M. (Hrsg.), War for Talents. Erfolgsfaktoren im Kampf um die Besten, Symposion Publishing GmbH, Düsseldorf, 43-62.

Hansen, N. K. und Hauff, S. (2013), Talentmanagement: Theoretische Grundlagen, in: Busold, M. (Hrsg.), War for Talents. Erfolgsfaktoren im Kampf um die Besten, Symposion Publishing GmbH, Düsseldorf, 65-80.

Kasthofer, K. (1818), Bemerkungen über Wälder und Auen des Bernischen Hochgebirges, Aarau, zit. nach Birnbacher, D. und Schicha, C. (1996), Vorsorge statt Nachhaltigkeit. Ethische Grundlagen der Zukunftsverantwortung, in: Kastenholz, H. G., Erdmann, K. H. und Wolff, M. (Hrsg.), Nachhaltige Entwicklung, Springer-Verlag, Berlin u.a., 141-156.

Michaelis, N. V. (2012), Reform der Wohlstandsmessung als Grundlage für eine nachhaltige Ökonomie, in: Sauer, T. (Hrsg.), Ökonomie der Nachhaltigkeit, Metropolis-Verlag, Marburg, 15-40.

Pfeffer, J. (2002), Competitive advantage through people, in: Henry, J. und Mayle, D. (Hrsg.), Managing Innovation and Change, Sage Publications Ltd, London, 61-73.

Rogall, H. (2012), Von der traditionellen Ökonomie zur Nachhaltigen Ökonomie, in: Sauer, T. (Hrsg.), Ökonomie der Nachhaltigkeit, Metropolis-Verlag, Marburg, 101-134.

Ruckriegel, K. (2012), Glücksforschung. Erkenntnisse und Konsequenzen für die Zielsetzung der (Wirtschafts-) Politik , in: Sauer, T. (Hrsg.), Ökonomie der Nachhaltigkeit, Metropolis-Verlag, Marburg, 67-98.

Sebaldt, M. (2002), Von den Zinsen leben, nicht von der Substanz: Problemhintergrund und Entwicklung der Idee der Nachhaltigkeit, in: Sebaldt, M. (Hrsg.), Sustainable Development – Utopie oder realistische Vision? Karriere und Zukunft einer entwicklungspolitischen Strategie, Politica Band 49, Verlag Dr. Kovac, Hamburg, 23-48.

Werding, M. (2013), Talente werden knapp: Der Arbeitsmarkt bis 2040, in: Busold, M. (Hrsg.), War for Talents. Erfolgsfaktoren im Kampf um die Besten, Symposion Publishing GmbH, Düsseldorf, 23-41.

Dissertationen, Forschungsberichte etc.

Blanchflower, D. und Oswald, D. (2000). Well-Being Over Time in Britain and the USA. NBER Working Paper No 7487, Cambridge.

DIHK (2014). Fachkräftesicherung – Unternehmen aktiv. DIHK-Arbeitsmarktreport. Unternehmensbefragung, Berlin.

Du, S., Bhattacharya, C. B. und Sen, S. (2013). Corporate social responsibility, multi-faceted job-products, and employee outcomes (No. 13-07). ESMT Working Paper.

Ferrer-i-Carbonell, A. (2012). Happiness economics. SERIEs (2013) 4, 35–60, Springer, Spanien.

Grimm, J. T. (2006). Ergebnisse der Glücksforschung als Leitfaden für politisches Handeln?. Discussion Paper Nr. 14, Universität Flensburg.

Helliwell, J. und Huang, H. (2005). How's the Job? Well-Being and Social Capital in the Workplace. Paper prepared for presentation at the Annual Meetings of the Canadian Economics Association.

Kirchgeorg, M. und Günther, E. (2006). Employer Brands zur Unternehmensprofilierung im Personalmarkt – Eine Analyse der Wahrnehmung von Unternehmensmarken auf der Grundlage einer deutschlandweiten Befragung von High Potentials. HHL Arbeitspapier Nr. 74, Leipzig.

Mathieu, P. (2002). Unternehmen auf dem Weg zu einer nachhaltigen Wirtschaftsweise. Dissertation, Universität Kassel.

Meffert, H. und Münstermann, M. (2005). Corporate Social Responsibility in Wissenschaft und Praxis – eine Bestandsaufnahme. Arbeitspapier Nr. 186 der wissenschaftlichen Gesellschaft für Marketing und Unternehmensführung e.V., Leipzig.

Mummendey, A. (1984). Verhalten zwischen sozialen Gruppen: Die Theorie der sozialen Identität von Henri Tajfel. Bielefelder Arbeiten zur Sozialpsychologie. Psychologische Forschungsberichte, Universität Bielefeld.

Sponheuer, B. (2009). Employer Branding als Bestandteil einer ganzheitlichen Markenführung. Dissertation HHL, Leipzig Graduate School of Management.

Weinrich, K. (2013). Nachhaltigkeit im Employer Branding. Eine verhaltenstheoretische Analyse und Implikationen für die Markenführung. Dissertation HHL, Leipzig Graduate School of Management.

Quellen aus dem Internet

2ask. Leitfaden statistische Auswertung, http://www.2ask.de/media /1/10/2/23/25/3b44548aa4f7b046/Leitfaden_Statistik.pdf (15.08.2014).

Bundesagentur für Arbeit (2013). Der Arbeitsmarkt in Deutschland – Fachkräfteengpassanalyse, Nürnberg, http://statistik.arbeitsagentur.de/ Statischer-Content/Arbeitsmarktberichte/Fachkraeftebedarf-Stellen/Fachkraefte/ BA-FK-Engpassanalyse-2013-06.pdf (28.07.2014).

Bundesministerium für Umwelt, Naturschutz und Reaktorsicherheit (1992). Konferenz der Vereinten Nationen für Umwelt und Entwicklung im Juni 1992 in Rio de Janeiro. Dokumente – Agenda 21, http://www.bmub.bund.de/ fileadmin/bmu-import/files/pdfs/allgemein/application/pdf/agenda21.pdf (25.08.2014).

Brosius, F. (2005). Kapitel 16 Kreuztabellen, International Thomson Publishing, http://www.molar.unibe.ch/help/statistics/spss/16_Kreuztabellen.pdf (18.08.2014).

Enquete-Kommission des Deutschen Bundestages (1998). Abschlußbericht der Enquete-Kommission „Schutz des Menschen und der Umwelt – Ziele und Rahmenbedingungen einer nachhaltig zukunftsverträglichen Entwicklung, http://dipbt.bundestag.de/doc/btd/13/112/1311200.pdf (23.07.2014).

Ernst & Young (2013). Absolventenstudie 2012–2013. Ergebnisbericht, http://www.ey.com/Publication/vwLUAssets/EY-Absolventenbefragung_2013/$FILE/EY-Absolventenbefragung-2013-Studie.pdf (13.08.2014).

Haufe (2013). HR Trend Report 2013, http://www.umantis.com/fileadmin/user_upload/UTM_Studien/Haufe_HR_Trend_Report_2013.pdf (03.08.2014).

Institut für nachhaltige Unternehmensführung und Ressourcenplanung (2014). Kampf um Fachkräfte – Studie zeigt: Unternehmenskultur wichtiger als Gehalt, http://www.inur.de/cms/wp-content/uploads/Kampf%20um%20Fachkr%C3%A4fte%20-%20Studie%20zeigt%20Unternehmenskultur%20wichtiger%20als%20Gehalt.pdf (14.08.2014).

Kienbaum (2010). Kienbaum-Absolventenstudie 2009/2010, http://www.themenportal.de/unternehmen/kienbaum-absolventenstudie-2009-2010-20123 (13.08.2014).

Ministerium für Umwelt, Klima und Energiewirtschaft Baden-Württemberg (2012). Begleitmaterial zur WIN-Charta, http://www.win-bw.com/fileadmin/downloads/4_service/WIN_Charta_Begleitmaterial_Leitfaden.pdf (15.07.2014).

Roland Berger Strategy Consultants (2011). Trend Compendium 2030, http://www.rolandberger.com/gallery/trend-compendium/tc2030/content/assets/trendcompendium2030.pdf (18.08.2014).

Spindler, E.A. Geschichte der Nachhaltigkeit – Vom Werden und Wirken eines beliebten Begriffes, http://www.nachhaltigkeit.info/media/1326279587phpeJPyvC.pdf (23.07.2014).

Statista. Glaubwürdigkeit von Werbekampagnen für Nachhaltigkeit und Klimaschutz, http://de.statista.com/statistik/daten/studie/28064/umfrage/glaubwuerdigkeit-von-werbekampagnen-fuer-nachhaltigkeit-und-klimaschutz/ (01.09.2014).

Statistisches Bundesamt (2012). Arbeitsmärkte im Wandel, Wiesbaden, https://www.destatis.de/DE/Publikationen/Thematisch/Arbeitsmarkt/Erwerbstaetige/Arbeitsmaerktewandel5130001099004.pdf?__blob=publicationFile (25.07.2014).

Umweltbundesamt (2008). Fachdialoge zur nationalen Nachhaltigkeitsstrategie 2007, http://www.umweltbundesamt.de/sites/default/files/medien/publikation/long/3628.pdf (10.08.2014).

WCED (1987). Report of the World Commission on Environment and Development "Our Common Future", http://www.un-documents.net/our-common-future.pdf (19.07.2014).

Wirtschaftswoche (2012). Arbeitsmarkt – Der so genannte Fachkräftemangel, www.wiwo.de/erfolg/management/arbeitsmarkt-der-so-genannte-fachkraeftemangel-seite-all/7550358-all.html (01.08.2014).

Zeit (2012). Die Grenzen des Wachstums. Simulierter Untergang, http://www.zeit.de/2012/48/Die-Grenzen-des-Wachstums-Wirtschaft-Prognosen (19.07.2014).

Jakob Stoffel: The War for Talent. Gewinnen und Binden von High Potentials am sich wandelnden Arbeitsmarkt

2015

Abkürzungsverzeichnis

z.B.	- zum Beispiel
CRM	- Customer Relationship Management
TRM	- Talent Relationship Management
HP	- High Potentials
HPRM	- High Potential Relationship Management
Jh.	- Jahrhundert
KMU	- kleinere und mittlere Unternehmen
Vgl.	- Vergleiche
vs.	- versus
s.	- siehe
bzw.	- beziehungsweise
ca.	- circa
EVP	- Employee Value Proposition
UVP	- Unique Value Proposition
o.J.	- ohne Jahr

Vorwort

Die hier vorliegende Arbeit wurde im Rahmen des Dualen-Studiums an der Dualen Hochschule Baden-Württemberg Mannheim, Fakultät Technik, studienbegleitend erstellt.

Hiermit möchte ich mich recht herzlich bei Fr. Dr. Verena Pollmann für die Unterstützung und Reflektion der Arbeit, als auch meinem Betreuer Hr. Prof. Dr. Andreas Huber für die Betreuung und Unterstützung bei der Anfertigung dieser Arbeit bedanken.

Zusammenfassung

Die nachfolgende Arbeit, *The War for Talent.Gewinnen und Binden von High Potentials am sich wandelnden Arbeitsmarkt*, beschäftigt sich mit den Hintergründen, den Auswirkungen und den Reaktionen auf den War for Talent.

Zu Beginn der Arbeit werden zunächst die für die Arbeit relevanten Begriffe und deren Verwendung im Zusammenhang mit dem War for Talent definiert. Weiterhin werden gesellschaftliche Megatrends und Arbeitsmarktentwicklungen aufgezeigt, welche im Wesentlichen als Treiber und Hintergründe für den War for Talent identifiziert wurden.

Bevor dann einzelne Personalmanagemententwicklungen und –instrumente aufgezeigt werden, wird zunächst auf die Rolle und die Bedeutung von High Potentials für Unternehmen eingegangen. Ausgehend von der Planung bis hin zur Rekrutierung und Bindung von Mitarbeitern werden verschiedene, sich ergänzende Aufgaben und Instrumente des Personalmanagements vor dem Hintergrund des War for Talent betrachtet und dargestellt, was Unternehmen tun oder tun müssen, um nachhaltig erfolgreich am Arbeitsmarkt zu agieren. Abschließend werden unter Einbezug verschiedener Personalstrategien aus der Praxis und empirischen Untersuchungen die wesentlichen Faktoren zur Gewinnung und Bindung von Mitarbeitern priorisiert.

1 Einleitung

1.1 Frage und Problemstellung

Amerikanische Großkonzerne wie Apple, Google oder Facebook sorgen derzeit für große Diskussionen in der westlichen Welt. „Social Freezing" ist der Begriff, der vor allem in Deutschland für große Diskussionen und Empörung sorgt.

In der Diskussion geht es um ethische Fragen, Moral, Folgen und die Beweggründe der Unternehmen.

Doch was hat das mit dem Thema „The war for Talent" zu tun?

„Social Freezing" zählt zu den sog. Fringe Benefits, zu Deutsch Freiwillige betriebliche Zusatzleistungen. Also den Leistungen, die Unternehmen potenziellen und bestehenden Mitarbeitern bieten, um sich mit Hilfe dieses Zusatznutzens von dem Markt zu differenzieren. Dieses Phänomen des Personalmarketings leitet sich aus dem Bereich des allgemeinen Marketings, der Produktpolitik ab und stellt lediglich die Reaktion auf einen sich wandelnden Markt dar.

Unterschiedlichste gesellschaftliche Entwicklungen führen dazu, dass in Deutschland immer wieder über den Begriff des Fachkräftemangels berichtet wird. International wird der viel zitierte Begriff „The war for Talent" genutzt.

„The war for Talent" ist Synonym für das schrumpfende Angebot an qualifizierten Arbeitnehmern und dem damit einhergehenden ständig wachsenden Wettkampf der Unternehmen um die Besten, sog. High Potentials.

Deshalb sind folgende Fragen zu klären:

Welche Auswirkungen hat „The war for Talent" auf den Arbeitsmarkt? Ist im Zuge dieses Wettkampfes der Unternehmen der monetäre Faktor entscheidend für die Gewinnung und Bindung von High Potentials?

1.2 High Potentials im Fokus der Gesellschaft/Wirtschaft

Leistungsdruck ist ein Begriff, der als Grundsatz in den BRICS- und Industriestaaten gilt und immer mehr zu einem Leitbild für Jugendliche und junge Erwachsene avanciert. Während einerseits über Fachkräftemangel und „The war for Talent" diskutiert wird, wird andererseits über beschränkte Möglichkeiten, dass nur die Besten der Gesellschaft eine Chance auf dem Arbeitsmarkt hätten, berichtet.

Ausgehend davon, dass Planung ein Ziel setzt und einen Prozess so ausgestaltet, dass dieses Ziel erreichbar ist[1], muss die Planung immer an der Engpassressource beginnen.[2] Auf Grund des schrumpfenden Angebots an qualifizierten Arbeitnehmern innerhalb der westlichen Welt, kam somit der Begriff „The War for Talent" auf, s. 0.

Im Zuge der Definition des „War for Talent" kam auch die Definition von High Potentials und die Konkretisierung von Talent auf. Talent wird als eine wesentliche Eigenschaft von High Potentials gesehen, sodass der Talentbegriff von seiner umgangssprachlichen Verwendung abgegrenzt werden muss, da seine Definition im Zusammenhang mit High Potentials eine wichtige Rolle für das Verständnis und die Einordnung von High Potentials darstellt.

High Potentials gelten als Antreiber und Garanten einer stabilen Volks-wirtschaft. Sie besetzen Schlüsselpositionen in Forschung und Entwicklung und sind somit wichtige Faktoren für Wachstum und Fortschritt.

Um verlässliche Aussagen über Eigenschaften und Motive von High Potentials treffen zu können, muss auch deren Grundverständnis und gesellschaftliche Prägung miteinbezogen werden. Es gilt also heutige High Potentials ihrer Generation zuzuweisen und somit erforschte Grundprägungen dieser Generation auf sie und ihr Verhalten zu reflektieren.

Da der Arbeitsmarkt ebenfalls in enger Korrelation mit gesellschaftlichen Entwicklungen steht, lassen sich somit unterschiedliche Entwicklungen auf dem Arbeitsmarkt auch anhand der gesellschaftlichen Entwicklungen ableiten. Daraus lässt sich aufzeigen, wie sich das Verhältnis von Arbeitgeber und Arbeitnehmer verschoben hat und welchen Herausforderungen und Chancen Unternehmen in den kommenden Jahren gegenüber stehen.

Inwiefern Unternehmen dieses Wissen in der Praxis umsetzen, welche grundlegende Planungsausrichtung und Zielgruppenadressierung dabei erfolgt und welche Instrumente eingesetzt werden, spielen dabei eine zentrale Rolle für das zukünftige Fortbestehen der Unternehmen.

Je nach Grundausrichtung und Größe spielt vor allem die Unternehmensstrategie eine entscheidende Rolle. Auf Grund des sich ändernden Arbeitsmarktes wird Personalabteilungen immer mehr eine strategische Rolle zugewiesen, die sich

---

[1] Vgl. K. Laverentz (2013)

[2] Vgl. Huber und Laverentz (2012)

weg von einer funktionsorientierten Aufgabenstellung hin zu einem umfassenden internen Dienstleister gewandelt hat. Dementsprechend kommt es Personalabteilungen zu, sich – je nach Unternehmenssituation – verstärkt auf das Gewinnen oder Binden von Mitarbeitern zu konzentrieren und hierbei jedoch nicht aus dem Gleichgewicht zu geraten.[3] Hierfür benötigt es eine ständig wechselnde Betrachtung der Corporate Identity und des Corporate Image, also wie ist mein Selbstbild, wie nehme ich mich selbst, wie nehmen mich Mitarbeiter wahr und wie werde ich von Externen wahrgenommen.[4]

Hierfür hat sich in den letzten Jahren vor allem der Begriff, bzw. das Instrument des Employer Branding gebildet. Ziel ist es dabei das oben erwähnte Wechselspiel zwischen Selbst- und Fremdwahrnehmung mit Hilfe des gezielten Aufbaus eines Unternehmensimages zu erleichtern und durch Arbeitnehmer als Markenbotschafter die Arbeitgeberattraktivität zu erhöhen und somit Präferenzen am Arbeitsmarkt zu bilden.

Neben der Steigerung der Arbeitgeberattraktivität durch Employer Branding sind allerdings noch weitere Kriterien, wie Entlohnung, freiwillige Zusatzleistungen und Karrieremöglichkeiten, entscheidend, ob man als attraktiver Arbeitgeber am Arbeitsmarkt wahrgenommen wird.

1.3 Inhaltliche Abgrenzung und Aufbau

Beginnend mit den konzeptionellen Grundlagen und der Definition einzelner Begriffe in Bezug auf den War for Talent und High Potentials, zeigt die Arbeit gesellschaftliche Megatrends auf, welche im Wesentlichen das Geschehen auf dem Arbeitsmarkt mitbestimmen.

Hierbei wird nicht auf die Problematik eingegangen, ob der War for Talent überhaupt besteht und wenn ja, auf welche Bereiche er sich erstreckt.

Im Anschluss wird dargestellt, wie sich die Aufgaben von Personalabteilungen durch die gesellschaftlichen Entwicklungen ändern und welche neuen Praxiskonzepte, Instrumente und Voraussetzungen für das Personalmanagement bestehen, um High Potentials erfolgreich zu rekrutieren, bzw. zu binden. Welche Hygienefaktoren und Motivatoren dabei die größte Rolle spielen, wird anhand von bestehenden empirischen Untersuchungen dargestellt.

---

[3] Vgl. M. Lewis (2014)

[4] Vgl. Herrmann et al. (2006), S.6

Auf Grund der Komplexität der einzelnen Themenfelder, erhebt die Arbeit nicht den Anspruch auf Vollständigkeit und soll lediglich einen kurzen Überblick über die einzelnen, mit dem War for Talent verbundenen, Themenfelder geben.

2 Konzeptionelle Grundlagen des Personalmanagements von High Potentials

2.1 Begriffe, Konzepte, Ideen

2.1.1 The War for Talent – Erläuterung der Begriffsherkunft

Der Begriff „The War for Talent" wurde erstmals 1997 durch eine Studie von McKinsey & Company genutzt und durch deren Direktor Ed Michaels nachhaltig geprägt. Der Begriff beschreibt dabei vor allem den „Kampf um die Besten", sog. High Potentials.[5] Denn diese High Potentials oder auch Talente stellen der Auffassung von Ed Michaels und weiterer Experten nach die wichtigste und zugleich auch knappste Ressource für zukünftige Unternehmen und somit auch deren Bestehen am Markt dar.

> „It is an inflection point that says that talent is now a critical driver of corporate performance and that a company's ability to attract, develop and retain talent will be a major competitive advantage far into the future."[6]

2.1.2 Definition des Begriffs der High Potentials

Mit dem Ausdruck High Potentials (HP) werden oftmals junge, erfolgreiche Fach- oder Führungskräfte bezeichnet, die bereits während ihres Studium oder damit verknüpften Tätigkeiten besonders gute Leistungen erbracht haben.

Da es keine einheitliche, objektive Definition für High Potentials gibt, werden diese oftmals auch als A-Performer, Talents oder High Performer bezeichnet.[7]

Bei empirischen Untersuchungen von High Potentials werden die Teilnehmer oftmals mit Hilfe von Stipendiaten-Netzwerken, anhand von Kriterien wie überdurchschnittlicher Noten, einschlägiger Praxiserfahrung und außergewöhnlichen Soft Skills bestimmt.[8]

---

[5] 4 Managers (o.J.)

[6] Michaels et al. (2001), S. 2

[7] Enaux (2010), S. 13

[8] Vgl. Stock-Homburg (2011), S. 69

Diese High Potentials werden größtenteils aus den Studiengängen des Wirtschaftsingenieurwesens, der Ingenieurswissenschaften, der Rechtswissenschaften und der Naturwissenschaften gebildet.[9]

Das International Consortium for Executive Development Research und der Harvard Business School untersuchten 2010 weltweit agierende Unternehmen und bildeten auf Grundlage der Untersuchung eine Definition für High Potentials:

"High potentials consistently and significantly outperform their peer groups in a variety of settings and circumstances. While achieving these superior levels of performance, they exhibit behaviors that reflect their companies' culture and values in an exemplary manner. Moreover, they show a strong capacity to grow and succeed throughout their careers within an organization – more quickly and effectively than their peer groups do"[10]

Diese Definition stimmt im Wesentlichen mit der nach Stock-Homburg überein, sodass man dieser eine allgemeine Gültigkeit zuweisen kann. Wenn in der nachfolgenden Arbeit von High Potentials, A-Performern, Talents oder High Performern gesprochen wird, erfolgt dieses auf Grundlage dieser Definition.

Da Unternehmen jedoch immer wieder eigene unternehmensspezifische Kriterien miteinbeziehen, kann es in der Praxis zu unterschiedlichen Definitionen kommen. Bei Unternehmen geht man davon aus, dass je nach Definition ca. 10-20% des Personalstands als High Potentials gelten.[11]

2.1.3 Definition von Talent

Nach dem umgangssprachlichen Wortgebrauch benutzt man den Ausdruck Talent für Personen, welche durch zwei Kennzeichen definiert sind:

> „Das Vorliegen eines hohen Potenzials für die Ausübung einer anspruchsvolleren Aufgabe, bzw. die Übernahme einer nächsthöheren Position (oder zumindest einer anderen Funktion („horizontales Potenzial"))"[12]

---

[9] Vgl. Stock-Homburg (2011), S.69

[10] Douglas A. Ready, Jay A. Conger, Linda Hill (2010)

[11] Vgl. Enaux (2010), S. 13

[12] Enaux (2010), S.17

Gemäß der heutigen umgangssprachlichen Definition ist Talent die Kombination von hohem Potenzial und hoher Performance.

Gemäß dem klassischen Modellwären dies sogenannte Stars (s. Abb. 1).

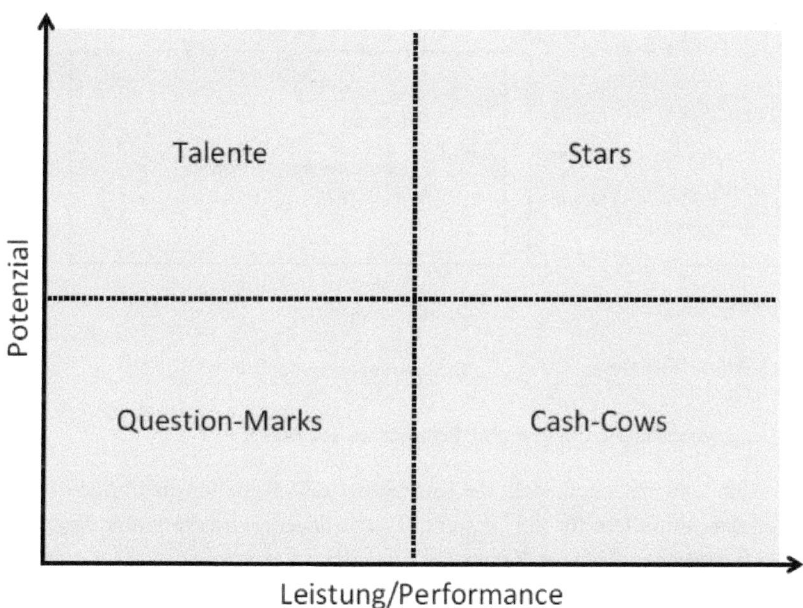

Abb. 1 Klassisches Mitarbeiterportfolio[14]

Talente nach dem klassischen Modell treffen allerdings nicht auf die umgangssprachlich definierten Erwartungen von Talent zu. Zur genauen Eingrenzung des Talentbegriffs und der damit verbunden Bestimmung von High Potentials gilt es somit moderne Modelle zur Talentdefinition heranzuziehen.

Ein modernes Modell versucht daher den Begriff Talent nicht nur mit Hilfe der Faktoren Potenzial und Performance zu beschreiben, sondern bezieht auch den Faktor Kompetenz und die Abhängigkeit der einzelnen Faktoren voneinander mit ein (s. Abb. 2).

---

[13] Enaux (2010), S.17

[14] Enthalten in Ebenda, S.18

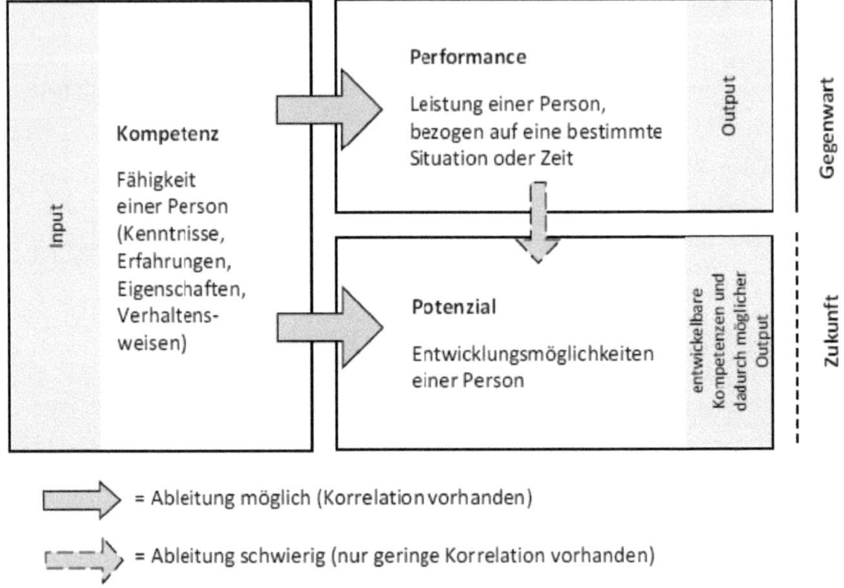

Abb. 2 Der Zusammenhang von Potenzial, Performance und Kompetenz[15]

Wie in Abb. 2 zu erkennen, stellt die Kompetenz eine Basis für die übrigen zwei Faktoren dar. Vor allem für die Leistung (Performance) wird die Kompetenz als Grundlage gesehen. Aus der Kompetenzausprägung lässt sich so die Leistung eines Mitarbeiters mit sehr hoher Wahrscheinlichkeit vorhersagen. Ein Zusammenhang zwischen der Leistung und dem Potenzial eines Mitarbeiters lässt sich hingegen nur beschränkt feststellen.

Stellt man die drei Faktoren grafisch in einem Koordinatensystem dar, so ergibt sich ein Kubus, welcher die Möglichkeit bietet, genauestens zwischen einzelnen Gruppen zu differenzieren und daraus abgeleitet High Potentials zu definieren (s. Abb. 3).

---

[15] Enthalten in Enaux (2010), S. 20

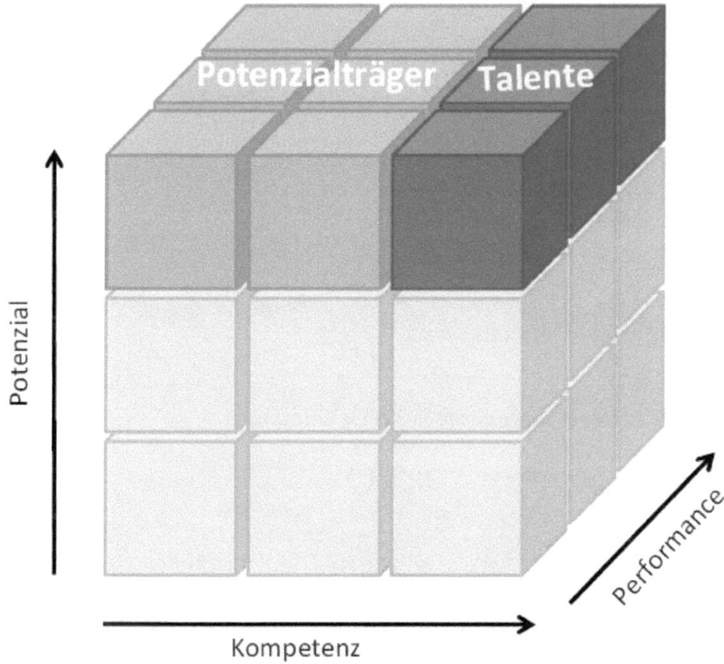

Abb. 3 Das Drei-Faktoren-Modell[16]

2.2 Generationen, Zielgruppen, Hintergründe

2.2.1 Der demografische Wandel in Deutschland

Der Demografische Wandel in Form einer kleiner werdenden Gesellschaft ist vor allem ein Problem der deutschen Volkswirtschaft. Dies wirkt sich insbesondere auf die sozialen Sicherungssysteme und die Arbeitswelt aus.

Besonders auf dem Arbeitsmarkt besteht das Problem, dass durch die schrumpfende Zahl an Personen das Angebot an Arbeitnehmern sinkt und gleichzeitig das durchschnittliche Alter der Beschäftigten kontinuierlich steigt (s. Abb. 4).

---

[16] Enthalten in Enaux (2010), S. 25

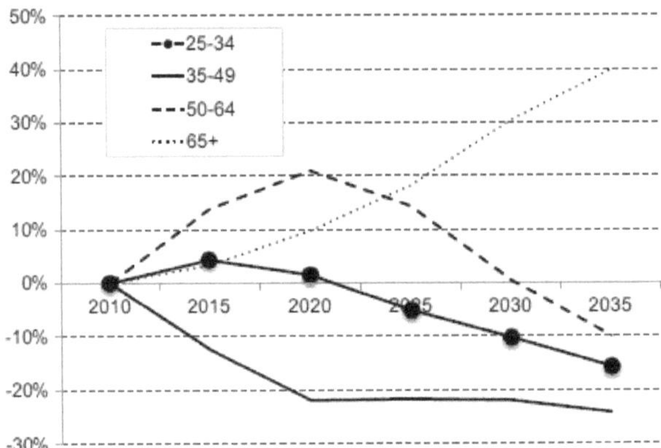

Abb. 4 The relative changes in age groups in 2010 in Germany[17]

The Old Way	The New Way
HR is responsible for people management	All managers, starting with the CEO, are accountable for strengthening their talent pool
We provide good pay and benefits	We shape our company, our jobs, even our strategy to appeal to talented people
Recruiting is like purchasing	Recruiting is like marketing
We think development happens in training programs	We fuel development primarily through stretch jobs, coaching, and mentoring
We treat everyone the same, and like to think that everyone is equally capable	We affirm all our people, but invest differentially in our A, B, and C players

Abb. 5 Neue Rolle Human Resources[18]

Einer aktuellen Umfrage nach, geben 40% der in Deutschland befragten Unternehmen an, Probleme bei der Besetzung von Stellen zu haben.[19] Daraus resultierend können im deutschen Mittelstand ca. 29349 Mio. € an Umsätzen nicht realisiert werden.[20]

---

[17] Enthalten in Trost (2014a), S.6

[18] Enthalten in Michaels et al. (2001), S.16

[19] MAN Power Group (2014)

[20] Ernst & Young (2014)

Durch das sinkende Angebot an qualifizierten Arbeitnehmern, hat sich der Arbeitsmarkt in weiten Bereichen von einem Verkäufermarkt zu einem Käufermarkt gewandelt.

Vor allem im Bereich der hochqualifizierten Fach- und Führungskräfte sorgt der Demografische Wandel so für eine drastische Verstärkung des „War for Talent". Dies zwingt Unternehmen in nahezu allen Bereichen zur Neuausrichtung ihrer Personalabteilungen, s. Abb. 5. Der Arbeitnehmer wird nun zum Kunden, den es mit Hilfe geeigneter Marketingmaßnahmen zu gewinnen gilt, s. 3.1.3 Personalmarketing-Mix.

2.2.2 Generationen: Baby Boomer, X,Y,Z

Jeder Geburtenjahrgang wird von unterschiedlichen äußeren Einflüssen geprägt. Die Wissenschaft fasst deshalb einzelne Geburtenjahrgänge zu Generationen zusammen und weist diesen unterschiedliche Grundströmungen, Werte und Ansprüche zu.

	Baby Boomer	Generation X	Generation Y	Generation Z
Charakteristika	Durchsetzung-vermögen	Individualität und Materialismus	Hohe Motivation und Lernbereitschaft, Selbstbewusstsein	Egozentrisch , vglw. umfangsreichster Bildungshintergrund
	Erfahren in Wettbewerb und Konflikt	Pragmatismus und Rationalität, „Multioptions-gesellschaft"	Hohe Flexibilität und Mobilität	Global vernetzt, konsumorientiert
	Umweltbewußt	Kurzfristige Loyalität	Toleranz	Customisation, hohe Wechselbereitschaft
Einflüsse	Fernsehen	Personal Computer	Internet/Mobile Technologien	„Digital Native" Informationsflut
	Mondlandung, Wirtschaftlicher Aufbau	Wiedervereinigung, Konstanter Wandel	Internet, Web 2.0, Mobile Technologien	Globalisierung [21]

Abb. 6 Generationen im Vergleich

Im Fokus der nächsten Jahre steht die Generation Y oder auch Millennials. Die Generation Y umfasst die nach 1980 und bis 2000 Geborenen, die mittlerweile im Berufsleben angekommen sind und nach und nach verantwortungsvolle Stellen besetzen. Sie besitzt im Vergleich zu den Generationen X und Baby

---

[21] Enthalten in Gutmann und Schwuchow (2013), S.321

Boomer eine grundlegend andere Einstellung, die die bisherigen Strukturen und Traditionen in der Arbeitswelt auf den Kopf stellt.[22]

Frei von materiellen Mängeln, größeren Krisen und geprägt von der Globalisierung und Digitalisierung, besitzt diese Generation eine sehr hohe Motivation, Lernbereitschaft und ein gutes Selbstbewusstsein, s. Abb. 6 Generationen im Vergleich. Sie kommuniziert ihre Anforderungen klar und deutlich: Freiheit, Kreativität, Selbstverwirklichung und Weiterbildung, oft auch mit dem Begriff Work-Life-Balance[23] umschrieben.

Dabei geht es der Generation allerdings nicht darum weniger zu leisten, als vielmehr darum, eine höhere Leistung durch den gezielten privaten Ausgleich zu schaffen. Sie erwarten von Ihren Arbeitgebern die Möglichkeit für ein Sabbatical[24], Kinderbetreuung oder anderweitige freie Arbeitsgestaltung in Form von flexiblen Arbeitszeiten, eines Home-Offices oder mittels Cloud.

Grundsätzlich lässt sich bei dieser Generation ein Trend hin zur Individualisierung mit der Betonung auf Selbstentfaltung und Selbstgestaltung erkennen. Vor allem diese Generation investiert strategisch mehr in die eigene berufliche Bildung und Weiterentwicklung zum Erhalt der Beschäftigungsfähigkeit[25,] s. *0 2.4.1 Employability statt Loyalty.* Entsprechend entstehen damit sowohl für Personalabteilungen als auch für Führungskräfte die Aufgaben den vielen unterschiedlichen Motivations- und Erwartungshaltungen der neuen

---

[22] Vgl. Wollsching-Strobel (2014), S.16

[23] Huber (2010), S. 118 Work-Life-Balance beschreibt zunächst mit der Komponente Work den Stellenwert der Arbeit, Arbeitszufriedenheit und das Verhältnis von Beruf und Privatleben. Die Komponente Life beinhaltet den Stellenwert des Privatlebens, Lebenszufriedenheit und ebenso den Konflikt zwischen Privatleben sowie das Ausmaß der Zufriedenheit mit der Vereinbarkeit von beiden. Bewältigungsstrategien (coping strategies) gestalten sich derart, dass durch Wahrnehmung, kognitive Erkenntnisleistungen und experimentelle Umsetzungsversuche Wege aus Konfliktbereichen individuell oder mit entsprechender, externer Unterstützung gefunden werden.

[24] wikipedia Sabbatical (o.J.): Das Sabbatical oder das Sabbatjahr ist ein Arbeitszeitmodell für einen längeren Sonderurlaub. Im neuzeitlichen, übertragenen Sinn des aus den USA stammenden Begriffs sabbatical, nach dem biblischen Sabbatjahr, bezeichnet es entweder: ein Jahr der Teilzeitarbeit
oder ein Jahr der Auszeit (das eigentliche Sabbatjahr, auch gap year)
bzw. für Hochschullehrer ein Forschungssemester oder -jahr.

[25]Vgl. Welpe (2014), S. 18

Potenzialträger gerecht zu werden und Teams bestehend aus unterschiedlichsten Charakteren zu führen und zusammenzuhalten.[26]

2.2.3 Sich ändernde Kommunikationen der Generationen

In Folge der Ausweitung der Generation Y auf dem Arbeitsmarkt, muss man sich auch mit einer geänderten Kommunikation der Millennials beschäftigen. Unterstützt durch Social-Media und die Digitalisierung, ist es die Generation Y gewohnt wesentlich direkter, frei von Hierarchien oder über Hierarchien hinweg zu kommunizieren, ihre Vorstellungen zu äußern und Arbeitgebern gegenüber fordernd aufzutreten.[27]

Da dies im Gegensatz zu dem Wertekanon der Generation X und Baby Bommer steht, nämlich Disziplin, Durchhaltevermögen, hohes Arbeitspensum, als auch einzelnes Wissen für sich zu behalten, sind Konflikte zwischen den Generationen vorprogrammiert.[28]

Entsprechend bestehen in der sich ändernden Kommunikation Gefahren, als auch Chancen. Unternehmen wird es zur Aufgabe, die einzelnen Werte in Einklang zu bringen und dabei in besonderem Maße auf die Anforderungen der neuen Generation einzugehen. Unternehmen, welche dies in Form ihrer Personalarbeit berücksichtigen und erfolgreich am Markt umsetzen, werden somit am Arbeitsmarkt einen nachhaltigen Vorteil gegenüber anderen Unternehmungen gewinnen.

2.3 Arbeitsmarkt und High Potentials

2.3.1 Transparenz – Chancen und Auswirkungen

In den letzten Jahren hat sich die Digitalisierung der Welt rasant entwickelt. Diese Entwicklung hat Auswirkungen auf nahezu alle Bereiche unseres Lebens, so auch auf die Arbeitswelt.

Während sich in der Vergangenheit Arbeitgeber vor allem über Stellenanzeigen in Zeitungen, Fachzeitschriften und auf Veranstaltungen profiliert haben und in Kontakt mit potenziellen Arbeitnehmern getreten sind, so hat sich diese Anbahnung und dieser Informationsaustausch größtenteils auf Plattformen im Web verschoben, z.B. Kununu, XING, Glasdoor, LinkedIn. Die Folge davon ist

---

[26] Vgl. Wollsching-Strobel (2014), S.17

[27] Vgl. Trost (2014a), S.8

[28] Vgl. Wollsching-Strobel (2014), S.17

Transparenz sowie Konkurrenz zwischen vielen nationalen und internationalen Unternehmen. Weiterhin können sich Arbeitnehmer mittels Social-Media über Arbeitgeber austauschen, ihre Erfahrungen teilen und tragen damit stark zur Wahrnehmung bzw. dem Image eines Arbeitgebers bei[29], s. Abb. 7.

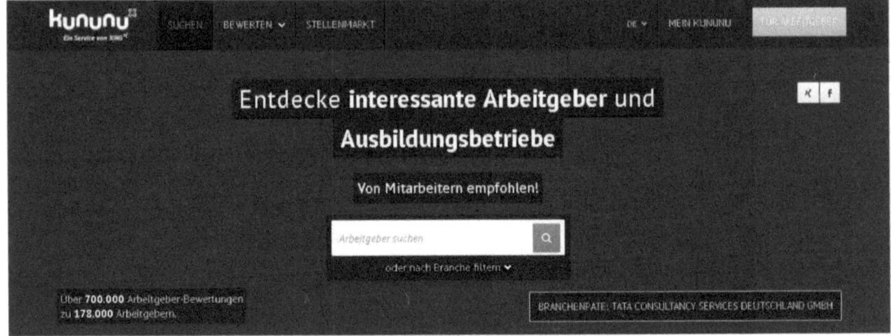

Abb. 7 Website *www.kununu.com* [30]

Portale wie Kununu ermöglichen es Arbeitnehmern sich frei über Ihre Arbeitgeber zu äußern. Chancen bestehen dabei darin, dass Arbeitnehmer positive Erlebnisse und Eigenschaften des Arbeitgebers öffentlich machen können und somit als authentischer Werbebotschafter für andere auftreten.

Zur Gefahr wird dies allerdings, wenn Arbeitnehmer oder ehemalige Arbeitnehmer negative Erlebnisse oder Konflikte anonym veröffentlichen. Dies kann den Ruf des Arbeitgebers nachhaltig schädigen.

Zur Profilierung am Arbeitsmarkt sollte deshalb genauestens auf die Auswahl der Instrumente geachtet und geprüft werden, welche Chancen und Auswirkungen damit verbunden sind.

2.3.2 Der globale Arbeitsmarkt – „Brain Drain" vs. Migration

Die Globalisierung und Digitalisierung im Bereich der Arbeitswelt sowie die damit einhergehende Transparenz wirken sich auch in Form des Wandels von vielen nationalen zu einem globalen Arbeitsmarkt aus. Bei der Gruppe der hochqualifizierten Arbeitskräften ist es vermehrt festzustellen, dass sich diese beruflich frei, über Landesgrenzen hinweg, orientieren, der sog. „Brain Drain".[31]

---

[29] Vgl. Trost (2014a), S.6

[30] Enthalten in kununu (2014)

[31] Trost (2014a), S.8

Der „Brain Drain" birgt neben dem Risiko der Abwanderung ebenfalls das Potenzial, Bewerber aus dem Ausland zu rekrutieren.

Allgemein wurde für Deutschland eine höhere Abwanderungs-, als Zuwanderungsrate und somit eine negative Bilanz festgestellt.[32]

Bei genauerer Betrachtung wird allerdings deutlich, dass die gesammelten Daten in ihrer Menge und Konkretheit wenig aussagekräftig sind. In den Bereichen Wissenschaft werden die Daten anhand von publizierenden Wissenschaftlern und im Bereich von Erfindern anhand angemeldeter Patentschriften ermittelt. Da diese Kriterien allerdings nichts über junge Absolventen und High Potentials aussagen, lässt sich derzeit nicht klar aufzeigen, in wie weit der „Brain Drain" in Bezug auf High Potentials wirklich relevant ist oder ob Deutschland hier sogar mehr Arbeitskräfte gewinnt als verliert.

Weiterhin lassen sich die Folgen der Euro-Krise noch nicht in voller Gänze abschätzen und sorgen somit für ein sehr unscharfes Bild. Es lässt sich lediglich feststellen, dass 2013 die höchste Zuwanderung seit 1994 verbucht werden konnte.[33] Vor allem aus den durch die Euro-Krise betroffenen Staaten, wie Griechenland (+41,7%), Italien (+37,2%) und Spanien (+33,9%) konnten im Vergleich zum Vorjahr (2011) deutliche mehr Zuzüge registriert werden.[34]

Problematisch dabei ist allerdings, dass sich nur wenig bis gar nichts über die Qualifikation und die Motive der Zuwanderer aussagen lässt.

2.3.3 Wandel der Arbeit im Zeitalter der Digitalisierung

Seit Beginn der industriellen Revolution im 19 Jh. entwickelt der Mensch ständig neue Maschinen und Methoden zur Arbeitserleichterung.
Dementsprechend unterliegt die Arbeit einem ständigen Wandel, der durch die rasante Digitalisierung der letzten Jahre nochmals verstärkt wurde. Daraus resultieren sich ändernde, steigende Anforderungen, in Form von geistiger Arbeit, an Arbeitnehmer.

Die Folge davon ist, dass die Nachfrage an qualifizierten Fachkräften steigt und die Nachfrage nach körperlich arbeitenden Personen sinkt:

---

[32] Vgl. Expertenkommission für Forschung und Innovation (2014), S.85

[33] Vgl. Statistisches Bundesamt (2014)

[34] Vgl. Manuel Bewarder (2014)

- 1900 – Bedarf an „knowledge workern" ca. 17%
- 2001 – Bedarf an „knowledge workern" ca. 60%[35]

Es lässt sich erkennen, dass es im Bereich von Ingenieuren nur sehr wenige Arbeitslose gibt, wohingegen ein Überangebot an wenig qualifizierten Arbeitskräften besteht.

Traditionelle Tugenden wie Fleiß und Gehorsam werden vernachlässigt, und Anforderungen wie Kreativität, Eigenständigkeit und Teamwork treten an deren Stelle.[36]

2.4 Unternehmen und Employability

2.4.1 Employability statt Loyalty

Durch den Wandel der Generationen ist vermehrt ein Wandel der Beziehung zwischen Arbeitgeber und Arbeitnehmer festzustellen.
Während früher eine Art psychologischer Vertrag, der auf Loyalität und Arbeitssicherheit basierend zwischen Arbeitnehmer und Arbeitgeber existierte, so tritt an diese Stelle immer mehr die Employability, die Beschäftigungs-fähigkeit.

Bei High Potentials lässt sich erkennen, dass diese eine viermal höhere Bereitschaft haben den Arbeitgeber zu wechseln.[37] High Potentials haben ein steigendes Bewusstsein für ihren Marktwert, sodass die „Loyalität" immer mehr von den Aussichten innerhalb des Unternehmens abhängig ist: In wie weit fördert das Unternehmen die eigene Karriere, welche Aufgabe und Rolle nimmt man innerhalb der Organisation ein, welche Weiterbildungs- und Entwicklungs-möglichkeiten werden geboten?[38]

Die bestmögliche Beantwortung dieser Fragen mittels konkreter Pläne und Angebote werden in Zukunft entscheidend dafür sein, ob und wie lange Unter-nehmen High Potentials gewinnen und halten können.
Welche Aufgaben und Herausforderungen dabei für Personalabteilungen bestehen wird unter 3 Praxiskonzepte zum Gewinnen und Binden von High Potentials dargelegt.

---

[35] Vgl. Michaels et al. (2001), S.3

[36] Vgl. Trost (2014a), S.7

[37] Vgl. Enaux (2010), S.10

[38] Vgl. Ritz (2011), S.7

2.4.2 Start-Up Unternehmen

In Deutschland konnte sich in den letzten Jahren eine starke Start-Up Szene etablieren, eine Entwicklung, die bisher nur aus den USA bekannt war.

Das Besondere an dieser Szene ist, dass viele High Potentials ihr Potenzial erkannt haben und dies in Form eines eigenen Unternehmens umsetzen wollen, bzw. dass Start-Ups eine starke Anziehung auf High Potentials ausüben.

Für etablierte Unternehmen ist es im Kampf um die Besten schwer sich gegenüber Start-Ups zu behaupten. Sie bieten zwar in der Regel einen höheren Lohn, viele Zusatzleistungen und die Aussicht auf gute Karrieren an, aber vielversprechende Start-Ups bieten große Herausforderungen, ermöglichen Selbstverwirklichung und besitzen großes Wachstumspotenzial. Teilweise erhalten einzelne Mitarbeiter sogar Anteile an den Start-Ups, sodass die High Potentials direkt vom Erfolg mit profitieren. Den Mitarbeiter zum Mitunternehmer zu machen ist für Start-Ups gegenüber bestehenden, großen Unternehmen deutlich einfacher und sie können so die Motivation und das Engagement ihrer Mitarbeiter steigern. Nach der Bedürfnispyramide von Maslow sprechen Start-Ups hier das höchste Bedürfnis, die Selbstverwirklichung an.

Bei der Gründung von eigenen Start-Ups spielt vor allem das Lifestyle-Motiv eine große Rolle – ein Trend unserer Gesellschaft. An Stelle des Standardangebots der deutschen Arbeitswelt treten Selbstverwirklichung, Freiheit und Kreativität. Ob dies am Ende mit weniger Lohn, mehr Arbeit oder anderweitigen Defiziten verbunden ist, spielt dabei keine Rolle. Diesen Gründern geht es vor allem darum, etwas zu tun, das ihnen Spaß macht und ihnen nicht das Gefühl gibt, Lebenszeit gegen Sold einzutauschen.[39]

Die steigende Anzahl an Start-Ups bewirkt also nochmals eine Verknappung von Talenten am Arbeitsmarkt.

---

[39] Vgl. Johannes Steger (2014)

2.4.3 Bedeutung von High Potentials für Unternehmen

In der heutigen stark vernetzten Welt mit einer Vielzahl von Substitutionsgütern wächst der Konkurrenzdruck für Unternehmen täglich. Einfache Tätigkeiten werden weitestgehend automatisiert und die Anforderungen verlagern sich somit immer weiter auf geistige, anspruchsvolle Arbeit.[40]

Weiterhin lässt sich feststellen, dass hinter jedem unternehmerischen Erfolg die Kreativität, die Motivation und die Leistung von Mitarbeitern stehen und somit die Gewinnung von Leistungsträgern ein zentraler Wettbewerbsvorteil gegenüber anderen Mitbewerbern darstellt.[41] Um dementsprechend erfolgreich am Markt zu agieren, ist es wichtig High Potentials im Unternehmen anzustellen und deren Qualifikationen und Fähigkeiten gewinnbringend für das Unternehmen einzusetzen. Neben einer besonders hohen Produktivität, teilweise bis zu 2-mal höher, als normale Arbeitnehmer[42], sind es vor allem Multiplikationseffekte, die sich Unternehmen zu Nutze machen möchten. High Potentials in Führungspositionen wirken sich via Vorbildwirkung und Personalsteuerung auf die gesamte Belegschaft in Form von Produktivitätsverbesserung, Kostensenkung und verminderter Fluktuation bei qualifizierten Mitarbeitern aus.[43]

2.5 Zwischenfazit

Fehlende wissenschaftliche Definitionen, eine Vielzahl sich überlagernder Trends und unterschiedliche Datenerhebungen bewirken, dass der „War for Talent" nicht klar abgrenzbar beschrieben werden kann, sondern sich vielmehr als ein sehr unscharfes Phänomen darstellt.

Welche einzelnen Megatrends hinsichtlich der Generationen, der Arbeitsmärkte oder der Unternehmen wirklich ausschlaggebend für den War for Talent sind, lässt sich im Einzelnen nicht differenziert darstellen. Es lässt sich aber feststellen, dass ein großer Treiber und begünstigender Effekt der einzelnen Trends die Digitalisierung ist.

---

[40] Vgl. Trost (2014a), S.8

[41] Vgl. Sponheuer (2010), S.VII

[42] Vgl. Enaux (2010), S.13

[43] Vgl. Stock-Homburg (2011), S.31

Die Digitalisierung sorgte für eine rasche Kommunikationsänderung von Generationen, sie lässt Unternehmen weltweit auf einfachste Weise miteinander in Kontakt treten, ändert die Wahrnehmung um öffentliche Diskurse, sie lässt große Distanzen zu Banalitäten werden, verbindet lokale, regionale und nationale Märkte miteinander und ermöglicht es uns im privaten, als auch im beruflichen Leben über Grenzen hinweg problemlos zu kommunizieren und uns neu zu orientieren.

Durch die Vielzahl der sich bietenden Möglichkeiten für High Potentials steigen somit auch die Herausforderungen und die Anforderungen an Personalabteilungen und erfordern neue Ansätze.
Welche Konzepte und Instrumente dabei innerhalb der letzten Jahre vor allem in Bezug auf das Gewinnen und Binden von High Potentials angewandt und in Anlehnung an aus dem Produktmarketing bekannten Ansätzen entwickelt wurden, wird unter 3 Praxiskonzepte zum Gewinnen und Binden von High Potentials dargelegt.

3 Praxiskonzepte zum Gewinnen und Binden von High Potentials

3.1 Zielsetzungen und Planungsvoraussetzungen

3.1.1 Personalwirtschaftliche Planung

Bevor auf die eigentlichen Erwartungen und Anforderungen von High Potentials an potenzielle oder bestehende Arbeitgeber eingegangen wird, werden zunächst unterschiedliche Entwicklungen, Herausforderungen und Instrumente von Personalabteilungen vor dem Hintergrund des War for Talent dargestellt.

Mit Hilfe der einzelnen Instrumente und Neuausrichtungen innerhalb des Personalmanagements und damit verbunden auch des Personalmarketings versuchen sich Unternehmen möglichst stark im Wettbewerb am Arbeitsmarkt zu positionieren und einen Wettbewerbsvorteil gegenüber konkurrierenden Unternehmen zu erlangen.

Veränderungen auf dem Arbeitsmarkt sorgen für eine neue Orientierung und Organisation von Personalabteilungen. Die Personalplanung und spätere - auswahl entwickelt sich zu den wichtigsten betrieblichen Investitionen von Unternehmen.[44] Entsprechend kommen Personalabteilungen mit den einhergehenden Veränderungen immer zentralere Rollen zu und erfordern von ihnen eine Orientierung anhand der langfristigen Unternehmensstrategie. Vor allem die Personalentwicklung verändert ihre Rolle in diesem Kontext immer weiter vom reinen Anbieter von Aus- und Weiterbildung zu einem umfassenden internen Dienstleister, der die zukünftige Unternehmensentwicklung antizipiert.[45]

Die Bestimmungen von zukünftigen Positionen, deren Anforderungen und der dafür geeigneten Zielgruppe, s. *0 3.1.2 Zielgruppen*, werden somit zu einem wesentlichen Baustein des Personalmanagements. Grundlage und Voraussetzung für die zukünftige Besetzung und zielgerichtete Personalentwicklung bestehen zunächst in der Bestimmung der nach zu besetzenden Stellen und danach in der Zielgruppenbestimmung. Hierfür gilt es alle Schlüssel- und Engpassfunktionen eines Unternehmens zu analysieren.

---

[44] Vgl. Stock-Homburg (2011), S. 31

[45] Vgl. Gutmann und Schwuchow (2013)

Nach Trost 2014a erfolgt die Definition dabei im Wesentlichen anhand von drei Kriterien:

- Strategische Bedeutung der Stelle in Bezug auf den Unternehmenserfolg und die Wettbewerbsfähigkeit
- Quantitativer Personalbedarf anhand einer quantitativen Personalplanung
- Verfügbarkeit von Talenten/High Potentials auf dem externen Arbeitsmarkt zur Besetzung einer Stelle innerhalb einer Funktion[46]

Die Bestimmung der Stellen kann mit Hilfe der nachfolgenden Grafik (Abb. 8) durchgeführt werden. Die Größe der Kreise stellt den quantitativen Personalbedarf, die Achsen stellen jeweils die Verfügbarkeit auf dem externen Arbeitsmarkt und die strategische Bedeutung für das Unternehmen dar.

Anhand der Grafik ist leicht zu erkennen, das mangelnde Verfügbarkeit und hoher Bedarf (s. Kreis A) einen Engpass darstellen. Diese personalwirtschaftliche Engpassfunktion wird gesteigert durch zusätzlichen strategischen Bedarf, welcher sich innerhalb einer Schlüsselfunktion (hier Kreis D) äußert. Schlüssel- und Engpassfunktion sind die sogenannten Schmerzpunkte innerhalb der Personalplanung eines Unternehmens.[47]

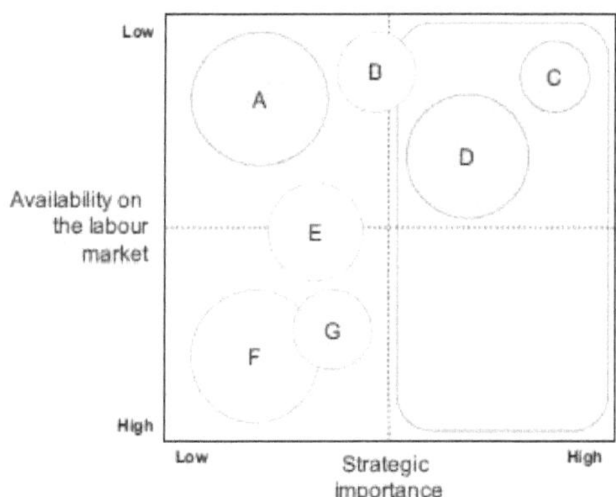

Abb. 8 Key and bottleneck functions[48]

---

[46] Vgl. Trost (2014a), S.22

[47] Vgl. Ebenda, S.22f.

[48] Enthalten in Trost (2014a), S.23

3.1.2 Zielgruppenbestimmung

Während in früheren Zeiten auf Grund des Überangebots vor allem nach dem Credo „post and pray"[49], vakante Stellen ausschreiben und auf Bewerbungen hoffen, gearbeitet wurde, so verlagert sich die Personalgewinnung zunehmend in eine konkrete Planung und Definition von Eignungsmerkmalen, als auch der Konkretisierung von Anforderungen an einzelne Stellen und Tätigkeiten. Es gilt Personal mit den richtigen Fähigkeiten zu rekrutieren oder zu fördern, um die in der Zukunft frei werdenden Stellen kompetent nach zu besetzen.

Um Ressourcen optimal einzusetzen, konzentriert man sich hierbei vor allem auf die, in der personalwirtschaftlichen Planung ermittelten, Engpass- und Schlüsselfunktionen, s. *Abb. 9 Von der Strategie zur Zielgruppe.*

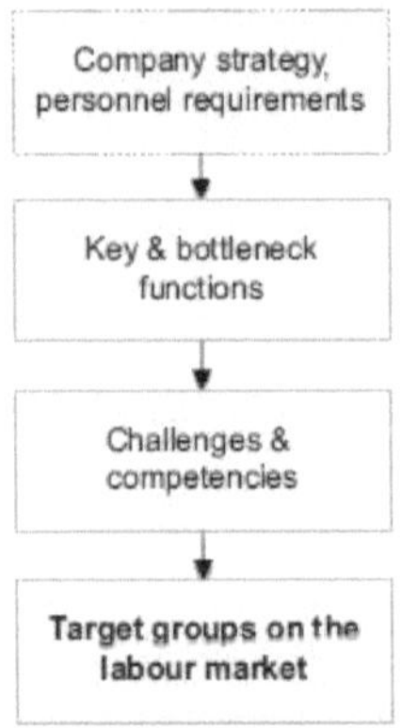

Abb. 9 Von der Strategie zur Zielgruppe[50]

Für diese Funktionen gilt es die heterogene Gruppe des Arbeitsmarktes in unterschiedliche homogene, an die Funktionen angepasste Gruppen zu unterteilen. Aus dem allgemeinen Marketing kennt man diese Gruppierung aus der Marktparzellierungsstrategie, welche sich mit der Festlegung der Zielgruppe beschäftigt.

Hierbei wird ausgehend von der Strategie über die Funktionen und Herausforderungen bis auf die Zielgruppe am Arbeitsmarkt geschlossen, s.Abb. 9.[51]

---

[49] Ebenda, S.11

[50] Enthalten in Trost (2014a), S.18

[51] Vgl. Huber (2013), S.99

Die Unterteilung der Gruppen erfolgt dabei, ähnlich wie bei Produkt-differenzierungen, anhand der Erwartungen an zukünftige Arbeitgeber. Die Einteilung kann dabei „anhand psychographischer (z.B. Bekanntheit, Anforderungen an Arbeitgeber, Arbeitgeberimage, Motive, persönliche Wertvorstellungen), soziodemographischer (z.B. Geschlecht, Alter, Bildung) und verhaltensbezogener Merkmale (z.B. gewählte Studienrichtung, soziales Engagement, Freizeitverhalten)"[52] erfolgen.

Nach der Einteilung in homogene Untergruppen ist es dann möglich die Instrumente des Personalmarketings auf diese auszurichten.[53] Diese fungieren in ähnlicher Weise wie sog. Value-Added-Services im Bereich der Produkt-differenzierung, welche sich ebenfalls durch die Intensivierung vorhandener Kundenbeziehungen anhand der Erwartungshaltung der Nachfrager orientiert.[54]

3.1.3 Personalmarketing-Mix

Die Umsetzung eines ganzheitlichen Personalmarketings, bei dem das Gewinnen und Binden von High Potentials nur einen Teilbereich darstellt, erfolgt mittels der Instrumente des Personalmarketing-Mixes. Der ursprüngliche Ansatz der „4 P's" wurde dabei unter Bezugnahme auf die erweiterten Mix-Systematiken des Service-Marketings auf das Personalmarketing angepasst und um die Bereiche: Prozesse und People erweitert.[55]

Product:	Leistungspolitik
Process:	Prozesse
Price:	Gehaltspolitik
Place:	Standortpolitik
Promotion:	Kommunikationspolitik
People:	Mitarbeiter

---

[52] Stock-Homburg (2011), S.70

[53] Vgl. Ebenda, S.71

[54] Vgl. Meffert et al. (2012), S. 450

[55] Vgl. Stock-Homburg (2011), S. 76

Abb. 10 Systematisierung der Instrumente des Personalmarketing-Mix verdeutlicht, dass der Fokus des Personalmarketings nach wie vor auf der Kommunikationspolitik liegt.[56]

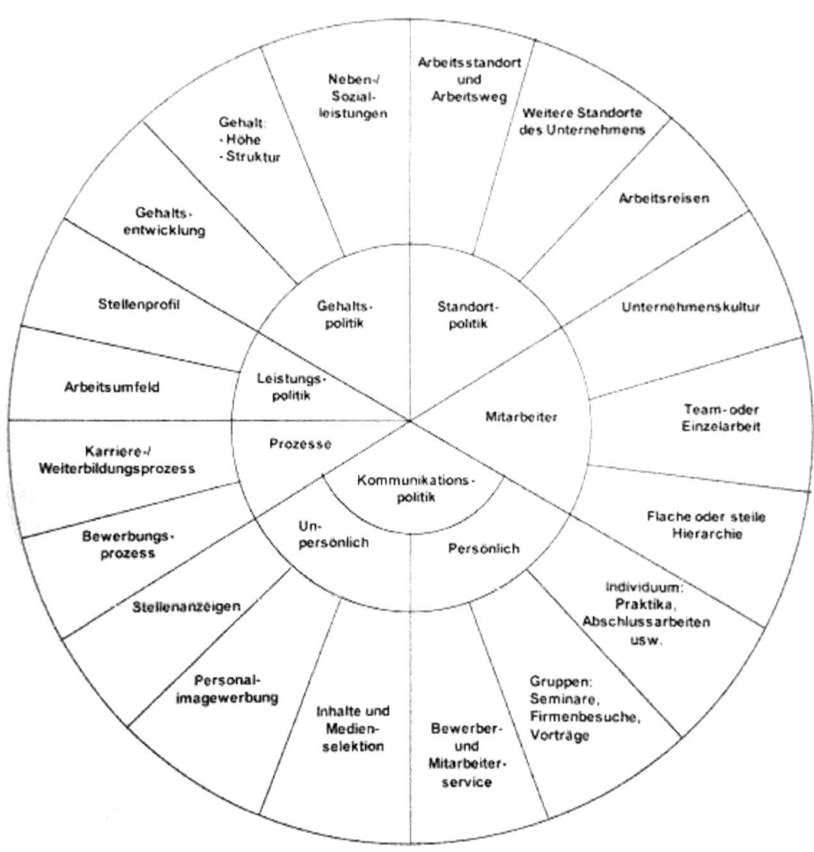

Abb. 10 Systematisierung der Instrumente des Personalmarketing-Mix[57]

---

[56] Vgl. Huber (2010), S.50

[57] Enthalten in Stock-Homburg (2011), S.77

3.2 Instrumente des Personalmanagement

3.2.1 Differenzierung mittels Employer Branding

Employer Branding beschreibt eine Anpassung von Unternehmen an den sich wandelnden Arbeitsmarkt, denn Unternehmen haben festgestellt, „dass sie ihre Attraktivität gegenüber potenziellen Arbeitnehmern systematisch ausbauen müssen"[58].

Die aus den Absatzmärkten bekannten Markenkonzepte werden dabei zur Markenprofilierung des Unternehmens als Arbeitgeber genutzt.
Wie auch auf Absatzmärkten, „dient Markenführung dazu, positive Einstellungen und langfristige Präferenzen zu schaffen, die das Verhalten von Markenrezipienten im Sinne der ökonomischen Ziele des Unternehmens beeinflussen."[59]

Grundlage hierfür stellt eine Denkhaltung des Unternehmens dar. Unternehmen haben es sich zur Aufgabe gemacht, klar darzustellen, was sie bieten. Es gilt sich selbst ein Profil zu verleihen und eigene Stärken klar auszuarbeiten. Arbeitgeber müssen authentisch, zielgruppenrelevant und wettbewerbsdifferenzierend sein.[60] Forderungen, die Unternehmen sonst an Ihre Bewerber richten, werden durch den Wandel des Arbeitsmarktes vom „Arbeitgebermarkt" hin zum „Arbeitnehmermarkt" zu wesentlichen Funktionen und Voraussetzungen, um zukünftig am Arbeitsmarkt erfolgreich zu sein.

Ein wesentlicher Begriff, der in diesem Zusammenhang genutzt wird, ist Employee Value Proposition (EVP), ein Begriff, der sich von der aus dem Produktvertrieb bekannten Unique Value Proposition (UVP) ableitet. Es geht also darum ein Nutzenversprechen zu schaffen, aus dem klar hervorgeht, welchen Vorteil das Unternehmen für den Arbeitnehmer bieten kann.

Ausgangspunkt hierfür stellt zunächst die Situationsanalyse dar. Hierbei geht es im Wesentlichen darum, fundierte Informationsgrundlagen zu schaffen[61] und sich somit ein Bild über die Wahrnehmung des Unternehmens in unterschiedlichen Zielgruppen zu machen.

---

[58] Sponheuer (2010), S.V

[59] Ebenda, S.96

[60] Vgl. Trost (2014b)

[61] Vgl. Stock-Homburg (2011), S.68

Die Zielgruppen werden folgendermaßen gegliedert:

- potenzielle Arbeitnehmer (externe Zielgruppe, Arbeitsmarkt)
- aktuelle Mitarbeiter (interne Zielgruppe, eigenes Unternehmen) und
- ehemalige Mitarbeiter (externe Zielgruppe, Arbeitsmarkt, Ruhestand)[62.]

Je nach Zielgruppe, lassen sich dann folgende Informationen, mittels unterschiedlicher Analysen erfassen, s. *Abb.11 Informationsgrundlagen im Mitarbeiterbeziehungszyklus.*

	Potenzielle Mitarbeiter	Aktuelle Mitarbeiter	Ehemalige Mitarbeiter
Informationen	Soziodemographische Merkmale Qualifikationsprofile Erreichbarkeit (Schule, Universität usw.) Informationsverhalten Arbeitgeberbekanntheit Arbeitgebererwartungen Arbeitgeberimage Arbeitgeberpräferenzen Bewerbungsabsicht Bewerbungsverhalten	Qualifikationsprofile 360-Grad-Beurteilungen Stellenbeschreibung Karriereplanung Aktivitäten in sozialen Netzwerken Fluktuationsraten Mitarbeitererwartungen Mitarbeiterzufriedenheit Mitarbeiterengagement	Erreichbarkeit (Ehemaligen-Netzwerk) Informationsverhalten Weiterempfehlungsverhalten Gründe des Ausscheidens Image des ehemaligen Arbeitgebers Rückgewinnungswahrscheinlichkeit
Erfassungs-methoden	Sekundäranalysen: z. B. Arbeitgeberrankings, Auswertung von Blogs usw. bestehende Zielgruppenanalysen Primäranalysen: z. B. Einzelinterviews Befragungen Beobachtungen Auswertung von Bewerbungsdaten	Sekundäranalysen: z. B. Auswertung bestehender Daten (Karriereentwicklung, generelle Befragungen usw.) Primäranalysen: z. B. Einzelgespräche Mitarbeiterbefragungen 360-Grad-Befragungen Beobachtungen	Sekundäranalysen: z. B. Ehemaligen-Statistiken Primäranalysen: z. B. Alumni-Befragungen Meeting mit ehemaligen Mitarbeitern Beobachtungen

Abb. 11 Informationsgrundlagen im Mitarbeiterbeziehungszyklus[63]

Anhand der einzelnen, je nach Zielgruppe bereitgestellten Informationen lassen sich Korrelationen feststellen; z.B. lässt sich anhand der Mitarbeiterzufriedenheit auf das Image des Unternehmens als Arbeitgeber schließen. Dies verdeutlicht, dass es zwar nötig ist Informationen mit Hilfe unterschiedlicher Methoden zielgruppenspezifisch zu erfassen, es aber nicht möglich ist, die gewonnen Informationen isoliert voneinander zu betrachten und zu beurteilen.

---

[62] Stock-Homburg (2011), S.68

[63] Enthalten in Stock-Homburg (2013), S.68

Durch die zielgruppenspezifisch gewonnenen Informationen ist es dann möglich einzelne, auf die Zielgruppen abgestimmte Subziele des Employer Branding zu definieren, die in Folge dessen zu Präferenzen innerhalb der einzelnen Zielgruppen führen sollen, [64] s. *Abb. 12 Subziele für Employer Branding nach Zielgruppe.*

Potenzielle Mitarbeiter	Aktuelle Mitarbeiter	Ehemalige Mitarbeiter
• **Gewinnung** von Mitarbeitern mit einem **hohen Fit** zum Unternehmen • **Stärkung** der **Position am Arbeitsmarkt** gegenüber Wettbewerbern • **Senkung** der **Akquisitionskosten** für neue Mitarbeiter • **Beschleunigung** des Akquisitionsvorgangs	• **Schaffung** einer **emotionalen Beziehung** zum Unternehmen • **Steigerung** von **Zufriedenheit, Motivation** und **Leistung** • **Bindung** von Mitarbeitern • **Senkung** der **Weiterbildungskosten** durch die höhere Mitarbeiterbindung • Etablierung einer klaren **Werteorientierung**, die für Mitarbeiter erfahrbar ist und die sie an Konsumenten und andere externe Stakeholdergruppen im Sinne einer "gelebten Marke" weitergeben	• **Aufrechterhaltung** einer **emotionalen Beziehung** • **Weitergabe positiver Erfahrungen** mit dem Unternehmen als Arbeitgeber an interne und externe Zielgruppen des Unternehmens • **Gewinnung** Ehemaliger als **Kunden** sowie Erhalt der Multiplikatorenfunktion im Absatzmarkt • **Netzwerkaufbau** • Positiver Einfluss auf die **Unternehmenskultur**

Abb. 12 Subziele für Employer Branding nach Zielgruppe[65]

In der Praxis lässt sich allerdings feststellen, dass der Fokus von Employer Branding momentan noch auf der Zielgruppe potenzieller Mitarbeiter liegt, s. *Abb. 13 Empirische Bedeutung von Zielen des Employer Branding in der Praxis.* Das Einbinden von aktuellen und ehemaligen Mitarbeitern stellt allerdings auf Grund der Korrelation zwischen der Beziehung und der erfahrbaren Werteorientierung der aktuellen Mitarbeiter und Stärkung der Position am Arbeitsmarkt ein erforderliches Zwischenziel zum Stärken der Employee Value Proposition gegenüber potenziellen Mitarbeitern dar.

---

[64] Vgl. Sponheuer (2010), S.96

[65] Enthalten in Ebenda, S.99

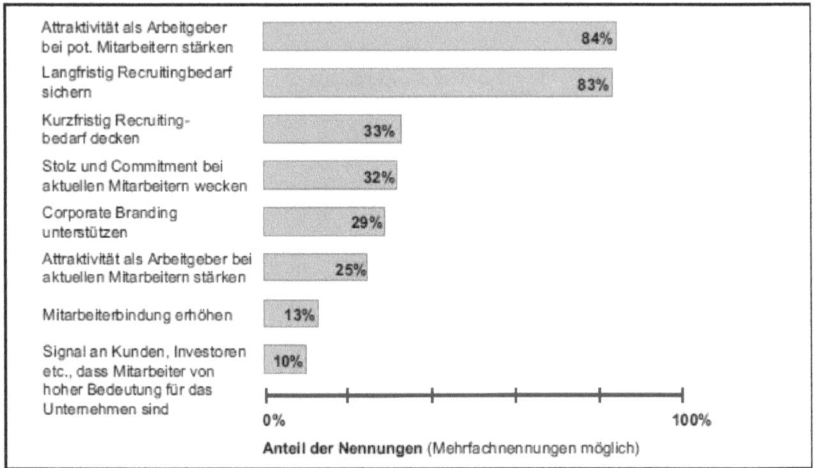

Abb. 13 Empirische Bedeutung von Zielen des Employer Branding in der Praxis[66]

3.2.2 Recruiting vs. Retention

Bedingt durch den Konjunkturzyklus, sich verändernde Erwartungen der Kunden und einen sich verändernden Markt, stehen Unternehmen vor der Herausforderung sich immer wieder auf neue Rahmenbedingungen einzustellen.

Da vor allem Personalkosten einen Großteil an betrieblichen Aufwendungen ausmachen und Arbeit als wichtigster Produktionsfaktor gilt, haben es Personalabteilungen zur Aufgabe, sich immer wieder neu an den sich ändernden Rahmenbedingungen auszurichten.

Je nach Unternehmensgröße und Mitarbeiterzahl wird es zu einem sehr schwierigen „Balance-Akt" genau das richtige Mittel zwischen dem Rekrutieren von neuen Mitarbeitern und dem Binden der bisherigen Mitarbeiter zu finden.[67]

Besonders kleine und mittlere Unternehmen (KMU) haben hierbei, auf Grund ihrer begrenzten Ressourcen, Probleme. Während große Unternehmen und Konzerne es sich durchaus leisten können, vielversprechende Bewerber auch über Bedarf einzustellen und notfalls eine Stelle oder Aufgabe erst im Nachhinein zu schaffen, so ist dies für kleine Unternehmen nicht möglich.[68]

---

[66] Enthalten in Sponheuer (2010), S.100

[67] Vgl. M. Lewis (2014)

[68] Vgl. M. Lewis (2014)

Bei kleinen und mittelständischen Unternehmen bedarf es dementsprechend einer wesentlich genaueren Planung. Gleichzeitig ist es aber gerade ihnen nach wie vor teilweise nur möglich nach dem Prinzip „post and pray" zu verfahren.

Vor allem bei Engpass- und Schlüsselfunktionen sollten aber auch KMU in das Rekrutieren von High-Potentials und deren gezielte Entwicklung (Talentmanagement) investieren, da dies folgende wesentliche Vorteile mit sich bringt:

- geringes Risiko des Scheiterns
- bekannte Referenzen und Leistungsfähigkeit
- kurze Einarbeitungszeit
- bereits bekannte Strukturen, bestehendes Netzwerk
- starker Unternehmensbezug
- geringere Gehälter
- keine Rekrutierungskosten

Nach Trost 2014a ist hier ein radikales Umdenken erforderlich. Er formuliert einen neuen Ansatz, den er als Talent Relationship Management (TRM) umschreibt und der es erleichtern soll sowohl die Balance zwischen Rekrutierung und Retention zu wahren als auch Unternehmen in die Lage zu versetzen „schwer zu besetzende Funktionen mit eigenen Mitteln und aus eigener Kraft effektiv und erfolgreich zu besetzen"[69.] TRM beschäftigt sich deshalb dauerhaft mit der Bindung von Arbeitnehmern an das Unternehmen, um dann im Bedarfsfall schnell und zielgerichtet agieren zu können.

Annahme hierbei ist, dass man besonders bei den qualifizierten Kandidaten von passiven Kandidaten ausgeht, die sich nicht anhand von Stellenanzeigen orientieren oder aktiv nach neuen Angeboten mittels des Webs suchen, sondern um sich werben lassen. Dies wiederum hat zur Folge, dass sich der Arbeitgeber in die aktive Rolle begeben und diese Arbeitnehmer aktiv anwerben muss. Da dies nicht für die Besetzung aller Positionen möglich und nötig ist, ist der Ausgangspunkt, wie auch bei der grundsätzlichen personalwirtschaftlichen Planung, auf den Schmerzpunkt eines Unternehmens[70], also auf die Engpass- oder Schlüsselfunktionen, s. 0 3.1.2   Zielgruppenbestimmung, ausgerichtet.

---

[69] Trost (2014a), S.18

[70] Vgl. Armin Trost (2012)

Der Aufbau des Talentpools kann aus unterschiedlichsten Gruppen, wie Praktikanten, Ferienarbeitern, ehemaligen Mitarbeitern, bestehenden Netzwerken von Mitarbeitern oder durch Hochschulmarketing geknüpfte Kontakte bestehen. Wichtig dabei ist, dass Erfahrungen zu den Arbeitsleistungen dieser als vielversprechend identifizierten Kandidaten gesammelt werden, indem man ihnen eine vorläufige Tätigkeit innerhalb des Unternehmens anbietet, z.B. im Rahmen eines weiterführenden Praktikums.[71]

Das Grundmodell des TRM entstammt dabei dem, aus dem Vertrieb bekannten, Customer Relationship Management (CRM)[72], welches sich mit der nachhaltigen Intensivierung von Kundenbeziehungen beschäftigt und nur für eine spezialisierte Zielgruppe angewandt werden kann.

TRM nimmt somit eine Zwischenrolle zu dem bisher in der Praxis gehandhabten Employer Branding und dem reinen Recruiting ein, s. *Abb. 14 TRM zwischen Employer Branding und Recruiting.*
Während man sich beim Recruiting auf Grund der konkreten Stellenausschreibung sehr stark mit einer Zielgruppe und somit einem sehr kleinen Teil des Arbeitsmarktes auseinandersetzt, so ist Employer Branding weniger auf einzelne Zielgruppen als vielmehr auf mehrere Zielgruppen, bzw. den gesamten Arbeitsmarkt ausgerichtet.

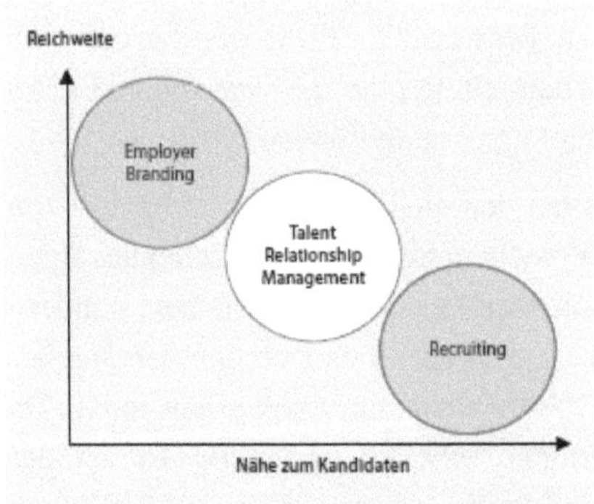

Abb. 14 TRM zwischen Employer Branding und Recruiting[73]

---

[71] Vgl. Ebenda

[72] Vgl. Trost (2014a), S.18

[73] Enthalten in Trost (2014a), S.21

Zur Umsetzung von TRM führt Trost 2014a, vier grundlegende Bausteine/Komponenten an:

1. Employer Brand
2. Active Sourcing
3. Kandidatenbindung
4. Bewerbererfahrung

Employer Brand lässt sich dabei direkt aus dem Employer Branding ableiten. Der Arbeitgeber hat es sich zur Aufgabe gemacht, ein klares, authentisches, wettbewerbsdifferenzierendes Arbeitgeberversprechen aufzubauen. Als Hilfestellung sollten sich Arbeitgeber dabei fragen, was kann ich alles bieten, was davon ist für die Zielgruppe relevant und was davon haben die Mitbewerber nicht.[74]

Active Sourcing im Kontext des TRM bedeutet im ersten Schritt geeignete, talentierte und motivierte Menschen zu finden, sprich die oben erwähnten passiven Kandidaten zu identifizieren. Im nächsten Schritt müssen sich Unternehmen dann damit beschäftigen, wie sie mit den Kandidaten in Kontakt kommen, wie sie ihnen entgegentreten, wo sie deren Aufmerksamkeit erregen können und abwägen welche Marketingmaßnahmen zur Verfügung stehen und als sinnvoll erscheinen. Vor allem Personaler haben hier und noch Lernbedarf und könnten von den Methoden und Techniken des Vertriebs profitieren, indem sie den Markt unter Anwendung neuer Marketingmaßnahmen noch aggressiver bearbeiten.[75]

Die Kandidatenbindung stellt den Kern des TRM dar. Hier geht es im Wesentlichen darum, einen Talentpool aufzubauen und eine strukturierte, systematische Kontaktpflege zu diesen Talenten umzusetzen.[76] Hierüber hat der Arbeitgeber dann die Möglichkeit im Falle des Bedarfs schnell auf geeignetes und talentiertes Personal zurückzugreifen und besitzt gegenüber anderen Mitbewerbern den Vorteil einer bereits intakten Beziehung zu einem Kandidaten, woraus in der Regel Präferenzen des Bewerbers gegenüber dem Unternehmenden resultieren sollten.

---

[74] Vgl. Armin Trost (2012), S.51

[75] Vgl. Armin Trost (2012)

[76] Vgl. Trost (2014a), S.23

Bewerbererfahrung zielt darauf ab ein positives Gefühl bei dem Bewerber oder auch aus dem Talentpool ausgewählten Arbeitnehmer durch Schnelligkeit, Transparenz und persönliche Wertschätzung innerhalb des Bewerbungsprozesses zu erreichen. Da die Bemühungen des TRM schlussendlich in der Anstellung eines Arbeitnehmers liegen, besteht hier die Gefahr andere potentielle Arbeitnehmer aus dem Talentpool zu verlieren, bzw. ein negatives Gefühl bei diesen Bewerbern zu wecken und damit die vorherigen Bemühungen und Aufwendungen zunichte zu machen.

Unter Beachtung der vier Bausteine versetzt TRM Unternehmen in die Lage schnell auf geeignete Arbeitnehmer zurückgreifen zu können. Die Arbeitseinstellung, Leistungsfähigkeit, die positive Einstellung zum Unternehmen und ein bestehendes innerbetriebliches Netzwerk sind dann i.d.R. bereits vorhanden und ermöglichen es dadurch Mitarbeiter schnell und effektiv einsetzen zu können. Die frühzeitige Kontaktpflege lässt sich als ein Pre-Onboarding-Prozess[77]sehen, sodass auf Grund der langfristigen Beziehung bereits eine engere Beziehung besteht, die wiederum das nachhaltige Binden des Mitarbeiters erleichtert. Denn hingegen vieler Befragungen und Studien, die sich nur mit subjektiven Meinungen von Arbeitnehmern beschäftigen, kann eine Bindung von Mitarbeitern nur bedingt durch Aufgaben, Ziele, Karrieren oder materielle Werte beeinflusst werden, da diese jeweils nur begrenzte Auswirkungen auf die Hormone und die Stimmung eines Menschen haben. Menschen werden vor allem durch das Hormon Oxytocin beeinflusst, welches durch zwischenmenschliche Beziehungen ausgeschüttet wird. Demnach sind auf Dauer gesehen, gute zwischenmenschliche Beziehungen ausschlaggebend dafür, ob ein Mitarbeiter bei einem Unternehmen verbleibt oder dieses verlässt.[78]

3.2.3 Personalentwicklung und Talentmanagement

Talentmanagement stellt die Verknüpfung aus dem Begriff Talent und Management dar.

Hierbei bieten sich Unternehmen zwei unterschiedliche Ansätze:

---

[77] wikipedia Onboarding (o.J.): Onboarding ist ein Begriff aus dem Personalmanagement. Er bezeichnet das Einstellen und Integrieren, also „an Bord nehmen" von neuen Mitarbeitern durch ein Unternehmen und vor allem alle Maßnahmen, die die Integration fördern.

[78] Vgl. Ritz (2011), S.229 ff.

„Ansatz A: „alle haben Talent"""[79]

„Ansatz B: „einige wenige haben Talent"""[80]

Für die Wahl von Ansatz B, also die Fokussierung auf einige wenige Mitarbeiter in Form des Talentmanagements führt Enaux 2010 vier verschiedene Motive an:

1. Bindungsfaktor – Zielgruppe erhält mehr Aufmerksamkeit und fühlt sich wertgeschätzt, dies wiederum führt zu einer stärkeren Identifikation mit dem Unternehmen
2. Produktivität – generieren von bis zu dem doppelten Umsatz, Produktivität
3. Budgetierung – schrumpfende Budgets fordern Fokussierung, Umsetzung anders nicht möglich
4. Nachfolge – Nachbesetzung vakanter Schlüsselpositionen durch geeignete Mitarbeiter[81]

Es beschäftigt sich entsprechend zunächst mit der Bestimmung der Zielgruppe für das Unternehmen, s. 0 3.1.2 Zielgruppenbestimmung, darauffolgend mit der Identifizierung talentierter Mitarbeiter und schlussendlich mit Umgang, Entwicklung, und Förderung, allgemein mit dem Management der Zielgruppe.[82]

Die Fokussierung der Zielgruppe birgt Risiken, welche man sich im Vorfeld bewusst machen sollte:

1. Frustration der „Ausgeschlossenen" – Mitarbeiter, die nicht als besonderes Talent in den Talentpool aufgenommen wurden, können sich weniger wertgeschätzt und ausgegrenzt fühlen, was wiederum zu Demotivation und Frustration führt.
2. Erwartungshaltungen – ausgewählte Talente haben eine hohe Erwartungshaltung an das Talentmanagementprogramm. Bei

---

[79] Enaux (2010), S.12

[80] Ebenda, S.13

[81] Vgl. Enaux (2010), S.14

[82] Vgl. Ritz (2011), S.9

Nichteinhaltung kann daraus Demotivation, Enttäuschung und Frustration folgen.[83]

Um seine Ressourcen optimal einzusetzen, muss einem Talentmanagement-Programm zunächst eine sehr detaillierte Planung vorausgehen. Wichtig dabei ist,

- ist mein Unternehmen überhaupt reif für ein Talentmanagementprogramm
- wie hoch sind unsere Rekrutierungskosten für Schlüsselfunktionen
- wie groß sind meine Schwierigkeiten bei der Nachbesetzung durch Externe
- sind genügende qualifizierte Mitarbeiter vorhanden
- welche Kosten entstehen durch das Talentmanagement
- committet sich die Unternehmensleitung zum Talentmanagement[84]

Ziele des Personalmanagements können dabei sein, das

- gezielte Entwickeln von erfolgskritischen Kompetenzen, wie relevante Sprachkompetenzen und interkulturelle Sensibilität
- Etablieren der Arbeitgebermarke auf dem Zielmarkt
- zeitnahe Besetzen von vakanten Schlüsselpositionen
- Binden von High Potentials und Inhabern von Schlüsselpositionen[85]

Zur Erreichung dieser Ziele und somit erfolgreichen Umsetzung eines Talentmanagementprogramms bedarf es fest definierter, auf das Unternehmen angepasster Prozesse.

Denn Talentmanagement leistet also auf Grund der hohen Relevanz von Personal für Unternehmungen einen großen Anteil zur Optimierung der originären Wertschöpfungskette.

Weiterhin gilt es diese definierten Prozesse und Möglichkeiten des Talentmanagements extern und intern zu kommunizieren.

---

[83] Vgl. Enaux (2010), S.15

[84] Vgl. Ebenda, S.52

[85] Vgl. Ebenda, S.66

Grundsätzlich sollte vor und auch während des Programms eine offene und aktive Kommunikation innerhalb des Unternehmens sichergestellt und auch den nicht auserwählten Mitarbeitern eine Personalentwicklung in Form von inner- und außerbetrieblichen Weiterbildungen ermöglicht werden.

3.2.4 Fringe Benefits und Karriereplanung

Fringe Benefits, zu Deutsch freiwillige betriebliche Zusatzleistungen, dienen Unternehmen auf dem heutigen Arbeitsmarkt als weiteres Mittel zur Differenzierung gegenüber dem Wettbewerb.

Freiwillige betriebliche Zusatzleistungen bilden zusammen mit dem Gehalt die Gesamtvergütung eines Arbeitnehmers und sind je nach Unternehmen und Branche sehr individuell, z.B.:

- flexible Arbeitszeitmodelle
- Sabbaticals
- mehr Urlaubstage
- Weiterbildungsmöglichkeiten
- Talentmanagementprogramm
- betriebliche Altersvorsorge
- Zusatzzahlungen
- PKW-Nutzung
- Versicherungen

In stark umkämpften Märkten lässt sich allerdings vermehrt feststellen, dass eine Vielzahl von Leistungen nicht mehr als Zusatzleistung, sondern vielmehr als Standard, bzw. Grundvoraussetzung seitens der Arbeitnehmer gesehen wird.

Auf Grund der Knappheit von High Potentials müssen sich Unternehmen immer neue Leistungen und Möglichkeiten zur Differenzierung überlegen und diese kommunizieren. Hierbei bedient sich das Personalmanagement vorher ange-führten Instrumenten, wie Employer Branding, Talent Relationship Management oder auch dem Talentmanagement.

Eine Möglichkeit, welche vor allem bei großen Unternehmen und Konzernen verbreitet ist, stellen sog. Trainee-Programme dar. Hierbei wird externen und internen High Potentials die Möglichkeit geboten, sich in kürzester Zeit beruflich schnell weiter zu entwickeln, weshalb diese Programme eine große Attraktivität besitzen.

Trainee-Programme stellen aus der Sicht des Personalmanagements eine Verbindung mehrerer Instrumente dar:

Die konkrete Talentförderung kann Aufgabe des Talentmanagements, die Kommunikation des Trainee-Programms und die Steigerung der Attraktivität des Arbeitgebers kann Aufgabe des Employer Branding sein, die Vorauswahl und Kontaktpflege kann wiederum Teil eines TRM-Programms sein.

Heutzutage lässt sich allerdings noch nicht feststellen, dass ein Trainee-Programm aus den einzelnen Tätigkeiten aufgebaut wird, sondern vielmehr, dass einzelne Tätigkeiten zur Umsetzung des Trainee-Programms aufgebaut und somit teils wichtige Bausteine vernachlässigt werden, bzw. nicht vorhanden sind.

Ein gutes Trainee-Programm sollte die wichtigsten Einflussgrößen, in Form der nachfolgenden fünf Top-Treiber, bezüglich der Gewinnung eines High Potentials auf sich vereinen.

Fünf Top-Treiber von High Potentials nach Global Workforce Study 2012[86]:

1. Sicherheit des Arbeitsplatzes
2. Chancen, meine Karriere voranzutreiben
3. Herausfordernde Arbeit
4. Hohes Maß an Eigenständigkeit am Arbeitsplatz
5. Grundgehalt

Fünf Top-Treiber für Arbeitnehmer nach Global Workforce Study 2014[87]:

- Grundgehalt
- Sicherheit des Arbeitsplatzes
- Karrieremöglichkeiten
- Weiterbildungsmöglichkeiten
- Herausfordernde Arbeit

---

[86] Vgl. Towers Watson (2012), S.10

[87] Vgl. Towers Watson (2014), S.1

Abgesehen von Trainee Programmen werden Fringe Benefits auch in Form anderweitiger Fortbildungs- und Weiterbildungsprogramme angeboten. Grundsätzlich ist es dabei wichtig, High Potentials eine Perspektive und Entwicklungsmöglichkeit zu bieten, die sich flexibel und individuell an die Karriereplanung anpassen lässt.

Die SAP AG bietet z.B. eine interaktive Lernplattform, das Career Success Center, an, die es den Mitarbeitern ermöglicht, sich fortlaufend selbstständig weiter zu qualifizieren.[88]

Andere Fringe Benefits, wie das eingangs erwähnte Social Freezing stehen dabei in einem ganz anderen Verhältnis und sollen vor allem für das Recruiting einen ersten, sehr großen Anreiz und Präferenzen in einer sehr kleinen und speziellen Zielgruppe, bestehend aus Frauen und familienfreundlichen Männern, schaffen.

Fringe Benefits wie das Career Success Center hingegen sind vorrangig nötig, um Mitarbeiter nachhaltig zu binden. Während bei der Rekrutierung der Anreiz vor allem durch die überschaubare Anzahl eben erwähnter Einzelaspekte geschaffen wird, sollte zur Mitarbeiterbindung ein vielfältiges, aus vielen Bausteinen bestehendes Paket bereitgestellt werden.

Ein Baustein davon können in großen Unternehmen und Konzernen zum Beispiel sog. Jobrotation-Programme sein. Diese könnten auf Grund der Abwechslung im Arbeitsalltag vor allem für langjährig gebundene Mitarbeiter eine immer größer werdende Rolle spielen. Im Bereich der High Potentials sind Jobrotation-Programme in Form der vorher erwähnten Trainee-Programme am stärksten verbreitet. Ziel dabei ist die grundsätzliche Personalentwicklung des Unternehmens und strukturierte Karriereplanung der Arbeitnehmer.[89]

Die Wahl der angebotenen Fringe Benefits sollte allerdings keinesfalls pauschal und standardisiert angeboten werden, sondern zum einen im Einklang mit dem Unternehmen, der Unternehmenskultur stehen und zum anderen auf den potenziellen, bestehenden Arbeitnehmer angepasst sein, sodass sich ein Arbeitnehmer stets wahrgenommen und wertgeschätzt fühlt.

Hierbei sollte man beachten, dass die Fringe Benefits in Verbindung mit dem Grundgehalt und eventuellen variablen Anteilen ein Gesamtpaket liefern müssen, welches den Arbeitnehmer zufrieden stellt. Nach der Zwei-Faktoren-

---

[88] Vgl. Jörg Staff (2009), S.14

[89] Vgl. M. Lewis (2014)

Theorie von Herzberg lassen sich Leistung, Arbeitsinhalte und Verantwortung als Motivatoren, Entlohnung, Sicherheit des Arbeitsplatzes und zwischenmenschliche Beziehungen als Hygienefaktoren ansehen. Demzufolge sollten durch ein gutes Gesamtpaket aus Hygienefaktoren und Motivatoren sowohl ein hoch motivierter, leistungsfähiger Arbeitnehmer als auch eine langfristige Bindung an das Unternehmen resultieren.

Während einzelne Unternehmen dabei stets versuchen sich zu übertreffen und auch teils kritische Benefits, wie das Social Freezing bieten, sollte man vielmehr beachten, dass ein Großteil der Menschen zufrieden ist, wenn er einen vergleichbaren Lebensstandard, wie sein Bekanntenkreis besitzt.[90] Weiterhin spielen zwischenmenschliche Beziehungen auf Dauer gesehen eine wesentlich größere Rolle als der originäre Lohn.

3.3 Personalmarketing für High Potentials

3.3.1 Theoretische Grundlagen: Personalmarketing für High Potentials

In den vorangehenden Betrachtungen wurden einzelne Aufgaben des Personalmarketings und im speziellen Instrumente des Personalmarketing-Mixes dargestellt.

Wesentliche Grundströmungen im Bereich des Recruitings sind vor allem das Employer Branding, das Talent Relationship Management und auch die Personalentwicklung.

Grundlage für das TRM stellt dabei das CRM des allgemeinen Marketings dar.

Dem geschuldet, dass Lifestyle und Mass Customization wesentliche Trends der heutigen Gesellschaft und der auf den Arbeitsmarkt eintretenden Arbeitnehmer sind, erscheint es als sinnvoll das Konzept des CRM detailliert auf das Personalmarketing zu beziehen und ein umfassendes Konzept abzubilden, welches sich ähnlich dem CRM in starkem Maße an den Gefühlen und Empfindungen orientiert.

---

[90] Vgl. M. Lewis (2014)

3.3.2 CRM vs. High Potential Relationship Management (HPRM)

Die nachfolgende Gegenüberstellung soll den Aufbau des HPRM auf Grundlage des CRM verdeutlichen.

CRM:

Mass Customization:
Bedürfnisgerechte Kundenbindung, individualisierte Produkte

Kundenzufriedenheit:
Soll/Ist-Vergleich zwischen erwarteter und wahrgenommener Anbieter-leistung

Kundenbindung:
Relationship Management soll das Ziel einer Zero-Migration realisieren

Kundenloyalität:
Dauerhafte Kundenbindung mit dem Ziel einer aktiven Interaktionsqualität.

Kundenbegeisterung:
Kundenbegeisterung soll einen Beitrag zur emotionalen Bindung und Weiterempfehlung leisten.

HPRM:

Mass Customization:
Zielgruppenrelevante, flexible Schulungs- und Ausbildungsangebote, Traineeprogramme, maßgeschneiderte Gehaltspolitik (differenzierte Fringe Benefits, leistungsgerechte Entlohnung)

Mitarbeiterzufriedenheit:
geplante Mitarbeitergespräche, Mentoren, Kommunikation Nachhaltige, strategische Planung, personalisiertes Talentmanagement,

Mitarbeiterbindung:
Zielvereinbarungen, Mitarbeiter-/Vorgesetztenbeziehung, Feelgood-Management

Mitarbeiterloyalität:
Commitment zum Unternehmen, Identifizierung mit Unternehmenswerten, erhöhte Leistungsbereitschaft und erhöhter Output, Führungspersönlichkeiten

Mitarbeiterbegeisterung:
Employer Branding, Multiplikations-faktoren, aufeinander abgestimmte Teams

3.3.3 Strukturierung des High Potential Relationship Management

Abb. 15 Strukturierung des HPRM (in Anlehnung an Huber 2015, zeigt eine strukturierte Lösung für das Personalmarketing von High Potentials in Form des High Potential Relation Management.

Die Strukturierung erfolgt dabei auf Basis der grundlegenden Aufgaben, welche übergreifend über alle Bereiche hinweg zur Orientierung des Personalmarketings für High Potentials notwendig sind. Zur Erfüllung dieser vier Aufgaben werden vier grundlegende Personalinstrumente angeführt, die als wesentliche Grundpfeiler für das Personalmarketing von High Potentials notwendig sind.

Die Systematik des HPRM wird dabei allerdings als dynamisches System gesehen, bei dem das Verhalten, die Verhaltensänderung als Ergebnis des Zusammenwirkens aller eingesetzten Instrumente angesehen wird.

Das Ergebnis der fortlaufenden Konzeptoptimierung sind dann potentielle oder bestehende Mitarbeiter mit einem größtmöglichen Unternehmens-Fit.

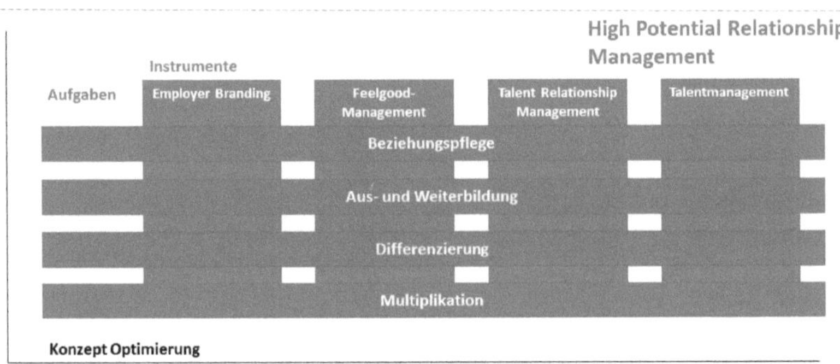

Abb. 15 Strukturierung des HPRM (in Anlehnung an Huber 2015 [91]

---

[91] Eigene Darstellung

4 Fazit

4.1 Zusammenfassung

In dieser Arbeit wurde zunächst eine Eingrenzung und Bestimmung des Begriffs „High Potentials" vollzogen. Auf diesem aufbauend konnte dann die Betrachtung der Rolle von High Potentials innerhalb von Volkswirtschaften und Unternehmen sowie deren Wahrnehmung in diesen Systemen erfolgen. Darauf aufbauend wurden die Neuausrichtung von Personalabteilungen und einzelne Aspekte des Personalmarketings im Kontext des War for Talent dargelegt.

Dabei zeigte sich, dass Unternehmen bereits eine Vielzahl von Instrumenten zur Gewinnung und Bindung von High Potentials nutzen.
Auch wenn diese nicht in vollem Umfang, bzw. noch nicht so zielgerichtet wie nötig verwandt werden, so lässt sich doch klar erkennen, dass Unternehmen auf vielfältigste Art und Weise versuchen, sich auf dem Arbeitsmarkt zu differenzieren. Hierbei gilt es zu beachten, dass es schwer ist, fundierte allgemeingültige Aussagen auf Grundlage eindeutiger Forschungsergebnisse zu treffen.

Es lässt sich aber feststellen, dass die Gründe, warum Arbeitnehmer sich für ein Unternehmen entscheiden, im Prinzip auf fünf wesentliche Kriterien, die lediglich in ihrer Rangfolge von Jahr zu Jahr variieren, konzentrieren:

- Sicherheit des Arbeitsplatzes
- Chancen, die Karriere voranzutreiben
- Herausfordernde Arbeit
- Hohes Maß an Eigenständigkeit am Arbeitsplatz
- Grundgehalt

Der monetäre Faktor ist somit zwar ein immer bestehendes Kriterium, aber vor allem für die auf die eigene Karriere fixierte Generation Y gerät dieser zu Beginn einer Karriere immer weiter in den Hintergrund, wohingegen die beruflichen Entwicklungsmöglichkeiten und die Eigenständigkeit als immer wesentlichere Kriterien gelten.

Dieses spiegelt sich auch in der Bindung von High Potentials wieder. Es ist für diese Arbeitnehmer weniger wichtig ein hohes Gehalt zu erwirtschaften, als die Entwicklungsmöglichkeiten, die sich innerhalb des Unternehmens oder privat für sie bieten. Ein weiterer, von Arbeitnehmern oft nicht konkret wahrgenommener Punkt, stellt dabei die zwischenmenschliche Beziehung dar, denn gerade in der Zeit von Work-Life-Balance ist es den Menschen wichtig, Spaß an der Arbeit und mit den Kollegen zu haben, ohne das Gefühl, Zeit lediglich gegen einen Sold einzutauschen. Unternehmen, die anstatt nur auf das Gehalt vermehrt in ein Feelgood-Management, die Kommunikation und die Ausbildung ihrer Arbeitnehmer investieren, haben somit einen wesentlichen Vorteil hinsichtlich der Bindung von High Potentials.

4.2 Ausblick

Der Fachkräftemangel wird von vielen Seiten der Wirtschaft und Politik als existierende Erscheinung angesehen. Ob dies allerdings wirklich ein existierendes Problem ist, wie sich die Arbeit in den nächsten Jahren ändert und ob der Sprung von High Potentials zwischen Unternehmen und Ländern wirklich dem bisher bestehenden Trend folgt, lässt sich nur schwer vorhersagen.

Weiterhin ist denkbar, dass auf Grund der immer tiefergehenden Spezialisierung von Tätigkeiten und Prozessen sowie der damit ansteigenden Arbeitsteilung, es vielen Arbeitnehmern in Zukunft nicht mehr möglich sein wird ihre Arbeitgeber kurzfristig zu wechseln. Lediglich hoch spezialisierten Generalisten wäre dies dann noch möglich. Ebenfalls lässt sich nicht absehen, inwieweit und in welche Bereiche die Automatisierung der Arbeit vordringt und welche Kapazitäten dadurch frei werden, welche zur Besetzung anderer Arbeiten genutzt werden können.

Grundsätzlich lässt sich aber der Trend erkennen, dass immer mehr Unternehmen den Wert ihrer Arbeitnehmer realisieren und sich konkret mit dem Thema der Gewinnung und Bindung von Arbeitnehmern auseinandersetzen.

Literaturverzeichnis

4 Managers (o.J.): War for talents. Hg. v. 4 Managers. Online verfügbar unter
http://www.4managers.de/management/themen/war-for-talents/, zuletzt geprüft
am 27.10.2014.

Armin Trost (2012): Moderne Personalgewinnung jenseits der Stellenanzeige.
Talent Relationship Management. Frankfurter Buchmesse. Springer. Frankfurt,
16.11.2012.

Douglas A. Ready, Jay A. Conger, Linda Hill (2010): Are You a High Potential?
Hg. v. Harvard Business Review. Online verfügbar unter
https://hbr.org/2010/06/are-you-a-high-potential, zuletzt aktualisiert am Juni
2010, zuletzt geprüft am 24.11.2014.

Enaux, Claudius (2010): Strategische Personalentwicklung. 1., Auflage.
Freiburg im Breisgau: Lexware (Kienbaum bei Haufe).

Ernst & Young (2014): Deutschland; Valid Research; 3.000 mittelständische
Unternehmen. Umsatzeinbußen bzw. nicht realisierte Umsätze mittelständischer
Unternehmen aufgrund von Fachkräftemangel (in Mio. Euro). Statista. Online
verfügbar unter http://de.statista.com.ezproxy.dhbw-
mannheim.de/statistik/daten/studie/172456/umfrage/umsatzeinbussen-im-
mittelstand-durch-fachkraeftemangel/, zuletzt geprüft am 30.10.2014.

Expertenkommission für Forschung und Innovation (2014): Gutachten
zu Forschung, Innovation und Technologischer Leistungsfähigkeit. Hg. v.
Expertenkommission für Forschung und Innovation. Online verfügbar unter
http://www.e-fi.de/fileadmin/Gutachten_2014/EFI_Gutachten_2014.pdf, zuletzt
geprüft am 17.11.2014.

Gutmann, Joachim; Schwuchow, Karlheinz (2013): Personalentwicklung – mit
Arbeitshilfen online. Themen, Trends, Best Practices 2014. 0002nd ed. Freiburg:
Haufe Lexware Verlag (Haufe Fachbuch – Band 04532).

Huber, Andreas (2010): Personalmanagement. München: Vahlen. Online
verfügbar unter http://swbplus.bsz-bw.de/bsz304644749inh.htm.

Huber, Andreas (2013): Marketing. Topics & Trends. Duale Hochschule Baden-
Württemberg. DHBW Mannheim. Eppelheim, 2013.

Huber, Andreas (2015): International Business. DHBW Mannheim. Eppelheim,
2015.

Huber, Andreas; Laverentz, Klaus (2012): Logistik. München: Vahlen (Vahlens Kurzlehrbücher).

M. Lewis (21.11.2014): The War for Talent. Interview mit M. Lewis und M.Naber. Darmstadt.

Johannes Steger (2014): Wenn ein üpiges Gehalt nicht mehr reicht. Hg. v. Handelsblatt. Online verfügbar unter http://www.handelsblatt.com/unternehmen/zukunft-der-arbeit/aussteiger-wenn-ein-ueppiges-gehalt-nicht-mehr-reicht/10991278.html, zuletzt aktualisiert am 26.11.2014, zuletzt geprüft am 26.11.2014.

Jörg Staff (2009): Personalgewinnung & -bindung am Beispiel der SAP AG.

K. Laverentz (2013): Produktion und Logistik 2. DHBW Mannheim. Eppelheim, 2013.

kununu (2014): Internetauftritt, zuletzt geprüft am 30.10.2014.

MAN Power Group (2014): THE TALENT SHORTAGE CONTINUES. HOW THE EVER CHANGING ROLE OF HR CAN BRIDGE THE GAP, zuletzt geprüft am 30.10.2014.

Manuel Bewarder (2014): Deutschland profitiert bei Zuzügen von Euro-Krise. Aus den Ländern, die von der Euro-Krise betroffen sind, ziehen viele Menschen in die Bundesrepublik. Absolut kommen aus der EU jedoch weiterhin vor allem Personen aus Polen, Rumänien und Bulgarien. Hg. v. Die Welt. Online verfügbar unter http://www.welt.de/politik/deutschland/article123885682/Deutschland-profitiert-bei-Zuzuegen-von-Euro-Krise.html, zuletzt aktualisiert am 15.01.2014, zuletzt geprüft am 26.11.2014.

Meffert, Heribert; Burmann, Christoph; Kirchgeorg, Manfred (2012): Marketing. Grundlagen marktorientierter Unternehmensführung; Konzepte – Instrumente – Praxisbeispiele. 11., überarb. und erw. Aufl. Wiesbaden: Gabler (Meffert-Marketing-Edition).

Michaels, E.; Handfield-Jones, H.; Axelrod, B. (2001): The War for Talent: Harvard Business School Press. Online verfügbar unter http://books.google.de/books?id=simZCd_YUC4C.

Nicola Herrmann, Miriam Kraneis, Carsten Rennhak (2006): Humankapital als Wettbewerbsfaktor– Wie wählen High Potentials ihre Arbeitgeber? Hg. v. Munich Business School. München, zuletzt geprüft am 24.11.2014.

Ritz, Adrian (2011): Talent Management. Talente identifizieren, Kompetenzen entwickeln, Leistungsträger erhalten. 2., aktual. Aufl. Wiesbaden: Gabler (SpringerLink : Bücher).

Sponheuer, Birgit (2010): Employer Branding als Bestandteil einer ganzheitlichen Markenführung. 1. Aufl. Wiesbaden: Gabler (Gabler Research).

Statistisches Bundesamt (2014): Anzahl der Zuwanderer nach Deutschland von 1991 bis 2013. Hg. v. Statista. Online verfügbar unter http://de.statista.com.ezproxy.dhbw-mannheim.de/statistik/daten/studie/28347/umfrage/zuwanderung-nach-deutschland/, zuletzt aktualisiert am Mai 2014, zuletzt geprüft am 26.11.2014.

Stock-Homburg, Ruth (Hg.) (2011): Handbuch Strategisches Personalmanagement. 1. Aufl. Wiesbaden: Gabler.

Stock-Homburg, Ruth (2013): Handbuch Strategisches Personalmanagement. 2., überarb. u. erw. Aufl. 2013. Wiesbaden: Springer Gabler (SpringerLink : Bücher).

Towers Watson (2012): Global Workforce Study 2012 Deutschlandergebnisse. Hg. v. Towers Watson. Frankfurt am Main. Online verfügbar unter http://www.towerswatson.com/de-DE/Insights/IC-Types/Survey-Research-Results/2012/07/Towers-Watson-Global-Workforce-Study-2012-Deutschlandergebnisse, zuletzt geprüft am 10.10.2014.

Towers Watson (2014): global workforce study 2014. Driving Engagement Through a Consumer-Like Experience. Hg. v. Towers Watson. Online verfügbar unter http://www.towerswatson.com/en/Insights/IC-Types/Survey-Research-Results/2014/08/the-2014-global-workforce-study.

Trost, Armin (2014a): Talent Relationship Management. Competitive Recruiting Strategies in Times of Talent Shortage. Berlin, Heidelberg: Springer Berlin Heidelberg (Management for Professionals).

Trost, Armin (2014b): Employer Branding. Zwischen gelebter Wirklichkeit und schönen Bildern. Vortrag auf dem Kongress Arbeitgeberattraktivität am 27.02.2014 in Berlin. HRM Forum. Berlin, 27.02.2014. Online verfügbar unter https://www.youtube.com/channel/UC2KCuNpaUCfFid0UBddFk6Q.

Welpe, Ingelore (2014): Personalentwicklung 2020. Wie die Megatrends Gender, Diversität und Quotierung die Personalentwicklung transformieren. 1. Aufl. Frankfurt: Lang, Peter (Angewandte Genderforschung Gender Research Applied, volume 6).

wikipedia: Onboarding. Hg. v. wikipedia. Online verfügbar unter http://de.wikipedia.org/wiki/Onboarding, zuletzt geprüft am 21.01.2015.

wikipedia: Sabbatical. Hg. v. wikipedia. Online verfügbar unter http://de.wikipedia.org/wiki/Sabbatical, zuletzt geprüft am 26.11.2014.

Wollsching-Strobel, Peter (2014): Managementnachwuchs erfolgreich machen: Personalentwicklung für High Potentials. 2. Aufl.: Springer Gabler.

Nico Oertel: Employer Branding. Personalmarketing
mit Zukunft

2011

Abkürzungsverzeichnis

AGG   - Allgemeines Gleichbehandlungsgesetz

DEBA   - Deutsche Employer Branding Akademie

DLR   - Deutsches Zentrum für Luft-und Raumfahrt

EADS   - European Aeronautic Defence and Space Company

E-Learning - Electronic Learning

EVP   - Employer-Value-Proposition

KMU   - Kleine und mittelständische Unternehmen

USP   - Unique-Selling-Proposition

1 Einleitung

1.1 Problemstellung und Ausgangssituation

Dass die Mitarbeiter[92] eines Unternehmens das Kernstück eines eben jenes bilden und somit stark zum Unternehmenserfolg beitragen, ist nicht neu. Doch in unserer heutigen Zeit, in der aufgrund des soziodemographischen Wandels, der Fach- und Führungskräftemangel immer größer wird (Siehe Anhang 1), müssen die Unternehmen heute mehr denn je darum kämpfen, die geeigneten Mitarbeiter zu finden. Die Zeiten, dass eine einfache Stellenanzeige reichte, um die idealen Bewerber herauszufiltern, sind zumindest im Bereich der Fach- und Führungskräfte, vorbei. Aus diesem Grund ist es mittlerweile sehr wichtig, sich als Arbeitgeber stark von den Mitbewerbern zu differenzieren um im sogenannten, vielleicht etwas martialischen, Ausdruck „War for Talents"[93] bestehen zu können.

Doch wie kann sich ein Unternehmen von anderen abheben? Ein neuer Ansatz ist das sogenannte Employer Branding. Durch geeignete Maßnahmen positioniert sich der Arbeitgeber hierbei als Marke. Das Ziel dabei ist es, sich durch eine gesteigerte Bekanntheit und Attraktivität als Employer of Choice, also als Arbeitgeber der ersten Wahl, zu positionieren. Viele Unternehmen haben erkannt, dass eine gesteigerte Arbeitgeberattraktivität in diesen Zeiten der Personalknappheit und der Globalisierung ein geeignetes Mittel ist, um auf dem Markt bestehen zu können. Deshalb verwundert es auch nicht, dass immer mehr Unternehmen dem Employer Branding eine wichtige Bedeutung zuordnen.[94]

Doch auch wenn die Bedeutung des Employer Branding erkannt wurde, so fehlt es oftmals noch an der richtigen Umsetzung. Meist wird Employer Branding nur als Aufgabe des Personalmarketing angesehen und mit Recruiting gleichgesetzt. Ein ganzheitliches Konzept haben bisher die wenigsten Unternehmen eingeführt.[95] Dabei ist es wichtig, dass das gesamte Unternehmen an der

---

[92] Zur Verbesserung der Lesbarkeit wird in dieser Arbeit ausschließlich die männliche Form verwendet. Diese impliziert aber auch immer die weibliche Form.

[93] Vgl. Chambers, E. G. et al (1998), S. 44.

[94] In einer Studie von 2008 unter 280 mittelständischen Unternehmen gaben 90 % an, dass Employer Branding eine hohe Bedeutung für die Arbeit im Personalmanagement hat bzw. haben wird. Vgl. Schuble, J./ Eicher, M. (2008), S. 12.

[95] Vgl. Kabst, R. et al (2010), S. 44.

Einführung einer Employer Brand beteiligt ist, um eine erfolgreiche Umsetzung zu ermöglichen.

1.2 Zielsetzung und Aufbau der Arbeit

Da es sich bei der Strategie des Employer Branding noch um ein relativ neues Forschungsgebiet handelt, sind wissenschaftliche Beiträge noch selten. Der Großteil der vorliegenden Literatur beschäftigt sich ausschließlich mit dem Employer Branding Prozess in der Praxis, eine theoretische Betrachtung erfolgte erst rudimentär.[96] Mit dieser Arbeit soll die unter Abschnitt 1.1 genannte Thematik behandelt werden, indem ein umfassender Überblick über das Thema gegeben wird. Dabei soll das Employer Branding sowohl in seiner theoretischen als auch in seiner praxisnahen Anwendbarkeit betrachtet werden.

Ziel dieser Arbeit ist es, aufzuzeigen, dass das Employer Branding eine gute Möglichkeit ist, die angesprochenen Probleme bei der Rekrutierung von Fach- und Führungskräften zu minimieren. Dabei soll vermittelt werden, dass Employer Branding nur erfolgreich betrieben werden kann, wenn es ganzheitlich angewandt wird und sämtliche Phasen des Prozesses betrachtet werden. Der Schwerpunkt der folgenden Arbeit liegt dabei in dem Konzept des identitätsorientierten Markenansatzes. Verhaltenswissenschaftliche oder entscheidungsorientierte Ansätze werden nicht näher erläutert. Die Vorgehensweise orientiert sich dabei sowohl an Aktivitäten aus dem Personalmanagement als auch aus dem Marketing.

Die Arbeit ist in fünf Kapitel untergliedert. Nach der Einleitung in diesem Kapitel erfolgt die definitorische Betrachtung verschiedener relevanter Begriffe. In diesem Kapitel erfolgt zudem die Abgrenzung zu anderen Ansätzen. Den Schwerpunkt der vorliegenden Arbeit bildet das dritte Kapitel. In diesem erfolgt die Betrachtung eines kompletten Employer Branding Prozesses. Hierbei werden die verschiedenen Phasen vorgestellt und speziell auf den identitätsorientierten Markenansatz angewandt. Darauf folgt, aufbauend auf den gewonnenen Erkenntnissen, die Untersuchung des Employer Branding Prozesses in der Praxis anhand von zwei Unternehmensbeispielen. Bei den beiden Unternehmen handelt es ich um ein mittelständisches Unternehmen aus der Region Leipzig und ein internationales Großunternehmen. Durch diesen Vergleich soll aufgezeigt werden, dass eine einheitliche Strategie nicht erfolg-

---

[96] Vgl. Petkovic, M. (2008), S. 4.

versprechend ist. Das fünfte Kapitel rundet das Thema zusammenfassend ab und gibt einen Einblick für die zukünftige Auseinandersetzung mit dem Thema.

2 Bestimmung wichtiger Begrifflichkeiten

Vor der Darstellung des Employer Branding Prozesses anhand der identitätsorientierten Markenführung ist es hilfreich, die grundlegenden Begriffe und Aspekte der Markenführung näher zu erläutern. Da sowohl für den Markenbegriff als auch den Begriff des Employer Branding zahlreiche unterschiedliche Auffassungen und Definitionen bestehen, muss im ersten Schritt eine genaue Definition und Abgrenzung erfolgen.

2.1 Der Markenbegriff als Ausgangspunkt

Schon seit jeher ist der Begriff der Marke verbunden mit einer erfolgreichen Geschäftstätigkeit. Doch was macht eine Marke zu einer Marke? Im Sprachgebrauch aber auch in der wissenschaftlichen Literatur wird der Markenbegriff unterschiedlich definiert und aufgefasst. Eine einheitliche und eindeutige Definition, was eine Marke ist, existiert nicht.[97] Als Ursache hierfür sind die unterschiedlichen Perspektiven anzusehen, wie eine Marke betrachtet werden kann. Aus diesem Grund ist es von enormer Wichtigkeit, den Begriff der Marke abzugrenzen, um später den Begriff der Arbeitgebermarke korrekt verwenden zu können.

Meffert beschreibt die Marke als: „eine in der Psyche des Konsumenten und sonstiger Bezugsgruppen der Marke fest verankertes, unverwechselbares Vorstellungsbild von einem Produkt oder einer Dienstleistung."[98] Diese Definition spiegelt sehr gut wieder, was eine Marke ausmacht. Im ersten Punkt muss eine bestimmte Zielgruppe angesprochen werden, in der klassischen Markenführung meist die Konsumenten. Eine Marke ohne Bezugsgruppe, bzw. die an der jeweiligen Bezugsgruppe vorbei geht, ist nicht viel wert. Der zweite wichtige Faktor ist die Psyche der Bezugsgruppen. Die Marke an sich ist nichts greifbares, es handelt sich „nur" um ein Vorstellungsbild, welches in den Köpfen der Bezugsgruppen besteht. Wenn dieses Vorstellungsbild den Kunden einen Mehrwert bringt, wird die Marke als positiv angesehen.[99] Um dieses Vorstellungsbild zu generieren, bedarf es einer Beständigkeit. Eine Marke muss über einen längeren Zeitraum am Markt bestehen, um wahrgenommen zu werden.

---

[97] Vgl. Petkovic, M. (2008), S. 47f.

[98] Meffert, H. et al (2002), S. 6.

[99] Vgl. Ebenda S. 7f.

Des Weiteren muss die Marke unverwechselbar sein. Sie muss demnach über Alleinstellungsmerkmale wie bspw. eine hohe Qualität oder einen besonderen Geschmack verfügen. Häufig ist mit der Marke ein bestimmter Markenname, ein Markenzeichen oder ein Slogan verbunden.[100] Diese Merkmale verstärken die Einzigartigkeit einer Marke. Ziel der Marke ist es somit, sich von den Wettbewerbern abzusetzen und den Konsumenten zum Kauf zu beeinflussen.

Wie wichtig eine Marke ist, zeigen die bekannten Blindtests. Bei diesem Experiment werden zwei Versuchsgruppen jeweils zwei Produkte oder Dienstleistungen vorgelegt. Eine Versuchsgruppe wird über die jeweiligen Marken informiert, die andere nicht. Bei den Blindtestern ist eine relativ ausgewogene Präferenzverteilung festzustellen. Bei der Gruppe, die über die Marken informiert wurde, ist hingegen eine eindeutige Präferenz zu einer bestimmten Marke zu beobachten. (Siehe Anhang 2) Aus diesem Zusammenhang kann erschlossen werden, dass mit bestimmten Marken positive Eigenschaften assoziiert werden, welche die Kunden zum Kauf bewegen.

2.2 Employer Branding als Bestandteil der Corporate Brand

Der Begriff Employer Branding hat seine Wurzeln im Marketing und leitet sich aus Employer (Arbeitgeber) und Brand (Marke) ab. Eine pauschale Übertragung des klassischen Markenverständnisses auf die Arbeitgebermarke[101] ist jedoch nicht so einfach möglich. Viele Aspekte der klassischen Produktmarke, wie z.B. die Wahrnehmung oder die Bewertung der Leistung, lassen sich nicht einfach auf die Arbeitgebermarke übertragen.[102](Siehe Anhang 3) Deshalb muss eine eigenständige Definition aufgestellt werden.

Neben der schlichten Übertragung des Markenbegriffs auf das Employer Branding ist ein weiterer Fehler, dass das Arbeitgeberimage mit der Arbeitgebermarke gleichgesetzt wird. Dabei bestehen zwischen diesen beiden Begriffen große Unterschiede. Das Arbeitgeberimage beschreibt das Bild, das von dem Arbeitgeber bei den potentiellen und gegenwärtigen Mitarbeitern tatsächlich vorherrscht. Die Arbeitgebermarke dagegen ist das gewünschte Bild, welches die Zielgruppen wahrnehmen sollen.[103] Diese Unterscheidung ist im

---

[100] Vgl. Kotler, P. et al (2007), S. 509 ff.

[101] Im weiteren Verlauf werden die Begriffe Arbeitgebermarke und Employer Brand synonym verwendet.

[102] Vgl. Petkovic, M. (2008), S. 48ff.

[103] Vgl. Wolf, M.-U. (2010), S. 4.

Rahmen der identitätsorientierten Markenführung von enormer Bedeutung. Eine weitere Unterscheidung betrifft die Begriffe Employer Brand und das Employer Branding. Bei der Employer Brand handelt es sich um die Arbeitgebermarke, das Employer Branding wiederum beschreibt den strategischen Prozess der Zielerreichung zur Employer Brand.

Ähnlich zu dem klassischen Markenbegriff existieren auch beim Employer Branding vielzählige unterschiedliche Definitionen. Im Weiteren wird die praxisnahe Definition der Deutschen Employer Branding Akademie (DEBA) verwendet: „Employer Branding ist die identitätsbasierte, intern wie extern wirksame Entwicklung und Positionierung eines Unternehmens als glaubwürdiger und attraktiver Arbeitgeber. Kern des Employer Branding ist immer eine die Unternehmensmarke spezifizierende oder adaptierende Arbeitgebermarkenstrategie. Entwicklung, Umsetzung und Messung dieser Strategie zielen unmittelbar auf die nachhaltige Optimierung von Mitarbeitergewinnung, Mitarbeiterbindung, Leistungsbereitschaft und Unternehmenskultur sowie der Verbesserung des Unternehmensimages. Mittelbar steigert das Employer Branding außerdem Geschäftsergebnis sowie Marktwert."[104]

Diese Definition bietet sich an, da sie den Aspekt der identitätsorientierten Markenführung, durch die Beziehung zwischen Identität und Image, aufgreift. Auch andere Merkmale weiterer Definitionen sind enthalten. Die Employer Brand zielt auf eine bestimmte Zielgruppe ab, sowohl intern als auch extern. Während die klassische Produktmarke auf Konsumenten abzielt, soll die Arbeitgebermarke aktuelle, potentielle und ggf. ehemalige Mitarbeiter ansprechen. Als Zielgruppe werden die sogenannten High-Potentials, also die Fach- und Führungskräfte, angesehen. Des Weiteren werden die verschiedenen Phasen des Employer Branding Prozesses angesprochen und auch praxisnah mit den entsprechenden Vorteilen versehen. Als weiterer Vorteil zeigt diese Definition den Zusammenhang zu der Corporate Brand auf.

Bei der Corporate Brand handelt es sich um die Unternehmensmarke. Hierbei wird das Unternehmen als Marke angesehen, nicht nur einzelne Produkte oder Dienstleistungen. Die Corporate Brand orientiert sich an sämtlichen Anspruchsgruppen, die Employer Brand hingegen nur an den Arbeitsmarkt. (Siehe Abbildung 1) Die Employer Brand ist deshalb als Teilbereich der

---

[104] Vgl. DEBA (2008).

Corporate Brand zu verstehen.[105] Da die Employer Brand nur eine Anspruchs-
gruppe abdeckt, muss sie andere, speziellere Aufgaben erfüllen. Der Fokus liegt
nur auf den aktuellen sowie potentiellen Mitarbeitern. Das Ziel ist es von diesen
Zielgruppen als attraktiver Arbeitgeber wahrgenommen zu werden. Die Anforderungen anderer Stakeholder, bspw. die Forderung nach einer hohen Rendite
seitens der Kapitalgeber werden nicht berücksichtigt. Selbstverständlich darf die
Employer Brand nicht widersprüchlich zu der Corporate Brand sein.

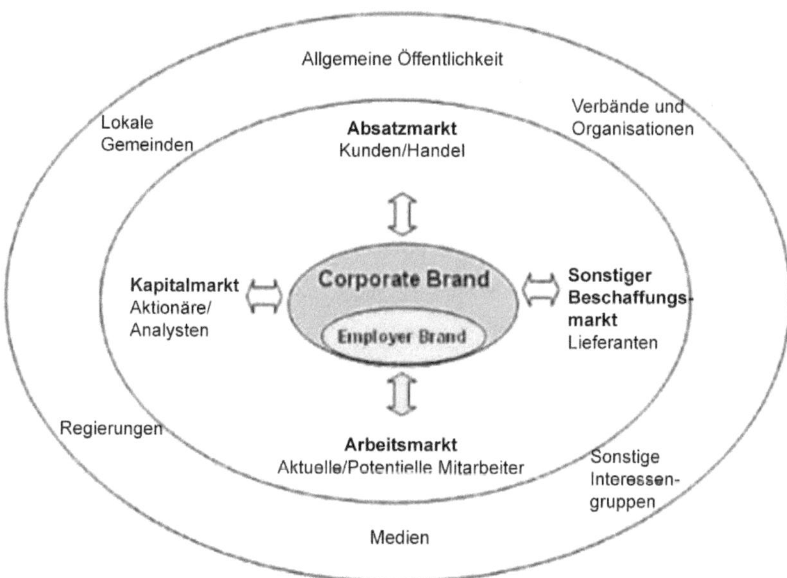

Abbildung 1: Abgrenzung Corporate Brand – Employer Brand
Quelle: Wiese, D. (2005), S.24.

2.3 Der identitätsorientierte Markenansatz

In der Wissenschaft haben sich verschiedene Ansätze entwickelt, wie
Markenführung betrieben werden kann. (Siehe Anhang 4) Bei diesen Ansätzen
handelt es sich jedoch nicht um konkurrierende Ansätze, sondern lediglich um
unterschiedliche Sichtweisen.[106] Aufgrund der großen Relevanz des identitätsorientierten Markenansatzes in Verbindung mit dem Employer Branding wird
dieser in der vorliegenden Arbeit näher betrachtet.

---

[105] Vgl. Stotz, W./ Wedel, A. (2009), S. 5.

[106] Vgl. Baumgarth, C. (2004), S. 23ff.

Der identitätsorientierte Markenansatz entstand in den 90er Jahren des vergangenen Jahrhunderts infolge der gestiegenen Anforderungen an eine moderne Markenführung. Gründe hierfür waren ein gestiegener Wettbewerb, die Beschleunigung des technologischen Wettbewerbs, sowie die Angleichung der Produkte. Ein anderer wesentlicher Punkt war der Wechsel des Marktes vom Verkäufer- zum Käufermarkt.[107] Aufgrund dieser Vielzahl von Veränderungen mussten neue Ansätze der Markenführung erscheinen. Auf dem klassischen Verkäufermarkt war es lediglich nötig, so viele Güter wie möglich zu produzieren und diese auf den Markt zu bringen. Da die Nachfrage höher als das Angebot ist, sind verkaufsfördernde Maßnahmen kaum notwendig. In unserer heutigen Zeit reicht das jedoch nicht mehr aus. Ein Produkt muss sich von den anderen abheben um auf den vielfach gesättigten Märkten bestehen zu können. Durch die demographische Entwicklung verändert sich der Arbeitsmarkt mittlerweile auch von einem Verkäufer- zu einem Käufermarkt, auf dem die High-Potentials Wahlfreiheit bzgl. der Arbeitgeberwahl haben.

Ein weiterer, nicht zu verachtender Grund ist, dass sich das Markenportfolio vieler Unternehmen geändert hat. Während in der früheren Zeit eine Markenzuordnung eindeutig war, wird es heutzutage zunehmend schwerer, eine Marke einem bestimmten Unternehmen zuzuordnen.[108] Ein gutes Beispiel hierfür liefert die Auto-mobilbranche. Kaum jemand kann sämtliche Marken des international agierenden VW Konzerns zuordnen (Audi, Seat, Skoda, Bentley, Bugatti etc.). Diese ehemals eigenständigen Marken sind zwar Teil des VW Konzerns, werden trotzdem noch als eigene Marke gehandelt. Die Identität der einzelnen Marken jedoch geht verloren, da häufig einzelne Betriebsteile zusammengelegt bzw. ganze Abteilungen geschlossen werden. Die älteren Ansätze konnten keine Lösungsansätze aufzeigen, wie mit diesen veränderten Rahmenbedingungen umgegangen werden soll. Sie waren lediglich auf die Nachfrageseite gerichtet und berücksichtigten nicht die Sicht der Anbieter. Dies verstärkte die Forderung nach einem zeitgemäßen Konzept der Markenführung.

Der identitätsorientierte Markenansatz erweitert die bestehende nachfrageorientierte Sichtweise um eine innengerichtete Perspektive. Dieser Wechsel von der außengerichteten (Outside-in) auf die innengerichtete (Inside-out) Sichtweise beschreibt neue Möglichkeiten der Markenführung. Den Mittelpunkt

---

[107] Vgl. Meffert, H./ Burmann, C. (2005), S. 230f.

[108] Vgl. Meffert, H./ Burmann, C. (2005), S. 31.

der Markengestaltung bildet nicht mehr das Fremdbild, die Fokussierung liegt auf dem Selbstbild des Unternehmens. Das Fremdbild ist dabei gleichzusetzen mit dem Markenimage, und des Selbstbild mit der Markenidentität. Diese beiden Sichtweisen interagieren auf verschiedenen Ebenen. Aus dem Markenimage ergibt sich ein Nutzenversprechen für die Zielgruppen. Dieses Nutzenversprechen muss dabei intern realisiert und umgesetzt werden, um die Erwartungen der Zielgruppen zu erfüllen. In der Außenwahrnehmung wird dieses Verhalten dann als Markenerlebnis beschrieben, wobei die Zielgruppen wie bspw. Bewerber dieses Verhalten mit dem Nutzenversprechen vergleichen.[109]

Dieses Fremd- und das Selbstbild weichen nicht selten voneinander ab. Selbst innerhalb eines Unternehmens unterscheidet sich oft das Selbstbild.[110] Das Ziel muss nun sein, diese Unterschiede zu eliminieren. Nur wenn das wahrgenommene Fremdbild mit dem Selbstbild übereinstimmt, ist eine erfolgreiche Markenführung möglich.[111] Somit müssen alle relevanten Bezugsgruppen angesprochen werden, um eine gemeinsame Basis zu schaffen. Diese Markenidentität bildet die Grundlage für die Bildung von Vertrauen der Zielgruppe. Ein hohes Vertrauen ist wiederum Grundlage einer langen Kundenbindung und Markentreue.[112]

In Bezug auf das Employer Branding steht demzufolge auch als erster Baustein die Bildung einer Unternehmensidentität im Vordergrund. Nur wenn das Unternehmen eine klare Identität aufbaut und diese auch in den Köpfen der Mitarbeiter verankert ist, kann eine erfolgreiche Positionierung als Arbeitgeber erfolgen. Ansatzpunkte können hierbei die Unternehmensphilosophie oder die Unternehmenskultur sein. Dabei müssen verschiedene Determinanten der Markenidentität berücksichtigt werden. Diese drei Determinanten sind: Kontinuität, Einzigartigkeit und Konsistenz.[113]

Die Einzigartigkeit beschreibt die eindeutige Differenzierung von der Konkurrenz. Was biete ich als Arbeitgeber, was die Mitbewerber nicht bieten können? Es soll im Endeffekt eine sogenannte Employer Value Proposition

---

[109] Vgl. Burmann, C. (2007), S. 56f.

[110] Vgl. Bauer, H. H. et al(2008), S. 6.

[111] Vgl. Blinda, L. (2007), S. 21ff, Petkovic, M. (2007), S. 68f.

[112] Vgl. Meffert, H. et al (2005), S. 11ff.

[113] Vgl. Ringle, T. (2006), S. 39f.

(EVP) geschaffen werden. Die Kontinuität wird erreicht, indem die nötigen Strukturen geschaffen werden, sowohl personell als auch materiell. Zur Erreichung der Konsistenz müssen sämtliche Aktivitäten aufeinander abgestimmt werden, um Widersprüche zu vermeiden.[114] Da die Employer Brand eine Facette der Corporate Brand ist, dürfen die Employer Brand Ziele nicht gegensätzlich zu den Unternehmenszielen sein. Erst wenn die Mitarbeiter von der Marke überzeugt sind und sich mit dieser identifizieren, besteht eine hohe Markenidentität und es kann eine einheitliche Markenführung erfolgen.

---

[114] Vgl. Baumgarth, C. (2004), S. 23f.3.

3 Der Employer Branding Prozess

Um einen Überblick über den Employer Branding Prozess zu erhalten bietet es sich an, zuerst ein Phasenschema zu erstellen.[115] In der Fachliteratur gibt es unterschiedliche Schemata, die sich hinsichtlich Detaillierungsgrad sowie Ausgestaltung unterscheiden.[116] Das folgende Phasenschema ist untergliedert in die Komponenten-Analyse, Planung, Umsetzung sowie Kontrolle. Ziel hierbei ist es, die unterschiedlichen Phasen des Employer Branding Prozesses darzustellen.

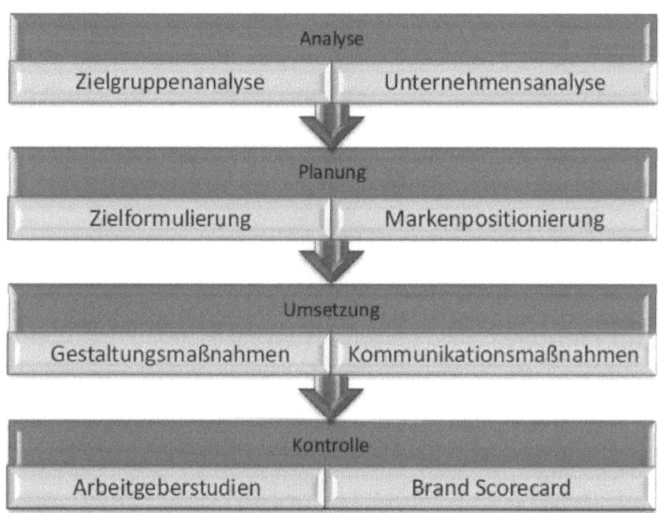

Abbildung 2: Phasenschema eines Employer Branding Prozesses
Quelle: Eigene Erstellung.

3.1 Die Analysephase als Voraussetzung eines erfolgreichen Prozesses

Der erste Schritt zur Implementierung einer Employer Brand ist die Analysephase. Die Analysephase liefert erste Erkenntnisse sowohl über das Unternehmen, als auch über die Umweltbedingungen. Eine fundierte Analyse ist wichtig, um schwerwiegende und kostenintensive Fehler zu vermeiden. Umso früher etwaige Fehler erkannt werden, desto leichter, schneller und somit kostengünstiger sind diese zu beheben. Häufig wird dieser Phase nicht genügend

---

[115] Vgl. Petkovic, M. (2008), S. 181ff.

[116] Vgl. Ebenda S. 181; Stotz, W./ Wedel, A. (2009), S. 89.

Aufmerksamkeit zugeteilt, was zu falschen Strategien führen kann. Deshalb ist die Analysephase eine der wichtigsten und entscheidendsten. Nachfolgend wird zwischen der Zielgruppenanalyse und der Unternehmensanalyse unterschieden.

3.1.1 Die Zielgruppenanalyse zur Identifizierung der Stärken und Schwächen

Bevor mit der Situationsanalyse des Unternehmens begonnen wird, empfiehlt es sich, eine Zielgruppenanalyse durchzuführen. Diese Zielgruppenanalyse erfolgt im Rahmen einer Marktsegmentierung. Marktsegmentierung bedeutet die „Aufteilung eines heterogenen Gesamtmarktes in homogene Teilmärkte anhand geeigneter Segmentierungskriterien.“[117] Das Ziel hierbei ist es, Informationen über die spezifischen Bedürfnisse der Zielgruppen zu erhalten, um die Unternehmenstätigkeiten speziell darauf auszurichten zu können. Im ersten Schritt erfolgt die Identifizierung und Bewertung der Segmente, bevor im nächsten Schritt geeignete Strategien für die jeweiligen Segmente erarbeitet werden können. Die Segmente müssen dabei so gewählt werden, dass sie sich zwar voneinander differenzieren, sie dürfen aber weder zu klein noch zu groß gewählt werden um eine sinnvolle Bearbeitung zu ermöglichen.[118]

Für den Employer Branding Prozess ist die Marktsegmentierung deshalb so wichtig, da hier das Fundament für die späteren Maßnahmen gelegt wird. Durch eine genaue Identifikation der Zielgruppen erhält das Unternehmen wichtige Informationen über die jeweiligen, unterschiedlichen Bedürfnisse und Wünsche. Darauf aufbauend lässt sich der gesamte Employer Branding Prozess effizienter und zielgerichteter durchführen. Ähnlich wie bei der Produktsegmentierung werden auch bei der Segmentierung des Arbeitsmarktes verschiedene Kriterien angewandt.[119] Es kann unterschieden werden zwischen geographischen (regionaler, nationaler oder internationaler Arbeitsmarkt), soziodemographischen (Alter, Geschlecht, Nationalität) oder psychographischen (persönliche Einstellung des Bewerbers) Kriterien. Besonders im Fall der soziodemographischen Kriterien sind bei den Kommunikationsmaßnahmen jedoch vielfältige Restriktionen des Allgemeinen Gleichbehandlungsgesetzes (AGG) zu berücksichtigen.

---

[117] Freter, H. (2008), S. 23.

[118] Vgl. Esch F.-R. (2009), S. 469.

[119] Vgl. Ebenda, S. 469f.

Die herkömmliche Einteilung der Kriterien in soziodemographische und psychographische ist in Bezug auf den Employer Branding Prozess jedoch nicht problemadäquat.[120] Deshalb empfiehlt es sich Kriterien zu wählen, die speziell auf die Segmentierung des Arbeitsmarktes zugeschnitten sind. Diese speziellen Kriterien können zeitlicher (Vollzeit, Teilzeit, Zeitpunkt der Arbeitsaufnahme), qualifikationsbezogener (Schulabschluss, Berufsausbildung, Berufserfahrung) oder fachlicher (technische, naturwissenschaftliche oder wirtschaftswissenschaftliche Berufe) Natur sein.[121] Selbstverständlich ist es nicht immer zwingend notwendig eine vollständige Segmentierung durchzuführen, jedoch empfiehlt es sich, zumindest über die Zielgruppen informiert zu sein. Eine erste, grobe Segmentierung erfolgt meistens in Form der Unternehmenszugehörigkeit, also in interne oder externe Zielgruppen.[122] Dieser Ansatz wird auch in dieser Arbeit weiter verfolgt.

Unter den internen Zielgruppen werden alle im Moment bei dem Unternehmen beschäftigten Mitarbeiter verstanden. Eine erneute Segmentierung ist hilfreich um diejenigen Zielgruppen herauszufiltern, die durch die Employer Branding Aktivitäten angesprochen werden sollen. Dies kann bspw. anhand ihrer Position im Unternehmen erfolgen. Eine einfache Segmentierung, die bei weitem nicht vollständig ist, könnte wie folgt aussehen: Auszubildende, Fachkräfte, Nachwuchsführungskräfte, Führungskräfte, Top-Manager. An diesem einfachen Beispiel ist gut zu erkennen, dass eine einheitliche Employer Branding Strategie ohne Zielgruppenanalyse nicht erfolgversprechend sein wird. Die Motive, Erwartungen und Anforderungen dieser Anspruchsgruppen sind schlicht zu unterschiedlich. So haben Auszubildende vollkommen andere Ansprüche an einen guten Arbeitgeber als Führungskräfte. Bedürfnisse, die speziell für diese Zielgruppe gelten sind bspw. eine gute Ausbildung und eine eventuelle Übernahme.

Um diese unterschiedlichen Vorstellungen identifizieren zu können bedarf es einer intensiven Mitarbeiterbefragung. Dies kann im Rahmen von Feedback- oder Personalgesprächen geschehen. Von entscheidender Bedeutung ist es, dass eine kontinuierliche Befragung über einen gewissen Zeitraum erfolgt. Spezielle Befragungen wie Exit-Befragungen ausgeschiedener Mitarbeiter können des

---

[120] Vgl. Süss, M. (1996), S. 176.

[121] Vgl. Stritzke, C. (2009), S. 149f.

[122] Vgl. Stotz, W./ Wedel, A. (2009), S. 96ff; Sponheuer, B. (2010), S. 155ff.

Weiteren besondere Fragen klären.[123] Da es aufgrund des angesprochenen soziodemographischen Wandels in naher Zukunft zu einem Fach- und Führungskräftemangel kommt, stehen diese Gruppen momentan im Fokus der meisten Employer Branding Aktivitäten.

Die zweite Zielgruppenart sind die externen Zielgruppen, also die potentiellen bzw. die ehemaligen Mitarbeiter. Diese stehen momentan in keinem Beschäftigungsverhältnis mit dem Arbeitgeber und sollen durch geeignete Maßnahmen auf das Unternehmen als Arbeitgeber aufmerksam werden, um es als Employer-of-Choice anzusehen. Genau wie bei den internen Zielgruppen muss auch hier eine erneute Segmentierung erfolgen um die Aktivitäten gezielt abstimmen zu können.

Externe Zielgruppen können sein: Schul- oder Hochschulabsolventen, Facharbeiter mit Berufserfahrung, Akademiker mit Berufserfahrung, ehemalige Mitarbeiter oder ausländische Arbeitskräfte. Eine weitere, oft vernachlässigte Zielgruppe ist die Öffentlichkeit, wie Berufsverbände oder Lehrpersonal an Schulen und Hochschulen. Diese sind deshalb wichtig, da diese als Multiplikator fungieren und potentielle Mitarbeiter in starkem Maße beeinflussen können[124] Auch diese unterschiedlichen Anspruchsgruppen haben selbstverständlich verschiedene Anforderungen an einen Arbeitgeber. Deshalb müssen im ersten Schritt die notwendigen Informationen gesammelt werden.

Die Sammlung der Informationen erfolgt in Form einer Marktforschung auf dem relevanten Markt. Nachfolgend wird unter Marktforschung die systematische Sammlung, Aufbereitung, Analyse und Interpretation von Daten verstanden.[125] Die kann sowohl als Primär- als auch als Sekundärforschung erfolgen. Ziel ist es die Kriterien herauszufinden, die für die gewünschte Zielgruppe einen Employer-of-Choice Arbeitgeber ausmachen und wie die tatsächliche Wahrnehmung ist. Dieser Vergleich zwischen dem Idealprofil und dem Wahrnehmungsprofil liefert dem Unternehmen wertvolle Informationen über die Stärken und Schwächen, mit dem Ergebnis, dass ein Stärken-Schwächen Profil erarbeitet werden kann.[126] (Siehe Anhang 5) Dieses Stärken-Schwächen Profil erlaubt einen zielgerichteten und erfolgreichen Employer Branding Prozess.

---

[123] 32 Vgl. Sponheuer, B. (2009), S. 162.

[124] Vgl. Stotz, W./ Wedel, A. (2009), S. 97f.

[125] Vgl. Kotler, P./ Bliemel, F. (2001), S. 198ff.

[126] Vgl. Petkovic, M. (2008), S. 183f.

Im Ergebnis der Zielgruppenanalyse müssen die relevanten Zielgruppen und die Intensität der Berücksichtigung dieser erfolgen. Da, wie oben erläutert, unterschiedlichste Anforderungen der Zielgruppen bestehen ist es wichtig, genau festzulegen, welche Zielgruppen in welchem Umfang berücksichtigt werden. Im weiteren Verlauf der Arbeit wird sowohl auf interne als auch auf externe Zielgruppen eingegangen, aufgrund der hohen Relevanz jedoch nur auf die jeweiligen Fach- und Führungskräfte.

3.1.2 Die Unternehmensanalyse zur Betrachtung der Umweltfaktoren

Im Anschluss an die Zielgruppenanalyse folgt die Unternehmensanalyse. Bezug nehmend auf die identitätsorientierte Markenführung müssen hierbei sowohl interne (Inside-Out) als auch externe (Outside-in) Faktoren beachtet werden.[127] Am Schluss soll eine genaue Situationsanalyse des Unternehmens geschaffen werden. Sowohl das Unternehmen als auch die externen Rahmenbedingungen müssen dabei Beachtung finden.

Unter unternehmensinternen Einflüssen werden diejenigen Einflussfaktoren verstanden, die durch das Unternehmen beeinflusst werden können. Hierunter fallen vor allem die Unternehmenskultur, -strategie, -organisation und -situation sowie die Produkt- und Unternehmensmarken.[128] Die Grundlage für sämtliche weitere Maßnahmen bildet die Unternehmenskultur mit der Vision. Hierbei geht es hauptsächlich darum, festzulegen welche Identität das Unternehmen erreichen möchte. Die Unternehmensvision wird von der obersten Managementebene vorgegeben und muss durch geeignete Maßnahmen vermittelt und umgesetzt werden. Da jedes Unternehmen eine unterschiedliche Geschichte und unterschiedliche Merkmale besitzt, ist auch die Unternehmenskultur jeweils unterschiedlich.

Besonders aus der Unternehmensstrategie ergeben sich wichtige Vorgaben für das Personalmanagement und somit für das Employer Branding.[129] Durch die Fokussierung auf bestimmte Geschäftsfelder, ergibt sich ein unterschiedlicher Bedarf an Anzahl und Qualifikation von gesuchten Mitarbeitern, welcher zu analysieren ist. Viele Restriktionen für das Employer Branding entstehen aus der Unternehmenssituation. Bei gesunden und schuldenfreien Unternehmen werden

---

[127] Vgl. Stotz, W./ Wedel, A. (2009), S. 92.

[128] Vgl. Stritzke, M. (2009). S. 136ff.

[129] Vgl. Sponheuer, B. (2009), S. 189.

Personalmarketingaktivitäten stärker betrieben als in zahlungsunfähigen oder gar insolventen Firmen. Die Unternehmenssituation führt des Weiteren zu einer unterschiedlichen Ausrichtung der Employer Branding Strategie. Im Fall einer hohen Fluktuation der Arbeitnehmer wird die Strategie eher darauf ausgerichtet sein, diese zu verringern und, vor allem Fach- und Führungskräfte, im Unternehmen zu halten. Zu der Unternehmenssituation kann auch die Historie des Unternehmens gezählt werden. Für Familienunternehmen mit einer langen Tradition ergeben sich gänzlich andere Maßnahmen als für junge Start-up-Unternehmen.

Sehr zu beachten bei der unternehmensinternen Analyse ist, wer diese durchführt. Falls interne Kräfte, wie die Geschäftsführung oder leitende Mitarbeiter, diese Aufgabe übernehmen, kann schnell ein falsches Bild des Unternehmens entstehen. Da viele Mitarbeiter emotional an das Unternehmen gebunden sind, tendieren sie dazu, die Lage zu beschönigen. Auch kann es bei langjährigen Mitarbeitern vorkommen, dass sie Details gar nicht mehr sehen. Deshalb empfiehlt es sich, zumindest bei der unternehmensinternen Analyse, einen externen Berater mit der Analyse zu beauftragen.[130] Dieser hat einen objektiven Blick und kann helfen, schon in dieser frühen und sehr wichtigen Phase, schwerwiegende Fehler zu vermeiden. Auch wenn externe Berater anfangs Kosten verursachen, so ist der Einsatz doch von Vorteil. Fehler in der Analyse, die diese Berater vermeiden, werden ansonsten später viel schwieriger und kostenintensiver zu beheben sein.

Zur Informationsbeschaffung können unternehmensinterne Dokumente wie Strategiepapiere, oder öffentliche Dokumente wie Geschäftsbereiche oder Personalberichte genutzt werden.[131] Darüber hinaus empfiehlt es sich Mitarbeiterbefragungen durchzuführen, um ein genaueres Bild über die einzelnen Abteilungen zu erhalten. In Bezug auf den identitätsorientierten Markenansatz ist es wichtig, zu erkennen, ob eine Unternehmensidentität vorherrscht bzw. ob diese von den Mitarbeitern angenommen wird.

Unternehmensexterne Einflussfaktoren sind diejenigen, auf die das Unternehmen keinen unmittelbaren Einfluss hat. Die wichtigsten externen Einflussfaktoren sind: die wirtschaftliche Entwicklung, die Wettbewerbs-

---

[130] Vgl. Stotz, W./ Wedel, A. (2009), S. 93.

[131] Vgl. Ebenda, S. 93f.

intensität sowie gesellschaftspolitische Einflussfaktoren.[132] Das Unternehmen hat fast keine Möglichkeiten auf diese Faktoren, bspw. die demographische Entwicklung, einzuwirken. Die konjunkturelle Lage kann als Einflussfaktor gesehen werden, in welchem Umfang Anstrengungen getätigt werden, um Arbeitskräfte zu halten oder zum Eintritt in das Unternehmen zu bewegen.[133] Im Falle einer positiven volkswirtschaftlichen Lage werden eher Aktivitäten getätigt, die auf die Beschaffung von Arbeitskräften abzielen. Eine positive wirtschaftliche Entwicklung führt dazu, dass die Nachfrage nach Arbeitskräften steigt. In Folge dessen müssen die Unternehmen Ihre Employer Branding Aktivitäten erhöhen, um sich von den Wettbewerbern zu differenzieren und als attraktiver Arbeitgeber aufzutreten. Ein häufiger Fehler ist jedoch, bei einer Rezession zuerst an den Personalmarketingausgaben zu sparen und die Employer Branding Aktivitäten zu reduzieren. In eine ähnliche Richtung schlagen die gesellschaftspolitischen Einflussfaktoren. Der angesprochene demographische Wandel führt zu einem geringeren Angebot an Fach- und Führungskräften und muss bei den weiteren Überlegungen berücksichtigt werden. Da die Gesellschaft immer älter wird, und somit auch das Renteneintrittsalter steigt, stehen Maßnahmen zur Work-Life-Balance sowie zur altersgerechten Arbeit momentan hoch im Kurs.

Selbstverständlich muss auch die Konkurrenz beobachtet werden. Ein hoher Wettbewerb in einem Segment führt dazu, dass grundsätzlich weniger Arbeitnehmer zur Verfügung stehen. Deshalb ist es wichtig, dass durch Analysen die jeweiligen Konkurrenten zuerst identifiziert werden, um im nächsten Schritt deren spezifische Eigenschaften zu durchleuchten. Häufig ähneln sich die Unternehmen in Bezug auf die personalpolitischen Merkmale, es gibt aber große Unterschiede hinsichtlich des Images oder der Unternehmenskultur.[134] Wichtig ist es auch, über die Employer Branding Maßnahmen der Wettbewerber informiert zu sein, um die eigenen Aktivitäten darauf abzustimmen. Ein häufiger Fehler, den vor allem mittelständische Betriebe begehen, ist dabei die Employer Branding Aktivitäten eines Großunternehmens zu kopieren oder zumindest stark anzulehnen.[135] Da eine Determi-

---

[132] Vgl. Ebenda, S. 94f.

[133] Vgl. Stritzke, M. (2009), S. 147f.

[134] Vgl. Stritzke, M. (2009), S. 154f.

[135] Vgl. Furkel, D. (2007), S. 66.

nante des identitätsbasierten Markenansatzes jedoch die Einzigartigkeit ist (Siehe Abschnitt 2.3), ist dies kontraproduktiv.

Die Informationsbeschaffung zu externen Einflussfaktoren kann auf vielfältige Weise erfolgen. Zu der allgemeinen Konjunkturlage oder zu der gesellschaftspolitischen Situation werden regelmäßig Studien veröffentlicht, die häufig frei zugänglich sind. Unternehmen, denen diese Informationen nicht reichen, können darüber hinaus noch eigene Trendszenarien entwickeln oder entwickeln lassen. In Bezug auf die Wettbewerbsintensität ist es nicht ganz so einfach. Es bedarf einer genauen und langfristigen Beobachtung der relevanten Wettbewerber um die jeweiligen Strategien zu erkennen und darauf reagieren zu können. Nach Abschluss der Unternehmensanalyse muss das Unternehmen wissen, wie es hinsichtlich verschiedener Kriterien am Arbeitsmarkt dasteht. Wird das Unternehmen eher als innovativ oder traditionsbewusst angesehen, hat es bestimmte Besonderheiten, wie sind die Karrierechancen etc.

3.2 Die Planungsphase als Basis der weiteren Maßnahmen

Auf die Analysephase folgt die Planungsphase. Auch dieser Phase wird oftmals nicht genügend Aufmerksamkeit geschenkt. Dabei ist sie mindestens ebenso wichtig wie die anderen Phasen. Nur Unternehmen, die Ihre Ziele definiert haben, können sich richtig positionieren und ihre Maßnahmen dementsprechend ableiten.

3.2.1 Die Zielformulierung – Bildung einer Markenidentität

Aufbauend auf den in der Analyse gewonnenen Erkenntnissen, erfolgt eine Zielformulierung. Hierbei werden die Zielgrößen, die Wirkungen und Beziehungen zwischen den Zielen festgelegt. Da die Employer Brand, wie in Abschnitt 2.2 erläutert, ein Teilbereich der Corporate Brand ist, darf die Zielausrichtung dieser nicht in Widerspruch zu den Gesamtzielen des Unternehmens stehen.[136] Vielmehr sollten sich die Employer Brand Ziele aus den Unternehmenszielen ableiten und sich mit diesen vernetzen. Eine eindeutige Zielformulierung ist von großer Bedeutung, da die Ziele den Grundstein für die weitere Planung und Strategie liefern. Da jedes Unternehmen verschiedene Gesamtziele hat, sind auch die Employer Branding Ziele von Unternehmen zu Unternehmen unterschiedlich. Die Ziele müssen inhaltlich konkretisiert sowie der Realisierungszeitraum und die entsprechenden Maßnahmen bestimmt

---

[136] Vgl. Wiese, D. (2005), S. 48.

werden.[137] Schon zu diesem frühen Zeitpunkt zeigt sich, dass eine intensive Analyse wichtig ist, da die Ziele auf die jeweiligen Zielgruppen abgestimmt sein müssen. (Siehe Anhang 6)

Im Rahmen des identitätsorientierten Markenansatzes ist das Hauptziel die Bildung einer eindeutigen Arbeitgeberidentität, sowohl innerhalb als auch außerhalb des Unternehmens. Die Identität, die erreicht werden soll, wird mit Soll-Identität bezeichnet. Zu Beginn ist dabei zu untersuchen, ob schon eine Arbeitgebermarke besteht oder eine gänzlich neue aufgebaut werden soll.[138] Der wesentliche Unterschied zwischen diesen zwei Varianten ist, dass bei einer bestehenden Arbeitgebermarke schon Assoziationen mit dem Unternehmen vorliegen, die sowohl positiv als auch negativ sein können.

Grundsätzlich ist der Aufbau einer neuen Marke einfacher, da sich die potentiellen Zielgruppen noch kein Urteil über das Unternehmen als Arbeitgeber bilden konnten. Der Aufbau einer neuen Arbeitgebermarke ist aber nur schwer denkbar. Die Möglichkeit besteht nur, wenn ein Unternehmen neu gegründet wird bzw. neu als Arbeitgeber auftritt.[139] Neu als Arbeitgeber auftreten kann ein Unternehmen, indem es bspw. expandiert und in einem neuen Land eine Niederlassung gründet. Wenn schon eine Arbeitgebermarke existiert ist es sehr wichtig, dass eine interne Markenidentität erzeugt wird. Die gewünschte Arbeitgebermarke muss sich nicht zuletzt im Verhalten der Mitarbeiter widerspiegeln. Deshalb sollen die Führungskräfte von den Mitarbeitern ein markenkonformes Verhalten fordern dürfen.[140] Dieses markenkonforme Verhalten wird in dem Begriff Behavioral Branding zusammengefasst.

Der nächste Schritt besteht darin herauszufinden, wie die gegenwärtige Identität aussieht, und ob es Abweichungen gibt, bzw. wie groß die Abweichungen zu der Soll-Identität sind. Um diesen Zusammenhang besser verstehen zu können, ist es hilfreich herauszufinden, wie die Identitätsbildung funktioniert. Zur Ermittlung und zum Aufbau der Markenidentität als Arbeitgeber hat sich die Verwendung des Markensteuerrades (Siehe Abbildung 3) bewährt.[141]

---

[137] Vgl. Wolf. M. U. (2010), S. 15.

[138] Vgl. Wiese, D. (2005), S. 50.

[139] Vgl. Simon, H. et al (1995), S. 157.

[140] Vgl. Grbavac, M. (2009), S. 64.

[141] Vgl. Esch F.-R. (2010), S. 101 ff; Buckesfeld, Y. (2010), S. 43f; Wiese, D. (2005), S. 52f.

Abbildung 3: Das Markensteuerrad als Identitätsansatz
Quelle: In Anlehnung an: Esch, F.-R. (2010), S.102.

Zwar liegen zur Erfassung der Identität einer Arbeitgebermarke viele verschiedene Modelle vor,[142] jedoch berücksichtigen die meisten dieser Modelle nicht die Trennung der rationalen und emotionalen Markenelemente hinsichtlich der Bildung einer Identität. Die Bildung einer Markenidentität geschieht im Gehirn der Bezugsgruppen. Das Markensteuerrad beruht auf der Funktionsweise des menschlichen Gehirns. Aufgrund seiner plastischen Darstellung ist es gut geeignet um die rationalen und emotionalen Merkmale bei der Identitätsbildung einfach zu beschreiben. Die linke Hälfte des Gehirns ist sprachlich rational geprägt, die rechte Hälfte dagegen bildhaft-emotional. Zur Bildung einer

---

[142] Vgl. Esch, F.-R (2010), S. 96ff.

Markenidentität müssen zum Schluss beide Seiten miteinander vernetzt sein, um eine Marke zu identifizieren.[143]

Demselben Prinzip folgt das Markensteuerrad, auf der linken Seite stehen die harten Fakten einer Marke. Hier werden die sachlich rationalen Merkmale der Marke wiedergegeben. Die Markenkompetenz bezieht sich vor allem auf die Historie bzw. die Herkunft der Marke oder die Rolle im Markt. Auch hier lässt sich wieder gut erkennen, dass von Unternehmen zu Unternehmen andere Strategien angewendet werden müssen, da jedes Unternehmen aufgrund seiner unterschiedlichen Historie eine andere Identität aufweist. Das Markenversprechen / der Markennutzen zeigt den rationalen Nutzen der Marke auf.[144] Hierbei entsteht die Fokussierung auf die verschiedenen Bezugsgruppen, im Employer Branding Prozess auf die (potentiellen) Arbeitnehmer.

Auf der rechten Seite folgen die weichen Fakten. Dabei geht es um die emotionalen Merkmale einer Marke. Unter der Markentonalität werden die Emotionen und Gefühle, die mit einer Marke verknüpft werden, verstanden. Hierzu zählen Markenbeziehungen oder Markenerlebnisse. Das Markenbild als letzter Faktor wird im Wesentlichen durch Kommunikationsmaßnahmen geprägt.[145] Durch die Aufteilung in die vier Quadranten wird sichergestellt, dass sämtliche Aspekte einer Marke angesprochen werden und ob diese sich unterstützen oder behindern.[146] Durch das einfache Erscheinungsbild kann das Markensteuerrad sehr gut zur Anschaulichkeit verwendet werden, um die gegenwärtige Identität festzustellen. (Siehe Abbildung 4) Durch diese Identifikation können die weiteren Maßnahmen so abgestimmt werden, dass die gewünschte Soll-Identität entsteht.

---

[143] Vgl. Kroeber-Riel, W. et al (2009), S. 57ff.

[144] Vgl. Esch, F.-R. et al (2006), S. 64f.

[145] Vgl. Ebenda, S. 68f.55 Vgl. Wiese, D.(2005), S. 51f.

[146] Vgl. Wiese, D. (2005), S. 51 f.

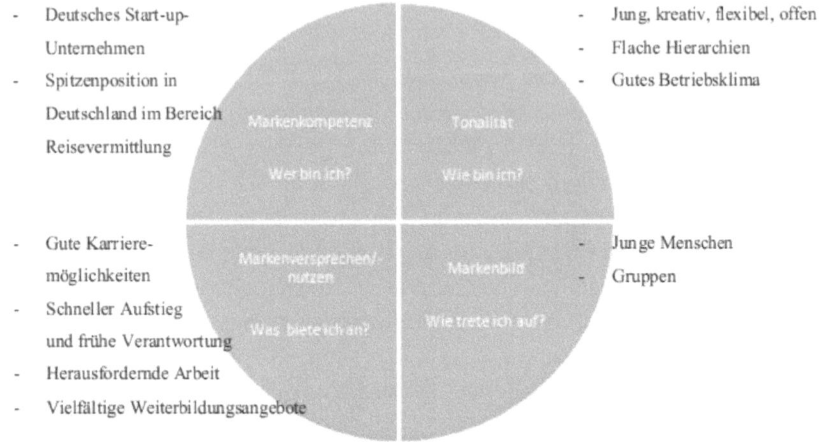

Abbildung 4: Markensteuerrad am Beispiel der Unister Holding GmbH
Quelle: Eigene Erstellung.[147]

3.2.2 Die Markenpositionierung zur Abgrenzung gegenüber der Konkurrenz

Nachdem die Soll-Identität festgelegt wurde, erfolgt die Markenpositionierung auf dem relevanten Markt. Die Markenidentität bildet hierbei das Fundament, auf das die Markenpositionierung aufbaut. Die Markenpositionierung dient zur Differenzierung der eigenen Marke von den Wettbewerbern. Dabei muss die gewünschte Positionierungseigenschaft den Wünschen der Zielgruppe entsprechen. Um eine erfolgreiche Markenpositionierung zu gewährleisten, muss die Positionierung auf die wichtigsten Merkmale reduziert werden.[148] Diese Reduzierung führt dazu, dass eine eindeutigere Positionierung erleichtert und die Kommunizierbarkeit verbessert wird.

Zur Gestaltung einer Arbeitgebermarke werden in der Markenpositionierung wichtige Entscheidungen getroffen, denn diese bestimmt die Grundausrichtung des Arbeitgebers in der Ausgestaltung der Personalpolitik.[149] Eine fundierte Analyse ist hierbei von entscheidendem Vorteil. Nur wenn das Unternehmen die Wünsche und Bedürfnisse der Zielgruppen identifiziert hat und auch seine

---

[147] Zu den Informationen, die dieser Abbildung zu Grunde liegen: Vgl Unister Holding GmbH (2011, a)

[148] Vgl. Esch, F.-R. et al (2006), S. 90.

[149] Vgl. Petkovic, M. (2008), S. 190.

eigenen Stärken und Schwächen kennt, kann die Markenpositionierung erfolgversprechend verlaufen. Diese bessere Befriedigung der Wünsche der Zielgruppen führt dazu, dass die Arbeitgeberattraktivität und das Image verbessert werden. Das Image beeinflusst, in Verbindung mit der Identität und der Positionierung der Wettbewerber, die eigene Positionierung. (Siehe Anhang 7) Ziel ist es, sich positiv als Arbeitgeber von anderen Arbeitgebern zu differenzieren. "Dieser Positionierungszustand wird im Rahmen des Employer Branding als Employer-Value-Proposition bezeichnet."[150] Um diese EVP zu besitzen, muss die Arbeitgebereigenschaft den Bedürfnissen der Zielgruppe entsprechen und die Wettbewerber dürfen nicht über dieselben EVP verfügen.

Bei der Markenpositionierung ist zu beachten, dass eine realistische und zu der Identität passende Positionierung gewählt wird.[151] Eine unehrliche Positionierung als Arbeitgeber führt schnell zu Problemen. Zwar würde kurzzeitig eine geschönte Positionierung zu höheren Bewerberzahlen führen, langfristig jedoch würden die Mitarbeiter diese Falschaussage erkennen und dem Unternehmen negativ anrechnen. Deshalb ist es besser, eine realistische und authentische Markenpositionierung vorzunehmen, als eine unrealistische. Eine fehlerhafte Positionierung führt nur dazu, dass die Glaubwürdigkeit als Arbeitgeber sinkt.

Da der Aufbau einer Arbeitgebermarke ein sehr zeitaufwendiger Prozess ist, muss die Positionierung langfristig erfolgen.[152] Die Positionierung darf nicht nur auf kurzfristige und aktuelle Entwicklungen ausgelegt sein. Vielmehr sollten aktuelle Trends beobachtet, und wenn abzusehen ist, dass diese auch in Zukunft aktuell sind, in den Prozess einbezogen werden. Darüber hinaus sollten zukünftige Entwicklungen durch Trendforschungen vorhergesagt werden, um sich schon im Vorfeld positionieren zu können. Diese Positionierung vor den Konkurrenten kann erhebliche Wettbewerbsvorteile generieren, da dieser Zeitvorsprung kaum wieder einzuholen ist.

---

[150] Petkovic, M. (2008), S. 191. Der Begriff der Employer-Value-Proposition hat seinen Ursprung im Marketing und beruht auf den Alleinstellungsmerkmalen der Produkte, den sogenannten Unique-Selling-Proposition (USP).

[151] Vgl. Stotz, W. / Wedel. A. (2009), S. 103.

[152] 61 Vgl. Ebenda, S. 103.

3.3 Die Umsetzungsphase im Fokus der Employer Branding Aktivitäten

Das Hauptaugenmerk vieler Employer-Branding Aktivitäten der Unternehmen liegt in den konkreten personalpolitischen Maßnahmen, die durchgeführt werden. Für den zielgerichteten Aufbau eines Markenimages sind die entsprechenden personalpolitischen Konzepte und Instrumente auszuwählen. Es kann unterschieden werden in Maßnahmen zur Gestaltung und Maßnahmen zu Kommunikation.

3.3.1 Maßnahmen zur Gestaltung

Zu Maßnahmen zur Gestaltung gehören sämtliche Aktivitäten des Arbeitgebers, die im Rahmen der Leistungs- und Entgeltpolitik der Zielgruppe angeboten werden. Durch sie will sich der Arbeitgeber von den Wettbewerbern differenzieren. Im Sinne der identitätsorientierten Markenführung wird im Rahmen der Maßnahmen zur Gestaltung die entwickelte Identität der Employer Brand sichtbar gemacht.[153] Die Maßnahmen zur Gestaltung bilden die Grundlage für die Maßnahmen der Kommunikation, da nur das kommuniziert werden kann, was auch tatsächlich vorherrscht.

Die leistungspolitische Gestaltung beinhaltet sowohl personalpolitische als auch managementorientierte Konzepte. Folgende Facetten zählen zu den zentralen personal-politischen Gestaltungsfeldern:

- Flexibilitätsregelungen, Gleichstellung, Ausbildung und Traineeprogramme, Gesundheitsmanagement, Mitbestimmung, Freiwilligenarbeit
- Personalbestandsentwicklung, Wissensmanagement, Weiterbildung, Commitment, Arbeitsumfeld[154]

Nicht alle leistungspolitischen Maßnahmen sind ebenso erfolgversprechend wie andere. Während einige Maßnahmen von den Zielgruppen als wichtig empfunden werden, und auch innerhalb des Unternehmens zu einer Leistungssteigerung führen, sind andere nicht so erfolgreich. Deshalb ist es ratsam eine Einteilung der Leistungskompetenzen und –qualitäten in Hygienefaktoren und Motivatoren vorzunehmen.[155] (Siehe Abbildung 5) Beide Bereiche sind von entscheidender Bedeutung. Verschiedene Studien haben ergeben, dass sowohl

---

[153] Vgl. Wiese, D. (2005), S. 61.

[154] Vgl. Petkovic, M. (2008), S. 199.

[155] Vgl. Ebenda, S. 199ff.

Motivatoren als auch Hygienefaktoren einen großen Anteil bei der Arbeitgeberwahl besitzen. (Siehe Anhang 8) Auch diese Studien machen deutlich, dass eine intensive Analyse wichtig ist, da es signifikante Unterschiede bei der Präferenz der Maßnahmen gibt.

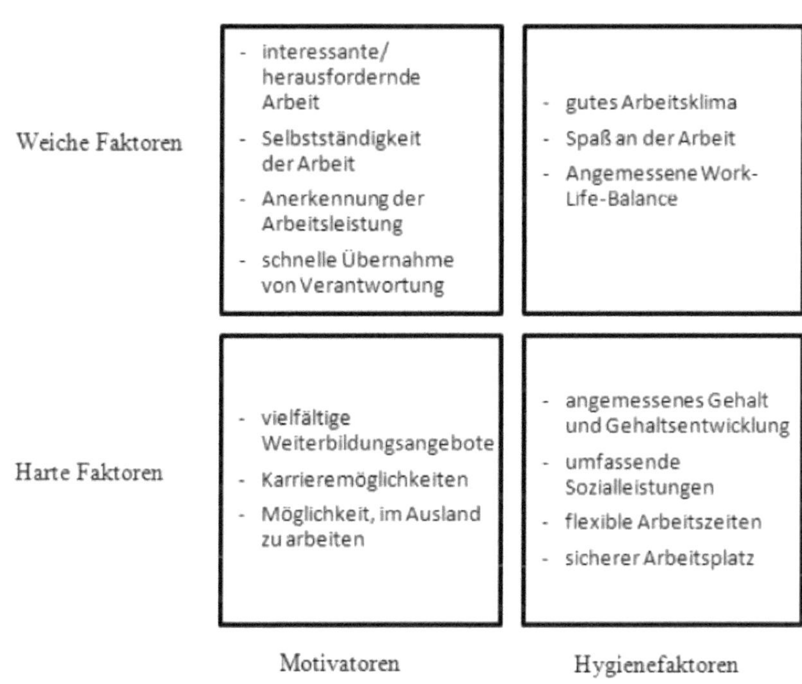

Abbildung 5: Motivatoren und Hygienefaktoren
Quelle: In Anlehnung an: Petkovic, M. (2008), S.105.

Unter Motivatoren werden die Maßnahmen verstanden, die dazu beitragen, dass eine Zufriedenheit entsteht und eine Leistungssteigerung erfolgt. Motivatoren wirken langfristig und dauerhaft.[156] Diese Motivatoren können unterteilt werden in harte und weiche Motivatoren, der Unterschied hierbei besteht darin, dass harte Motivatoren durch geeignete Maßnahmen gefördert werden können. Weiche Motivatoren hingegen lassen sich nicht immer beeinflussen, meistens entstehen sie einfach.

---

[156] Vgl. Albs, N. (2005), S. 46.

Die Gestaltung der Arbeitsaufgabe ist der zentrale Punkt der weichen Motivatoren. Bei den weichen Motivatoren spielen die direkten Vorgesetzten eine entscheidende Rolle. Sie müssen dafür sorgen, dass die zugeteilten Aufgaben genau den Anforderungen der Zielgruppe entsprechen. Eine interessante und abwechslungsreiche Arbeit wird häufig als Grund genannt, einen Arbeitgeber zu wählen. Da die Aufgabengestaltung eine so wichtige Rolle spielt, sollte der Stellen- und Aufgabendefinition im Unternehmen eine hohe Aufmerksamkeit zuteilwerden.[157] Zur Gestaltung der Arbeitsaufgabe zählt, dass die Aufgabe interessant und herausfordernd ist. Jedoch darf die Aufgabe den Mitarbeiter auch nicht überfordern, da es ihm so nur schwer möglich sein wird, diese erfolgreich zu bearbeiten. Auch potentielle Mitarbeiter, wie bspw. Praktikanten sollten nicht ausschließlich unterfordernde Aufgaben zugeteilt werden. Ein Praktikant, der während seines Praktikums nur Kaffee kochen oder die Ablage sortieren musste, wird später bei der Arbeitsplatzsuche wohl nicht diesen Arbeitgeber präferieren.

Eine hohe Eigenverantwortung für die Arbeit ist ebenso wichtig. Aufgaben, die selbstständig und eigenverantwortlich bearbeitet und gelöst werden, wirken sich positiver auf die Zufriedenheit aus, als Aufgaben, bei denen der Vorgesetze den Hauptteil erledigt. Die Anerkennung der Leistung ist ebenso wichtig, häufig wird dies jedoch vernachlässigt. Da es in Deutschland zur Mentalität gehört, dass schlechte Ergebnisse kritisiert, und gute Leistungen nicht ausreichend honoriert werden, kann hierdurch die Motivation der Mitarbeiter deutlich gesteigert werden. Diese Maßnahmen bereiten dem Arbeitgeber keine signifikanten Kosten. Lediglich eine intensive Schulung der Führungskräfte ist nötig.

Zu den harten Motivatoren zählt vor allem das Angebot an Weiterbildungsmöglichkeiten. Weiterbildungsmöglichkeiten sind seit längerer Zeit ein wichtiger Faktor bei dem akademischen Nachwuchs und sind deshalb für die Unternehmen unverzichtbar.[158] Die Notwendigkeit ergibt sich schon allein daraus, dass der technologische Fortschritt immer rasanter vonstattengeht und ein lebenslanges Lernen erfordert. Jedoch ist nicht nur das Vorhandensein von Angeboten wichtig. Es nützt nichts, wenn vielfältige Weiterbildungen angeboten werden, diese dabei aber nicht eine angemessene Qualität gewährleisten. Um

---

[157] Vgl. Petkovic, M. (2008), S. 201.

[158] Vgl. Buckesfeld, Y. (2010), S. 48.

eine entsprechende Qualität sicher zu stellen empfiehlt es sich, professionelle Dozenten einzuladen und diese auch mit dem notwendigen Equipment auszustatten.[159] Ein vielfältiger und qualitativ hochwertiger Katalog an Weiterbildungen stellt eine gute Differenzierungsmöglichkeit als Arbeitgeber für das Unternehmen dar.

Des Weiteren sollten in dem Unternehmen Möglichkeiten geschaffen werden, dass eine Teilnahme so unkompliziert wie möglich ist. Eine gute Möglichkeit ist die Einrichtung von ELearning (Electronic-Learning) Angeboten. Diese Art „bewirkt eine zeitliche und räumliche Flexibilisierung und verschafft dem Mitarbeiter eine hohe Unabhängigkeit bei der Umsetzung der Weiterqualifizierung."[160] Im Falle, dass E-Learning nicht möglich ist, sollten Ort und Zeitpunkt der Veranstaltung so gewählt werden, dass für den Mitarbeiter ein möglichst geringer Aufwand entsteht. Hierunter könnte bspw. zählen, dass der Mitarbeiter für den Zeitraum der Weiterbildung freigestellt wird und keinen Urlaub nehmen muss. Darüber hinaus ist es angemessen, wenn der Arbeitgeber sich an den Kosten (Seminarkosten, Unterkunft, Verpflegung, Fahrtkosten) beteiligt oder dieses ganz übernimmt.

Ein weiterer harter Motivator sind die Karrierechancen. Diese stehen in enger Verbindung mit den Weiterbildungsmöglichkeiten. Durch die angebotenen Weiterbildungen steigen die Karrierechancen der Mitarbeiter. In Abhängigkeit der Aufgaben und der Fähigkeiten der Mitarbeiter muss das Unternehmen hierbei die Karrierewege zwischen Fach-, Führungs-, und Projektlaufbahn unterteilen.[161] Besonders für die Nachwuchsführungskräfte sind Traineeprogramme oder ähnliche Maßnahmen von enormer Bedeutung und für den Arbeitgeber eine gute Möglichkeit diese Zielgruppe zu erreichen. Die Möglichkeit im Ausland zu arbeiten hat nicht einen so großen Stellenwert, die Möglichkeit sollte nichtsdestotrotz angeboten werden. In großen Unternehmen sind die Möglichkeiten im Ausland tätig zu sein natürlich größer als in kleinen und mittelständischen Unternehmen.

Hygienefaktoren sind diejenigen Faktoren, die lediglich den Grad der Unzufriedenheit beeinflussen. Sie erzeugen keine Zufriedenheit, es kann maximal eine Unzufriedenheit vermieden werden. Hygienefaktoren wirken nur

---

[159] Vgl. Petkovic, M. (2008), S. 201.

[160] Petkovic, M. (2008), S. 202.

[161] Vgl. Ebenda, S. 202.

kurzfristig.[162] Auch hierbei ist es wieder vorteilhaft zwischen weichen und harten Hygienefaktoren zu unterscheiden. Der wichtigste Hygienefaktor ist ein gutes Betriebsklima, diesem wird von potentiellen Mitarbeitern die größte Bedeutung zugemessen. Unter einem guten Betriebsklima kann das Verhalten zwischen den Führungskräften und dem Mitarbeitern im Unternehmen verstanden werden. Um dieses Verhalten zu beeinflussen, empfiehlt es sich gemeinsame Werte und Richtlinien hinsichtlich der Personalführung zu vereinbaren. Einem guten Betriebsklima ist eine hohe Aufmerksamkeit zu widmen, da es ein sogenanntes K.O.-Kriterium bei der Wahl des Arbeitgebers sein kann.[163] In direktem Zusammenhang mit dem Betriebsklima steht der Spaß an der Arbeit. Nur wenn ein gutes Betriebsklima vorherrscht werden die Mitarbeiter Spaß an der Arbeit haben.

Zu einem guten Betriebsklima gehört, dass ein gegenseitiger Respekt vorhanden ist. Mitarbeiter, die sich von der Führungskraft nicht respektiert fühlen, werden nicht die Leistung bringen, zu der sie fähig sind. Genauso muss die Führungskraft akzeptiert und respektiert werden, um eine erfolgreiche Arbeit zu gewährleisten. Auch der Respekt der Mitarbeiter untereinander ist wichtig. Mobbing darf in einem Unternehmen unter keinen Umständen toleriert werden, da sowohl die Arbeitsleistung sinkt als auch rechtliche Konsequenzen folgen können. Wichtig für ein gutes Betriebsklima ist darüber hinaus eine offene Kommunikation. Die Mitarbeiter müssen über die wichtigen Ereignisse im Unternehmen informiert werden und sich mit einbeziehen. Dies kann in Form von Teammeetings oder durch Einzelgespräche geschehen. Eine weitere aktuelle Maßnahme um das Betriebsklima zu steigern sind die Teamevents. Diese Teamevents können verschiedenster Art sein. Angefangen von Sommerfesten, gemeinsamen Radtouren bis hin zu Ausflügen im Kletterwald oder in Motivationscamps. Im Rahmen der Teamevents soll der Zusammenhalt und die Kommunikation der Mitarbeiter gefördert werden um das Arbeitsklima zu verbessern.

Die Möglichkeit in einem Unternehmen das Berufs- und das Privatleben in ein Gleichgewicht zu bringen, hat in den letzten Jahren stark an Bedeutung gewonnen.[164] Allein aufgrund des demographischen Wandels sind diese

---

[162] Vgl. Albs, N. (2005), S. 46.

[163] Vgl. Petkovic, M. (2008), S. 200.

[164] Vgl. Ebenda, S. 200.

Maßnahmen ein unverzichtbarer Teil, um sich als Arbeitgeber zu positionieren. Hierunter zählen sämtliche Aktivitäten des Unternehmens, um die Work-Life-Balance zu erhöhen. Dies kann im Rahmen flexibler Arbeitszeitregelungen oder der Einführung von Sport- und Freizeitmöglichkeiten geschehen. Auch dem demographischen Wandel geschuldet sind Maßnahmen zur Förderung älterer Arbeitnehmer. Eine weitere Möglichkeit um sich besonders bei berufstätigen Eltern zu profilieren, ist die Einrichtung von Kinderbetreuungsangeboten. Neben der guten Differenzierungsmöglichkeit als familienfreundlicher Arbeitgeber kann die Einführung einer Kinderbetreuung zu Kosteneinsparungen im Unternehmen führen.[165]

Zu den harten Hygienefaktoren sind neben dem Gehalt sämtliche weitere monetäre Anreize zu verstehen. Diese sind nicht jedoch nicht so ausschlaggebend für die Arbeitgeberwahl wie oftmals angenommen. Da das Gehalt sowie die Gehaltsentwicklung als Hygienefaktor aber eine Unzufriedenheit auslösen kann, gehört eine angemessene Entgeltpolitik zu den Maßnahmen des Markenmanagement eines Arbeitgebers.[166] Eine Positionierung als Arbeitgeber der große Bonuszahlungen oder Sozialleistungen anbietet, kann trotzdem ein großer Attraktivitätsfaktor sein. Häufig hat das Unternehmen beim Kriterium hohes Gehalt jedoch keinen großen Spielraum, sei es aufgrund von Tarifvereinbarungen oder der wirtschaftlichen Lage des Unternehmens.[167] Natürlich müssen diese Bonuszahlungen angemessen sein. Falls immense Summen ausgezahlt werden, auch wenn das Unternehmen rote Zahlen schreibt, kann das Image negativ beeinflusst werden.

Die Arbeitsplatzsicherheit ist ein weiterer nicht zu unterschätzender Faktor bei der Arbeitgeberprofilierung. Dieser Faktor ist entscheidend von der wirtschaftlichen Entwicklung abhängig. Der Wunsch nach einem sicheren Arbeitsplatz

---

[165] Die Commerzbank hat im Sommer 2005 eine Kindertagesstätte in Frankfurt am Main errichtet. Diese betreut 90 Kinder und verursachte durchschnittlich 571.000 € an Kosten pro Jahr, die Kosteneinsparungen hingegen wurden auf durchschnittlich 702.000 € pro Jahr beziffert, was zu einer Kostensenkung von ca. 131.000 € führte. Die Kosteneinsparungen sind darauf zurückzuführen, dass die Arbeitszufriedenheit steigt, was wiederum zu einer höheren Motivation und Produktivität führt. Des Weiteren wird die Bindung an das Unternehmen verstärkt, was eine geringere Fluktuation bedeutet. Darüber hinaus wird die Rekrutierung potentieller Mitarbeiter erleichtert. Vgl. Commerzbank AG, (2009), S. 35.

[166] Vgl. Petkovic, M. (2008), S.200.

[167] Vgl. Wiese, D. (2005), S. 61.

nimmt in konjunkturellen Krisenzeiten zu.[168] Auch hier ist eine Positionierung gut möglich. Unternehmen, die in Krisenzeiten Alternativen zum Personalabbau durchführen (bspw. Kurzarbeit, Überstundenabbau etc.)[169] bzw. einen möglichst sozialverträglichen Stellenabbau betreiben können sich als vertrauenswürdiger Arbeitgeber positionieren.

Zusammenfassend ist zu sagen, dass bei der Positionierung als Arbeitgeber schon häufig die richtigen Maßnahmen in den Vordergrund gestellt werden, es jedoch auch noch immenses Verbesserungspotenzial gibt. (Siehe Anhang 9) Im Rahmen des identitätsorientierten Markenansatzes ist dabei zu beachten, dass sowohl die Wünsche der (potentiellen) Mitarbeiter (Outside-In-Orientierung) als auch die Werte des Arbeitgebers (Inside-Out-Orientierung) zu beachten sind.[170] Die Wünsche der Mitarbeiter sind die oben angesprochenen Motivatoren und Hygienefaktoren. Die Wünsche des Arbeitgebers sind, dass sich die Mitarbeiter für das Unternehmen engagieren und sich mit ihm identifizieren.

3.3.2 Maßnahmen zur Kommunikation

Während die Maßnahmen zur Gestaltung den Inhalt des Markenauftritts bestimmen, bestimmen die Kommunikationsmaßnahmen die kommunikationsbezogenen Werte sowie das Vorgehen bei der Umsetzung der Employer Branding Strategie im Profilierungszeitraum.[171] Maßnahmen zur Kommunikation sind für das Employer Branding von größter Bedeutung, da sie maßgeblich zu der Bildung des Markenimages beitragen. So sagte schon Lee Iacocca, ehemaliger Vorstandsvorsitzender der Chrysler Corporation:" Die beste Möglichkeit, Menschen zu motivieren, ist die Kommunikation." Nur durch eine intensive Kommunikation mit den relevanten Zielgruppen kann die Markenpositionierung umgesetzt werden.

Bei den Zielen der Kommunikationspolitik muss zwischen ökonomischen und außerökonomischen Zielen unterschieden werden. Typische ökonomische Ziele sind: Gewinn-, Kosten-, und/oder Marktanteilsziele. Zu den außerökonomischen Zielen zählen bspw. Bekanntheits- oder Imageziele.[172] Für den Employer

---

[168] Vgl. Buckesfeld, Y. (2010), S.47.

[169] Vgl. Albs, N. (2005), S. 218ff.

[170] Vgl. Petkovic, M. (2008), S. 202.

[171] Vgl. Ebenda, S. 203.

[172] Vgl. Sander, M. (2004), S. 526.

Branding Prozess sind außerökonomische Ziele wichtiger als ökonomische Ziele. Wichtig bei den Kommunikationsmaßnahmen ist, dass sie aufeinander abgestimmt sind, sowohl inhaltlich, sprachlich als auch optisch.

Zusammenfassend sind die wichtigsten Ziele für das Employer Branding folgende:

- Erhöhung des Bekanntheitsgrades: Nur durch einen entsprechenden Bekanntheitsgrad werden die Zielgruppen auf das Unternehmen als Arbeitgeber aufmerksam und werden sich bei diesem bewerben.
- Aufbau eines Arbeitgeberimages: Durch die Kommunikation der Markenidentität soll ein positives Erscheinungsbild von dem Unternehmen als Arbeitgeber bei den Zielgruppen geschaffen werden.
- Beeinflussung der Entscheidung: Durch die intensive Kommunikation sollen die Präferenzen bei der Arbeitgeberwahl zugunsten des Unternehmens ausfallen.

Zur Umsetzung der Kommunikationspolitik eignen sich sämtliche Maßnahmen der klassischen Werbegestaltung. Die getroffenen Aussagen sollten möglichst kurz, prägnant und unmissverständlich sein. Hilfreich ist es des Weiteren, die Aussagen durch entsprechende Bildbotschaften zu untermauern.[173] Im Rahmen der identitätsorientierten Markenführung hängt der Aufbau einer Arbeitgebermarke sowohl von internen als auch externen Faktoren ab. Aus diesem Grund bietet es sich an, zwischen interner und externer Kommunikation zu unterscheiden. Neben dieser Unterscheidung der Kommunikationsrichtung empfiehlt es sich auch die Kommunikationsart unterschiedlich zu betrachten. Für das Employer Branding ist eine Unterteilung in persönliche sowie unpersönliche Kommunikationsinstrumente von Vorteil.[174] (Siehe Abbildung 6)

---

[173] Vgl. Wiese, D. (2005), S. 63.

[174] Vgl. Petkovic, M. (2008), S. 204.

		Persönlich		Unpersönlich
Kommunikationsrichtung	Intern	- Mitarbeitergespräche - Persönliche E-Mails - Verhalten des Vorgesetzten		- Intranet - Newsletter - Mitarbeiterzeitschrift - Schwarzes Brett
	Extern	- Messen - Seminare/ Workshops/ Vorträge - Praktika/ Projekte - Newsletter - Unternehmens-besichtigungen		- Jobbörsen im Internet - Unternehmenshomepage - Imagebroschüren - Printanzeigen - Radiowerbung - Soziale Netzwerke

Kommunikationsart

Abbildung 6: Kommunikationsmaßnahmen beim Employer Branding
Quelle: In Anlehnung an: Wiese, D. (2005), S. 64.

Da sich die persönliche und unpersönliche Kommunikation stark voneinander unterscheiden, (Siehe Anhang 10) muss gründlich analysiert werden, welche Kommunikationsart gewählt wird. Unter der persönlichen Kommunikation wird die direkte Kommunikation von Personen untereinander verstanden. Es entsteht somit ein unmittelbarer, persönlicher Informationsaustausch zwischen den Parteien. Durch die unmittelbare Verständigung können schnell Probleme und Unklarheiten, bspw. durch Rückfragen beseitigt werden. Dadurch hat sie den großen Vorteil, dass sie flexibler und auch glaubwürdiger ist, als die unpersönliche Kommunikation. Der Nachteil der persönlichen Kommunikation besteht darin, dass höhere Kosten verursacht werden und der Umfang des Empfängerkreises gering ist.[175]

---

[175] Vgl. Kroeber-Riel, W. (2009), S. 535ff.

Die unpersönliche Kommunikation wird auch Massenkommunikation genannt. Sie wendet sich an ein breites Publikum, indem sie häufig unter Zuhilfenahme technischer Mittel verbreitet werden.[176] Dabei besteht eine räumliche und/oder zeitliche Distanz zwischen Sender und Empfänger. Die größten Vorteile liegen in der großen Reichweite sowie in den relativ geringen Kosten im Vergleich zu der persönlichen Kommunikation. Durch die große Reichweite empfiehlt sich der Einsatz vor allem für die Erhöhung des Bekanntheitsgrades.[177] Der größte Nachteil ist, dass diese Form ziemlich unflexibel und oftmals auch unpersönlich ist. Zusammenfassend ist zu sagen, dass keine Kommunikationsart besser ist als die andere, es kommt von Unternehmen zu Unternehmen darauf an, welche Zielgruppe und welche Ziele erreicht werden sollen.

Bei den internen Kommunikationsmaßnahmen handelt es sich um sämtliche Aktivitäten des Arbeitgebers, um die Employer Brand innerhalb des Unternehmens durchzusetzen. Zur Umsetzung der Employer Brand bedarf es einer hohen Glaubwürdigkeit. Um dem Unternehmen Glaubwürdigkeit zuschreiben zu können, muss eine ständige und intensive Kommunikation mit den Mitarbeitern bestehen. Nur wenn die Mitarbeiter über Veränderungen und Neuigkeiten informiert sind, können sie sich darauf einstellen und ihren Beitrag leisten. Dabei dürfen jedoch nicht nur positive Themen vermittelt werden. Auch unangenehme Themen wie Mitarbeiterentlassungen o.ä. müssen kommuniziert werden. Denn nur Ehrlichkeit schafft Vertrauen und verhindert, dass Gerüchte entstehen.[178]

Auch wenn angenommen werden kann, dass eine interne Kommunikation selbstverständlich ist, so sieht es in der Realität noch anders aus. Nach einer Studie des Great Place to Work Institutes Deutschland aus dem Jahr 2008 geben nur 42 % der befragten Mitarbeiter an, dass sie ausreichend über die Vorgänge informiert werden.[179] Dabei stehen Unternehmen prinzipiell viele verschiedene Mittel zur Verfügung. Besonders wichtige und aktuelle Informationen können kostengünstig und flexibel über das Intranet oder durch Newsletter verbreitet werden. Die Gefahr bei diesen Mitteln besteht aber darin, ob die Mitarbeiter die Informationen sorgfältig genug lesen und ihnen auch die angemessene Relevanz

---

[176] Vgl. Ebenda, S. 536.

[177] Vgl. Baumgarth, C. (2007), S. 216.

[178] Vgl. Stotz, W. /Wedel, A. (2009), S. 124.

[179] Vgl. Hauser, F. et al (2008), S. 106.

zuordnen. Persönliche Mittel wie Mitarbeitergespräche sind hier effektiver, da durch den persönlichen Kontakt die Wichtigkeit betont wird und durch die Fragemöglichkeit auch etwaige Unklarheiten aus dem Weg geräumt werden können.

Besonders bei Mitarbeitern, die in direktem Kontakt zu Bewerbern stehen wie der Personalabteilung muss der internen Markenkommunikation eine hohe Bedeutung zugeordnet werden. Da diese das Unternehmen und somit auch die Marke nach außen tragen, vermitteln sie den Bewerbern durch ihr Auftreten und Erscheinungsbild ein erstes Bild bzgl. der Qualität und der Kompetenz des Unternehmens.[180] Wenn diese Mitarbeiter Markenkonform auftreten, entsteht ein positives Bild von dem Unternehmen als Arbeitgeber, was zu einer positiven Entscheidung des Bewerbers führen kann. Falls sie sich jedoch nicht mit der Marke identifizieren, kann dies aber auch eine Bedrohung für die Marke sein.[181] Diese Mitarbeiter müssen genauestens über die Vorgänge im Unternehmen und etwaige Änderungen bei der Markenpositionierung informiert werden.

Doch nicht nur bei den Mitarbeitern, die direkt mit den externen Zielgruppen interagieren, muss die interne Markenführung durchgesetzt werden. Bei sämtlichen Mitarbeitern muss ein Commitment zu der Arbeitgebermarke vorherrschen um die Maßnahmen durchsetzen zu können. Das Brand Commitment bedeutet die Verbundenheit eines Mitarbeiters mit der Marke.[182] Neben der Erhöhung der Loyalität und der Mitarbeiterbindung führt ein hohes Commitment zu einer höheren Motivation und somit „zur Förderung einer integrativen Wirkung aller markenbezogenen Maßnahmen."[183] Deshalb muss bei den Mitarbeitern eine Identifikation mit der Employer Brand geschaffen werden. Einen maßgeblichen Anteil an der Identifikation mit der Arbeitgebermarke fällt den direkten Vorgesetzten zu. Nur wenn die Vorgesetzten die Werte der Employer Brand befolgen und danach handeln, wird sich dieses Verhalten auch auf die Mitarbeiter auswirken. Deshalb empfiehlt es sich die Führungskräfte aktiv bei der Zielfindung des Employer Branding zu beteiligen, damit sie sich mit den Zielen identifizieren und die Werte weitergeben.

---

[180] Vgl. Wiese, D. (2005), S. 67.

[181] Vgl. Ebenda, S. 67.

[182] Vgl. Burmann, C./ Zeplin, S. (2005), S. 120.

[183] Wiese D. (2005), S. 67.

Da sich Commitment nur über einen längeren Zeitraum aufbaut, muss eine ständige und glaubwürdige Kommunikation erfolgen. Um ein einheitliches Bild der Employer Brand zu erhalten müssen dabei auftretende Konflikte besprochen und gelöst werden.[184] Häufig gehen Unternehmen und Führungskräfte Konflikten jedoch aus dem Weg, da sie Konflikte prinzipiell als negativ betrachten. Konflikte sind aber notwendig um Probleme oder Unklarheiten zu erkennen und zu beseitigen. Sie bergen ein enormes Ideenpotenzial. Der intensive Umgang mit Konflikten bietet in diesem Zusammenhang eine gute Möglichkeit die interne Markenkommunikation direkt umzusetzen.

Zu den externen Kommunikationsmaßnahmen gehören alle Aktivitäten um sich bei den potenziellen Mitarbeitern als Arbeitgeber zu positionieren. Durch geeignete Kommunikationsmaßnahmen soll die Bekanntheit als Arbeitgeber sowie das Image dessen verbessert werden. Dabei ist es wichtig, dass sich das Unternehmen als Arbeitgeber von den Wettbewerbern differenziert und durch Individualität auffällt. Bei den externen Kommunikationsmaßnahmen ist es wichtig, dass diese an das Involvement, d.h. an das Interesse und Engagement der Zielgruppe an der Arbeitgeberwahl, angepasst sind. (Siehe Anhang 11) Das Involvement hat Auswirkungen auf das Informationsverhalten der Zielgruppe dahingehend, dass mit steigendem Involvement auch das Interesse an der Markenkommunikation steigt. Deshalb müssen die Maßnahmen je nach dem Grad des Involvements gewählt werden. So sind in der Low-Involvement-Phase andere Maßnahmen nötig als in der High-Involvement Phase.[185]

In der Low-Involvement Phase befinden sich die potenziellen Mitarbeiter noch in der Phase, in der sie sich noch nicht mit arbeitsmarktbezogenen Informationen auseinandersetzten.[186] Für die Zielgruppe der High-Potentials ist es die Zeit der weiterführenden Schule bei Schülern, bzw. bei Studenten der Studienbeginn. In dieser Phase hat die Zielgruppe kein sonderliches Interesse am Arbeitsmarkt, da es für sie noch nicht von Belang ist. In dieser Zeit geht es für Studenten eher darum, sich über das Studium Gedanken zu machen und gute Klausurergebnisse zu erzielen. Deshalb werden die arbeitgeberspezifischen Informationen nicht im Detail gespeichert. Vielmehr geht es darum die Bekanntheit als Arbeitgeber herzustellen bzw. das Image als Arbeitgeber zu

---

[184] Vgl. Wiese, D. (2005), S. 68f.

[185] Vgl. Kroeber-Riel, W. et al (2009), S. 412ff; Munzinger, U. /Musiol K. G. (2008), S. 37f.

[186] Vgl. Petkovic, M. (2008), S. 171.

verbessern.[187] Deshalb bieten sich in dieser Phase vor allem Mittel zur Massenkommunikation, wie bspw. Imageanzeigen an.

In der High-Involvement Phase hingegen beschäftigen sich die potenziellen Mitarbeiter intensiver mit der Arbeitgeberwahl. Diese Phase befindet sich bei Schülern vor dem Ablegen der Allgemeinen Hochschulreife bzw. bei Studenten in der Phase der Praktikums- oder Arbeitsplatzsuche. Da hier das Involvement größer ist und somit auch das Interesse an der Markenkommunikation, führen allgemeingültige Imageanzeigen nicht mehr zu einem Kommunikationserfolg.[188] In dieser Phase kommt es eher darauf an, sich durch gezielte Maßnahmen von den Konkurrenten zu unterscheiden, weshalb sich hier persönliche Kommunikationsinstrumente sowie individuelle Stellenanzeigen anbieten.

Die typischen externen unpersönlichen Kommunikationsmaßnahmen sind Stellenanzeigen. Neben den klassischen Anzeigen in Printmedien (regional, überregional) ist es heutzutage gang und gäbe die Stellenanzeigen auch im Internet zu veröffentlichen. Neben den verschiedenen Jobbörsen (Monster, JobScout24, Stepstone etc.) empfiehlt es sich auch, die Stellenanzeigen auf der eigenen Homepage zu veröffentlichen, da diese neben Jobbörsen häufig der erste Anlaufpunkt für die Arbeitsuchenden sind. Ein neuer Trend, der sich momentan aber noch in den Kinderschuhen befindet, ist Employer Branding über soziale Netzwerke, wie Facebook oder Xing, zu betreiben.[189] Trotzdem werden die Personalbeschaffung und das Employer Branding über soziale Netzwerke in der nahen Zukunft stark an Bedeutung zunehmen. Bei den Stellenanzeigen gibt es noch erhebliches Verbesserungspotenzial. So strotzen die Stellenanzeigen häufig nur so vor Floskeln wie: „junges und dynamisches Team", „große Entwicklungsmöglichkeiten" etc. Selbst wenn diese Sachen zutreffen, so kann durch sie keine Differenzierung als Arbeitgeber erfolgen, da sie von jedem Unternehmen verwendet werden. Besonders kleinere Unternehmen haben in diesem Bereich die Chance sich abzuheben, indem sie kreative und unkonventionelle Stellenanzeigen schalten. (Siehe Anhang 12)

---

[187] Vgl. Wiese, D. (2005), S. 66.

[188] Vgl. Petkovic, M. (2008), S. 174.

[189] Aus der Studie Quo Vadis Recruitment 2010 geht hervor, dass lediglich 35 % der befragten Unternehmen soziale Medien zur Personalbeschaffung und zum Employer Branding nutzen. Trotzdem sehen 70 % der Unternehmen die Nutzung sozialer Medien als wichtigstes Thema an. Vgl. Brickwedde, W. (2010), S. 42.

Selbst wenn keine Absicht besteht, sich momentan auf den vakanten Posten zu bewerben, wird das Unternehmen mit Sicherheit im Kopf des Betrachters bleiben.

Eine sehr gute Möglichkeit um an die begehrten High-Potentials zu gelangen, bietet die Teilnahme an Messen. Durch den persönlichen Kontakt mit den potenziellen Mitarbeitern bietet sich eine ideale Gelegenheit auf sich als Arbeitgeber aufmerksam zu machen. Wichtig dabei ist, dass ein klares Ziel und somit eine klare Strategie für den Messeauftritt verfolgt wird.[190] Schon die Auswahl der Personen auf den Messeständen muss genau überdacht sein. Der Einsatz von Mitarbeitern, die ausschließlich Fachkompetenz besitzen wird nicht von Erfolg gekrönt sein. Diese können zwar auf Fachfragen antworten, werden jedoch hinsichtlich der Sozialkompetenz Defizite besitzen. Die optische Gestaltung des Messestandes muss ebenso zu der Corporate Identity passen. Zur Unterstützung des Messeauftrittes können weitere Aktivitäten wie Gewinnspiele oder eine Unternehmenspräsentation die Aufmerksamkeit erhöhen.[191] Des Weiteren sollte Informationsmaterial in ausreichender Stückzahl vorhanden sein. Da es sowohl Abiturienten-, Hochschul-, als auch branchenspezifische Karrieremessen gibt, muss durch die Zielgruppenanalyse geklärt werden, auf welcher Veranstaltung die Teilnahme angebracht ist.

Dass Messen mittlerweile ein sehr wichtiger Rekrutierungsort sind, zeigt eine Studie der Staufenbiel Personalberatung. So werden im Jahr ca. 250 Messen abgehalten, für die die Unternehmen im Jahr 2009 etwa 35 Mio. € ausgaben. Der Trend ist steigend, Annahmen gehen davon aus, dass im Jahr 2011/2012 ca. 50 Mio. € investiert werden.[192] Dies liegt daran, dass sich die Wirtschaftslage stark verbessert hat und dementsprechend eine stärkere Nachfrage nach Fach- und Führungskräften besteht. Dabei zeigt sich, dass es in Deutschland aber noch starke regionale Unterschiede gibt. So ist die Zahl der Messen, die in Ostdeutschland veranstaltet werden, analog zu den beruflichen Aussichten gering. (Siehe Anhang 13) Da die Messen hauptsächlich direkt an den (Hoch-) Schulen abgehalten werden, beinhalten diese verschiedene Vorteile. Der erste Vorteil liegt in dem direkten Kontakt mit den Zielgruppen. Durch das Feedback, welches durch die Teilnehmer gegeben wird, erhält das Unternehmen schnell

---

[190] Vgl. Stotz, W./ Wedel, A. (2008), S. 129.

[191] Vgl. Ebenda, S. 130.

[192] Vgl. Stephan, M. (2010), S. 46.

einen genauen Überblick, wie die Wahrnehmung als Arbeitgeber ist. Der zweite entscheidende Vorteil ist der sogenannte First-Mover-Advantage.[193] Durch den frühen Kontakt mit der Zielgruppe entsteht ein Zeitvorsprung bei der Profilierung als Arbeitgeber, der nur schwer aufzuholen ist. Umso frühzeitiger der Arbeitgeber die potentiellen Mitarbeiter anspricht, desto besser. Da die Ansprache immer früher erfolgt, kann davon ausgegangen werden, dass die Bedeutung der Hochschulmessen sinken wird.[194]

Eine weitere gute Gelegenheit kreative und hochqualifizierte Nachwuchskräfte zu rekrutieren besteht in der Auslobung von Wettbewerben. Gerade in Branchen mit technischem oder naturwissenschaftlichem Hintergrund bietet sich diese Maßnahme an, um die High-Potentials zu gewinnen. Häufig geschieht dies in Kooperation mit Hochschulen oder Fachhochschulen. Ein gutes Beispiel ist die SolarWorld AG. Bei der SolarWorld AG handelt es sich um ein Unternehmen aus der Solarbranche, welches ständig auf der Suche nach High-Potentials der Fächer Elektrotechnik, Maschinenbau, Verfahrenstechnik, Physik und Chemie ist. Deshalb hat die SolarWorld AG Kooperationen mit 24 Hochschulen begonnen. Eine dieser Kooperationen ist mit der FH Bochum. An dieser entwickelten 50 Studenten den Solar-Rennwagen „SolarWorld No. 1“, welcher 2007 und 2008 bei den inoffiziellen Weltmeisterschaften für solche Fahrzeuge teilnahm und dabei die Ränge drei und vier belegte.[195] Des Weiteren hat die SolarWorld AG seit 2006 einen Wettbewerb namens „Einsteins-Nachwuchs-award“ ausgelobt. Dieser mit 5000€ dotierte Preis richtet sich an Verfasser von Abschlussarbeiten über das Thema Photovoltaik.[196] Durch diese Wettbewerbe kann sich die SolarWorld AG als Arbeitgeber positionieren, welcher Erfolg honoriert und gute Karrierechancen anbietet. Ein weiterer Vorteil ist, dass die besten Teilnehmer identifiziert, und möglichst gleich an das Unternehmen gebunden werden.

Die wohl gängigste Methode um potentielle Arbeitskräfte zu erhalten ist das Anbieten von Praktika. Praktika sind die Schnittstelle zwischen interner und externer Kommunikation. Durch externe Maßnahmen werden die Bewerber auf die Praktikumsstelle aufmerksam gemacht. Persönlich durch den Auftritt auf

---

[193] Vgl. Petkovic, M. (2008), S. 211.

[194] Vgl. Stephan, M. (2010), S. 47.

[195] Vgl. SolarWorld AG (2008).

[196] Vgl. SolarWorld AG (2008a).

Messen, unpersönlich über Anzeigen. Ab dem Zeitpunkt, zu dem sich die Bewerber im Unternehmen befinden, greifen jedoch sämtliche Maßnahmen der internen Kommunikation. Die Praktikanten können hinter die Kulissen schauen und überprüfen, ob die Darstellung des Unternehmens als Arbeitgebers authentisch ist. Die Wahl des Praktikumsplatzes erfolgte wahrscheinlich, da die Stellenanzeige und das Image des Unternehmens ansprechend auf die Bewerber waren. Wenn dieses Vorstellungsbild dann während des Praktikums eingehalten wird, ist es wahrscheinlich, dass das Unternehmen als attraktiver Arbeitgeber angesehen wird. Bei einer fehlenden Authentizität werden die Praktikanten wohl eher nicht in das Unternehmen eintreten und viel schlimmer noch, ihre negativen Erfahrungen mit ihren Freunden teilen.

3.4 Die Kontrollphase als Schlusspunkt des gesamten Prozesses

Als letzter Punkt des Employer Branding Prozesses erfolgt die Kontrolle der Maßnahmen. Hierbei geht es nicht nur darum, zu erkennen, ob die gesetzten Ziele erreicht wurden. Wichtiger ist, die jeweiligen Phasen und konkreten Maßnahmen, auf ihren Erfolg zu überprüfen. Das Problem bei der Kontrolle des Employer Branding ist die quantifizierbare Messbarkeit. Monetär lassen sich maximal die Kosten der personalpolitischen Maßnahmen beziffern. Die eigentlichen Erfolge, wie die Erhöhung des Bekanntheitsgrades oder die Verbesserung der Images, sind eher qualitativer Natur.[197] Aus diesem Grund haben sich in den letzten Jahren vor allem Arbeitgeberstudien als Mittel der Evaluation etabliert.

3.4.1 Arbeitgeberstudien – Mehr Schein als Sein?

Mittlerweile erscheinen Jahr für Jahr Unmengen von verschiedenen Arbeitgeberstudien. Diese können unterteilt werden in Studien zur Arbeitgeberqualität und zum Arbeitgeberimage.[198] Diese Studien werden meistens in Form eines Rankings dargestellt. Durch diese anschauliche Vorgehensweise genießen sie in den Medien eine hohe Popularität, da sie für jeden leicht verständlich und zugänglich sind. Durch diese große mediale Aufmerksamkeit sind sie auch bei den Unternehmen und den (potentiellen) Mitarbeitern sehr populär. Selbstverständlich können diese Arbeitgeberstudien

---

[197] Vgl. Petkovic, M. (2004), S. 5.

[198] Vgl. Stotz, W./ Wedel, A. (2009), S. 21.

auch als Analyseinstrument angewendet werden, nichtsdestotrotz bietet sich der Einsatz als Kontrollinstrument förmlich an.

Studien zur Arbeitgeberqualität richten sich an die aktuellen Mitarbeiter und sollen aufzeigen, wie der Arbeitgeber tatsächlich ist. Die bekanntesten Studien in Deutschland sind die Top Job Studie der Compamedia GmbH sowie die Studie Deutschlands bester Arbeitgeber des Great Place to Work Institute Deutschland. Neben der Top Job Studie zur Ermittlung des besten Arbeitgebers bietet die Compamedia GmbH auch noch Studien zu den innovativsten oder den ethisch handelnden Unternehmen an. Der Mentor des Projektes ist der ehemalige Bundesminister für Wirtschaft und Arbeit Wolfgang Clement. Diese Auswahl ist kein Zufall, so soll er als Testimonial die Glaubwürdigkeit der Studie erhöhen. Die Ermittlung erfolgt in zwei Schritten, zuerst erfolgt eine Befragung der aktuellen Mitarbeiter. Im Anschluss daran erfolgt die Befragung der Leiter der Personalabteilung, diese Ergebnisse werden dann von einer Jury ausgewertet.[199] Bei den befragten Unternehmen handelt es sich um mittelständische Unternehmen, die in verschiedene Größenklassen in den Kategorien Führung & Vision, Motivation und Dynamik, Kultur und Kommunikation, Mitarbeiterentwicklung und -perspektive, Familienentwicklung und Demografie sowie internes Unternehmertum befragt werden.[200] Durch die kleinen Größenklassen richtet sich diese Studie vor allem an kleinere und mittelständische Betriebe, was auch daran erkannt werden kann, dass viele recht unbekannte Unternehmen in den Ranglisten finden lassen. (Siehe Anhang 14) Für diese ist es eine gute Möglichkeit sich mit einem Preis zu schmücken, um den Bekanntheitsgrad zu erhöhen und besonders in der Region auf sich als Arbeitgeber aufmerksam zu machen. Die Studie Deutschlands bester Arbeitgeber wird seit 2002 durch das Great Place to Work Institut Deutschland durchgeführt. Neben dieser Arbeitgeberstudie gibt es noch die Studien bester Arbeitgeber im Gesundheitswesen sowie, auf Grundlage dieser nationalen Rankings, den Wettbewerb zur Ermittlung der besten Arbeitgeber in Europa und ab 2011 sogar den besten Arbeitgeber weltweit. Auch diese Studien sind zweiteilig aufgebaut. Nachdem verschiedene Experten des Institutes die Unternehmen in den Bereichen der Unternehmens- und Führungskultur durch verschiedene Audits bewerten, erfolgt die anonyme Mitarbeiterbefragung.[201]

---

[199] Vgl. Compamedia GmbH (2011).

[200] Vgl. Compamedia GmbH (2011a).

[201] Vgl. Great Place to Work Institute Inc. (2011).

Teilnehmen kann jedes Unternehmen ab einer Mitarbeiterzahl von 50 Mitarbeitern. Dieser Ansatz richtet sich eher an größere Unternehmen, was dazu führt, dass die Unternehmen in den Rankings vor allem international tätige Unternehmen sind. (Siehe Anhang 15) Für diese Unternehmen steht weniger die Erhöhung des Bekanntheitsgrades im Vordergrund, da sie schon international bekannt und anerkannt sind. Vielmehr ist es für diese Unternehmen von Bedeutung, durch diese Studien ihr Image aufzupolieren. Bei den Studien zur Ermittlung des Arbeitgeberimages ist das Ziel herauszufinden, wie das jeweilige Unternehmen in der Öffentlichkeit wahrgenommen wird. Aus diesem Grund stehen die potentiellen Mitarbeiter im Fokus der Befragung und nicht, wie in den Studien zur Arbeitgeberqualität, die jetzigen Mitarbeiter. Die Studien zum Arbeitgeberimage lassen sich in analytische und summarische Studien untergliedern.[202]

Da sich die analytischen Studien mehr mit den Leistungsmerkmalen als Arbeitgeber wie Gehalt, Zusatzleistungen oder Work-Life-Balance beschäftigen, sind sie weniger als Kontrollinstrument geeignet.[203] Eher müssen sie in der Analysephase eingeordnet werden und finden dementsprechend hier keine Betrachtung. Die summarischen Studien verzichten auf eine detaillierte und differenzierte Betrachtung der Leistungsmerkmale und geben im Endresultat lediglich ein Ranking an. Die summarischen Studien sind nach den befragten Personen in Absolventenstudien und Young-Professional-Studien zu unterscheiden. Die Absolventenstudien richten sich an Schüler und Studenten, die sich kurz vor ihrem Abschluss befinden, jedoch noch nicht in das Arbeitsleben eingetreten sind. Young-Professional-Studien richten sich derweil an Hochschulabsolventen, die schon über Berufserfahrung verfügen.[204]

Die bekanntesten Absolventenstudien sind das Absolventenbarometer der Trendence Institut GmbH sowie die Universum Graduate Survey von Universum. Hierbei werden verschiedene Kriterien von den Absolventen erfragt. Meist handelt es sich bei den Befragten um Kaufleute, Ingenieure und Informatiker. Durch die Befragung wird ein Idealprofil eines Wunscharbeitgebers ermittelt und anschließend das wahrgenommene Ist-Profil verschiedener Unternehmen festgestellt. Aus einem Soll-Ist-Vergleich entstehen im Schluss

---

[202] Vgl. Petkovic, M. (2008), S. 26.

[203] Vgl. Stotz, W./ Wedel, A. (2009), S. 23.

[204] Vgl. Petkovic, M. (2008), S. 29.

die Ranglisten. Interessant dabei ist, dass es sowohl fachgruppenspezifische als auch geschlechterspezifische Unterschiede gibt. So präferieren Kaufleute unterschiedliche Branchen als Techniker (Siehe Anhang 16) und Frauen lassen sich eher von dem Unternehmensimage leiten als Männer.[205] Auch hier ist wieder erkennbar, dass die jeweiligen Maßnahmen an die Bedürfnisse der Zielgruppen ausgerichtet sein müssen. Falls es Engpässe bei Technikern gibt, müssen die Aktivitäten so gestaltet sein, dass diese angesprochen werden.

In Folge der gestiegenen Aufmerksamkeit der Arbeitgeberstudien hat sich auch die Professionalität dieser verbessert. Für die Unternehmen ist es eine gute Möglichkeit die eigene Position auf dem Arbeitnehmermarkt zu identifizieren und durch geeignete Mittel die Employer Branding Maßnahmen zu optimieren und zu steuern. Trotz dieser Vorteile gibt es auch eine Menge Kritikpunkte, wobei die wichtigsten nachfolgend genannt werden sollen.

- Aufgrund der Vielzahl der verschiedenen Studien existiert eine unübersichtliche Anzahl von Preisen. Mittlerweile gibt es kaum ein Unternehmen, das sich nicht mit zumindest einem Preis schmücken kann.[206] Dies führt dazu, dass das Alleinstellungsmerkmal dieser Preise verloren geht.[207] Des Weiteren weisen die verschiedenen Studien aufgrund ihrer unterschiedlichen Erhebungsmethoden verschiedene Präferenzrankings auf. Dies führt dazu, dass bei Vergleichen Irritationen entstehen können und somit die Glaubwürdigkeit der Studien sinkt.
- Die Nichtteilnahme an einer Studie impliziert nicht unbedingt, dass das Unternehmen ein schlechter Arbeitgeber ist. Häufig werden kleine und mittelständische Unternehmen in den Studien zum Arbeitgeberimage, sowie in europa- oder weltweiten Studien, einfach nicht berücksichtigt, da dies den Studienumfang überfordern würde.[208] Da nur ein Bruchteil der Unternehmen vertreten ist, können die Studien nicht vollkommen repräsentativ sein.
- Die Angaben der Absolventenstudien begründen sich meist auf Vermutungen, da sie häufig auf nicht selbst gesammelten Informationen

---

[205] Vgl. Ebenda, S. 30ff.

[206] So schmückt sich bspw. die Bertelsmann AG allein mit zehn Unterschiedlichen Awards. Vgl. Bertelsmann AG (2011).

[207] Vgl. Bollwitt, B. (2010), S. 83.

[208] Vgl. Stotz, W. /Wedel, A. (2008), S. 25.

oder Erfahrungen beruhen. Ausschlaggebend ist eher die Vorliebe eines bestimmten Produkts, einer bestimmten Branche oder eines Unternehmens. Das Ergebnis spiegelt somit nicht zwangsläufig die Qualität der Personalpolitik oder des Personalmarketings wider.[209]

- Durch die hohe mediale Aufmerksamkeit ist es möglich, dass Unternehmen im Vorfeld der Befragung ihre Mitarbeiter zu einem bestimmten Verhalten oder zu bestimmten Antworten beeinflussen können. Durch diese direkte Beeinflussung werden die Ergebnisse verfälscht.

- Da die Befragung der momentanen Arbeitnehmer freiwillig ist, umfasst die Befragung nur wenige Arbeitnehmer.[210] Bei diesen Mitarbeitern wird es sich vermutlich nur um diejenigen handeln, die entweder sehr zufrieden oder sehr unzufrieden sind. Mitarbeiter, die sich keine Gedanken über ihren Arbeitgeber machen oder denen die Befragung zu aufwändig ist, werden sich nicht beteiligen.

Als Fazit zu den Arbeitgeberstudien ist zu sagen, dass sie den Unternehmen einige Vorteile bieten. Besonders im Bereich des Personalmarketings bieten sie bei einer hohen Platzierung den Unternehmen eine erhebliche Steigerung des Bekanntheitsgrades.[211] Der ausschließliche Einsatz von Arbeitgeberstudien als Kontrollinstrument der Employer Branding Maßnahmen ist jedoch nicht sinnvoll. Die Studien sind schlichtweg nicht genau und umfassend genug, als dass damit sämtliche Aktivitäten bewertet werden können. Deshalb empfiehlt es sich, noch andere Kontrollinstrumente im Unternehmen zu implementieren.

3.4.2 Die Brand Scorecard als umfassendes Kontrollinstrument

Bisherige Instrumente zur Kontrolle von Marken fokussierten sich nur auf einzelne Aspekte, dies änderte sich durch die Entwicklung der Brand Scorecard als bereichsübergreifendes Steuerungskonzept.[212] Dieses Konzept beruht auf dem allgemein bekannten Konzept der Balanced Scorecard, welche auf Kaplan

---

[209] Vgl. Petkovic,. M. (2008), S. 40.

[210] Vgl. Ebenda, S. 41.

[211] Vgl. Bollwitt, B. (2010), S. 83.

[212] Vgl. Meffert, H. / Koers, M. (2005), S. 284f.

und Norton zurückzuführen sind[213] und bietet ein „Gesamtkontrollsystem der Markenführung durch die Integration aller relevanten Informationen, Ergebniskennzahlen und ihrer Beziehungen untereinander."[214] Dieser ganzheitliche Ansatz zur Messung der Employer Branding Maßnahmen bietet sich als Kontrollinstrument gut an, da verschiedene Perspektiven betrachtet werden.

Im Sinne der identitätsorientierten Markenführung besteht die Brand Scorecard aus drei Perspektiven: (Siehe Abbildung 7) der internen, der externen und der Ergebnisperspektive. Bei der internen Perspektive kann wiederum zwischen einer mitarbeitergerichteten und einer prozessgerichteten Perspektive unterschieden werden. Auf der Mitarbeiterebene muss erreicht werden, dass sich die Mitarbeiter mit der Marke identifizieren, diese akzeptieren und im Endeffekt ein hohes Commitment aufbauen. Als Maßgrößen können Befragungen zur Mitarbeiterzufriedenheit durchgeführt werden. Des Weiteren können Faktoren wie die Verweildauer im Unternehmen oder die Fluktuationsrate Aufschlüsse über die Mitarbeiterbindung und -loyalität geben. Die Prozess– und Strukturanalyse umfasst die innerbetrieblichen und organisatorischen Abläufe,[215] mit dem Ziel einen möglichst reibungslosen Ablauf zu gewährleisten. Ein problemloser Ablauf wird nur gelingen, wenn der Prozess ausreichend analysiert und regelmäßig überprüft wird, bspw. durch Gespräche mit den beteiligten Personen.

Die externe Perspektive teilt sich in die bewerbergerichtete und die wettbewerbsgerichtete Betrachtungsweise. Hinsichtlich der Bewerber ist das Ziel eine hohe Wahrnehmung als bevorzugter Arbeitgeber zu erreichen. Zur Kontrolle bieten sich hier Messungen zum Markenimage sowie der Markenbekanntheit an. Zur Messung des Markenimages haben sich Imageprofile bewährt, während bei der Messung der Markenbekanntheit je nach Art Recall- oder Recognition-Tests angewendet werden.[216] Bei der wettbewerbsgerichteten Perspektive geht es darum, sich für die relevante Zielgruppe von

---

[213] 122 Bei der Balanced Scorecard handelt es sich um ein Kontrollinstrument zur Leistungsbeurteilung unter der Berücksichtigung perspektivenübergreifender Zusammenhänge. Vgl. Kaplan, R.S./ Norton, D.P. (2004), S. 146ff.

[214] Wiese, D. (2005), S. 73.

[215] Vgl. Ebenda, S. 73.

[216] Recall-Tests finden Anwendung bei der Messung der aktiven Markenbekanntheit, Recognition-Test bei der Messung der passiven Markenbekanntheit. Vgl. Esch, F.-R. (2010), S. 588ff.

anderen Arbeitgebern abzusetzen und eine eindeutige Position zu beziehen. Durch Konkurrenzanalysen können Stärken und Schwächen der Konkurrenz leicht identifiziert und die eigene Strategie darauf ausgerichtet werden.

Die Ergebnis-Perspektive bildet schlussendlich die Ergebniswirkung des Employer Brandings ab. Durch einen Soll-Ist-Vergleich sollen Kennzahlen des Personalcontrollings verglichen werden, um die Qualität der Personalaktivitäten zu beurteilen.[217] Messgrößen, die im Rahmen des Personalcontrollings erhoben werden können, sind bspw. die Anzahl der geeigneten Bewerber, welche sich auf eine Stellenanzeige bewerben oder die Akzeptanz von offerierten Stellenangeboten. Ist die Quote des Soll-Ist-Vergleichs hoch, dann ist der Employer Branding Prozess als erfolgreich anzusehen.[218] Als Ziel der Ergebnisperspektive soll sichergestellt werden, dass sich sowohl in quantitativer als auch in qualitativer Hinsicht die geeigneten Mitarbeiter im Unternehmen befinden.

Da alle drei Sichtweisen betrachtet werden müssen, kann sichergestellt werden, dass keine zu Ungunsten der anderen bevorteilt wird, es muss ein Gleichgewicht zwischen allen drei Perspektiven herrschen. Durch die Betrachtung sowohl der Outside-In als auch der Inside-Out-Orientierung kann die Brand Scorecard gut als Werkzeug des identitätsorientierten Markenansatzes angesehen werden.[219] Auch hier zeigt sich wiederum, dass eine intensive Analyse, gemeinsam mit einer ständigen Kontrolle über den gesamten Employer Branding Prozess, wichtig für den erfolgreichen Aufbau einer Arbeitgebermarke ist.

---

[217] Vgl. Wolf, M. U. (2010), S. 24.

[218] Vgl. Wiese, D. (2005), S. 75.

[219] Vgl. Meffert, H./ Koers, M. (2005). S. 285.

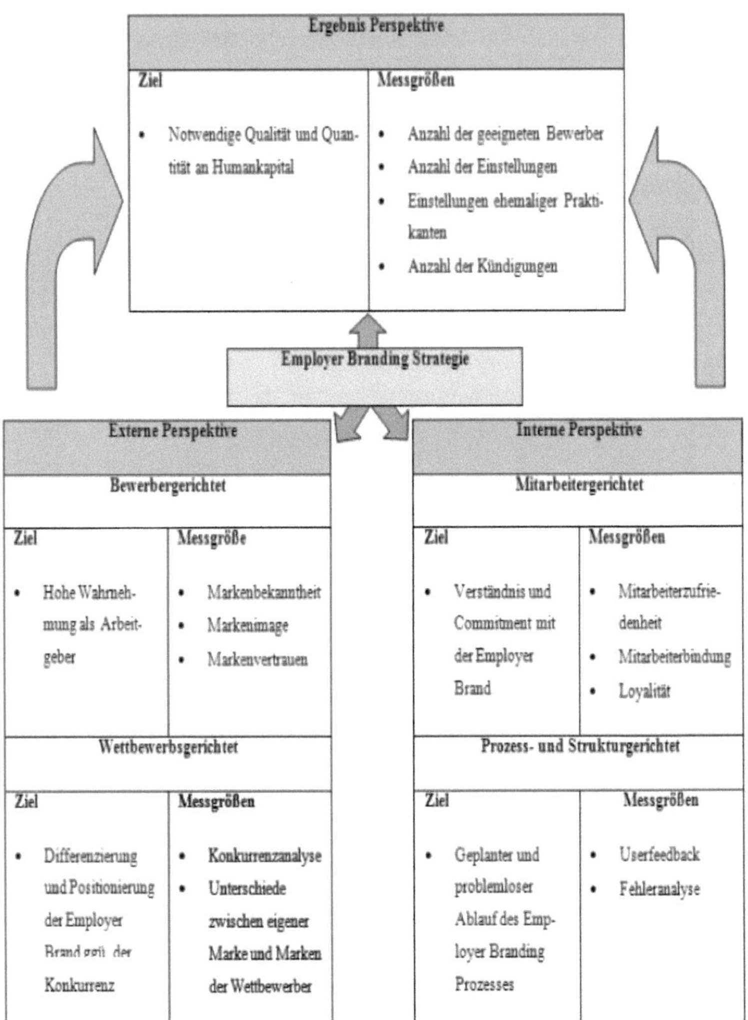

Abbildung 7: Die Brand Scorecard
Quelle: In Anlehnung an: Esch F.-R. (2010), S. 577, Wiese, D. (2005), S. 74.

4 Employer Branding in der Praxis

Zur Gewinnung und Bindung von Arbeitskräften ist, wie schon näher erläutert, eine Positionierung als attraktiver Arbeitgeber unerlässlich. Dabei muss darauf geachtet werden, dass das außen wahrgenommene Bild des Unternehmens auf realen Tatsachen beruht. In diesem Teil dieser Arbeit soll aufgezeigt werden, wie Employer Branding in der Praxis betrieben werden kann. Dass hierbei erhebliche Unterschiede zwischen den Unternehmen bestehen, soll exemplarisch an zwei Beispielen aufgezeigt werden. Zuerst erfolgt die Betrachtung eines mittelständischen Unternehmens aus der Leipziger Region, der Comparex Deutschland AG. Bei diesem Unternehmen stehen ganz andere Maßnahmen im Vordergrund als bei einem international anerkannten Unternehmen, wie der Bertelsmann AG, welche anschließend betrachtet wird.

4.1 Comparex Deutschland AG

4.1.1 Unternehmensvorstellung und Notwendigkeit des Employer Brandings

Die Comparex Deutschland AG ist einer der führenden Dienstleister für Software-Beschaffung und -Lizenzierung in Europa. Die Gründung der Comparex Deutschland AG erfolgte im Mai 2011 durch Umbenennung der PC-Ware Information Technologies AG[220], welche 1990 gegründet wurde. Das Portfolio des Unternehmens besteht aus den Bereichen Software, Consulting und Service. Die Comparex AG unterhält an 75 Standorten, in 28 Ländern in Europa, Asien und Afrika, Tochtergesellschaften. Die Konzernzentrale sowie der Stammsitz befinden sich in Leipzig. Rund 1700 Mitarbeiter betreuen Geschäftskunden aus dem Mittelstand, der öffentlichen Verwaltung, der Industrie und weltweit agierende Großkunden. Im Geschäftsjahr 2010/2011 erzielt das Unternehmen voraussichtlich einen Umsatz von 972 Mio. €.[221]

Durch das starke Wachstum, (Umsatz 2007/2008: 776, 4 Mio. €, 2010/2011: 972 Mio. €)[222] besteht eine der Hauptaufgaben der Personalabteilung darin, die richtigen Mitarbeiter zu rekrutieren und im Unternehmen zu halten. Durch die Bindung junger High-Potentials, bei denen eine weitere Potentialentfaltung zu erwarten ist, soll sowohl die Kontinuität im Unternehmen gesichert, als auch

---

[220] Im weiteren Verlauf wird die Comparex Deutschland AG mit Comparex AG und die PC-Ware Information Technologies mit PC-Ware AG bezeichnet.

[221] Vgl. Comparex Deutschland AG(2011), S. 1f.

[222] Vgl. Comparex Deutschland AG(2011), S. 1.

Kosten für die Neugewinnung eingespart werden. Bis heute wurde die Außendarstellung noch nicht durch die Bildung einer Arbeitgebermarke optimiert. Bei der Gewinnung von Mitarbeitern beschränkte sich das Unternehmen (damals als PC-Ware AG) bisher auf traditionelles Recruiting und Kontakte zu den regionalen Hochschulen.[223] Da es sich bei der Comparex AG um ein sehr junges Unternehmen handelt, sind die Identitätsfindung und der Aufbau einer Arbeitgebermarke die zentralen Managementaufgaben, die es zu bewältigen gilt.

Die Probleme der Comparex AG bei dem Aufbau einer Arbeitgebermarke sind dieselben wie bei vielen anderen mittelständischen Unternehmen. Herausforderungen, mit denen die Comparex AG umgehen muss, sind bspw. ein geringer Bekanntheitsgrad, keine einheitlichen Strukturen bei der Personalarbeit sowie geringere Möglichkeiten der Talentförderung und des Personalmarketings.[224] Besonders die geringere Bekanntheit als Großunternehmen macht es für das Unternehmen schwierig geeignete, hochqualifizierte Mitarbeiter auf das Unternehmen aufmerksam zu machen. Selbst wenn die Aufmerksamkeit hergestellt worden ist, müssen noch Gründe aufgezeigt werden, wieso die Arbeit bei diesem Unternehmen angetreten werden soll, anstatt bei einem Großunternehmen. Da die Tätigkeit in einem Großunternehmen den eigenen Lebenslauf aufwertet, sind kleine und mittelständische Unternehmen bei der Suche nach hochtalentierten Mitarbeitern immer im Nachteil, welche Sie durch spezielle Maßnahmen wieder aufholen müssen.

4.1.2 Die Maßnahmen der Comparex AG

Die Comparex AG hat vielfältige Aktivitäten gestartet, um sich als attraktiver Arbeitgeber auf dem Markt zu positionieren. Neben der allgemeinen Unternehmenskultur hat das Unternehmen verschiedene Personalentwicklungskonzepte entwickelt, die die Attraktivität des Unternehmens steigern sollen.

Die Unternehmenskultur der Comparex AG bildet die Grundlage als attraktiver Arbeitgeber. Zu den Kernpunkten der Unternehmenskultur gehören eine hohe Transparenz, ein ständiger Informationsaustausch und vielfältige Möglichkeiten

---

[223] Vgl. Blaschke, T. (2009), S. 28.

[224] Vgl. Blaschke, T. (2009), S. 30.

zur Weiterbildung.[225] Durch interne Kommunikationsmaßnahmen wie das regelmäßige Abhalten von Kommunikationsmeetings oder der Mitarbeiterzeitung wird der Informationsaustausch gewährleistet. Doch nicht nur der Austausch von Informationen und Wissen steht hierbei im Vordergrund. Durch die Förderung der Kommunikation werden soziale Beziehungen auf- und ausgebaut, was wiederum zu einem besseren Arbeitsklima und einer höheren Leistung führt.

Um die Arbeitsleistung zu verbessern, hat die Comparex AG eine Sonderveranstaltung eingeführt, mit Namen „Meet the Best". Bei dieser Sonderveranstaltung in einer europäischen Stadt, werden die besten 30 % der Mitarbeiter ausgezeichnet.[226] Diese Anerkennung der Arbeitsleistung motiviert einerseits die ausgezeichneten Mitarbeiter, weiterhin Ihre Leistung zu bringen, andererseits werden die übrigen Mitarbeiter angespornt, um im nächsten Jahr an dieser Veranstaltung teilzunehmen. Des Weiteren besteht die interessante Möglichkeit bei einer Tochtergesellschaft der Comparex AG im Ausland zu arbeiten.[227] Diese Möglichkeit ist, vor allem für junge Mitarbeiter, interessant, da es neben der Förderung der sprachlichen und persönlichen Kompetenz eine gute Chance ist, die eigene Vita aufzubessern. Für das Unternehmen haben diese Auslandsaufenthalte den Vorteil, dass die transnationale Kommunikation verbessert und der interkulturelle Austausch erhöht wird.

Einen besonderen Fokus legt die Comparex AG auf die Integration von Frauen und Eltern, sowie auf eine angemessene Work-Life-Balance. Um den Beruf mit der Freizeit in Einklang zu bringen, gibt es neben flexiblen Arbeitszeiten einen Betriebskindergarten, welcher sich in unmittelbarer Nähe zu der Konzernzentrale befindet. In diesem Kindergarten mit flexiblen Aufenthaltszeiten erfolgt eine individuelle Förderung der Kinder. Dieses Angebot macht das Unternehmen für berufstätige Eltern sehr interessant. Um die Gesundheit der Mitarbeiter zu verbessern, werden vielfältige Möglichkeiten angeboten. Durch das Anbieten von Rückentrainings, kostenlosen Impfungen, Massagen oder Preisnachlässen in Fitnesscentern sollen neben der Profilierung als mitarbeiter-

---

[225] Vgl. Comparex Deutschland AG (2011a).

[226] Vgl. Ebenda.

[227] Vgl. Comparex Deutschland AG (2011a).

orientierter Arbeitgeber natürlich auch Krankheiten und somit Fehlzeiten und Kosten reduziert werden.[228]

Die Personalentwicklungsmaßnahmen der Comparex AG zielen auf eine kontinuierliche Förderung der Potentiale und Fähigkeiten der Mitarbeiter ab und setzen sich aus drei Systemen zusammen, dem Job- & Karriere-System, dem Performance Management System und dem Trainings- und Weiterbildungssystem, welche sich aus der Unternehmenskultur ableiten.[229] (Siehe Anhang 17) Das Job- & Karrieresystem fasst die verschiedenen Berufsbilder (Jobs) in sogenannte Job Families zusammen (bspw. Marketing), welche wiederum untergliedert werden (bspw. in Online-, Event- oder Personal-marketing). In diesen einzelnen Berufen gibt es drei verschiedene Joblevels. Mit steigendem Level erhöhen sich die Anforderungen bzgl. Fachwissen, Sozialkompetenz oder Kommunikationsfähigkeit. Im Anschluss an das dritte Joblevel können die besten Mitarbeiter noch eine höhere Laufbahnkarriere anstreben.[230] Dieses System bietet den Vorteil, dass der Mitarbeiter sofort erkennt, auf welcher Ebene er sich befindet und welche Fähigkeiten er verbessern muss, um eine Stufe aufzusteigen. Dadurch kann eine gezielte Weiterentwicklung der Mitarbeiter erfolgen. Durch den Aufstieg in ein höheres Level steigt die Motivation der Mitarbeiter, da eine unmittelbare Anerkennung der Arbeitsleistung erfolgt. Dank dieses Angebotes schafft es die Comparex AG, sich als Unternehmen zu positionieren, das Karrierechancen ermöglicht und die erbrachten Leistungen honoriert und anerkennt.

Das Performance Management System ist ein Beurteilungssystem, welches die Mitarbeiter anhand bestimmter Kriterien bewertet. Das interessante hierbei ist, dass nicht nur der Vergleich zwischen den vorher festgelegten Zielen mit den tatsächlichen Zielen wichtig ist, sondern auch die Art und Weise, wie diese erreicht wurden.[231] Mithilfe dieses Systems wird durch regelmäßige Gespräche der Austausch zwischen Führungskraft und Mitarbeiter gefördert. Aufbauend auf diesen Gesprächen erfolgt dann die Weiterentwicklung der Mitarbeiter, sodass für beide Seiten Vorteile entstehen. Die Mitarbeiter können Ihre Stärken und Schwächen identifizieren und werden gezielt gefördert. Das Unternehmen

---

[228] Vgl. Comparex Deutschland AG (2011b).

[229] Vgl. Comparex Deutschland AG (2011c).

[230] Vgl. Comparex Deutschland AG (2011d).

[231] Vgl. Comparex Deutschland AG (2011e).

„erhält" den passenden Mitarbeiter für einen bestimmten Job. Positiv hervorzuheben ist auch, dass nicht nur die Ergebnisse zählen, sondern auch die Vorgehensweise zur Erreichung dieser. So soll sichergestellt werden, dass die Mitarbeiter nicht überfordert werden und das Betriebsklima gut bleibt.

Das dritte System ist das Trainings- & Weiterbildungssystem, welches praxisorientiert in Form von Trainings „on the Job" erfolgt.[232] Zu diesem Zweck wurde eine unternehmenseigene Ausbildungseinrichtung gegründet, die sogenannte PC-Ware Academy. Dieses modulare und standarisierte Kursprogramm ermöglicht die hohen Ansprüche des Unternehmens zu befriedigen.[233] Durch die praxisnahe Ausbildung können die erlernten Fähigkeiten sofort angewendet und umgesetzt werden. Durch die unternehmenseigene Ausbildungseinrichtung wird erreicht, dass die Weiterbildungen sowohl sinnvoll, als auch vorteilhaft für das Unternehmen sind. In Folge dieses Angebotes erreicht die Comparex AG eine Positionierung als Arbeitgeber, der an der Weiterentwicklung und Verbesserung seiner Mitarbeiter interessiert ist.

Zusammenfassend ist zu sagen, dass das Zusammenspiel der Personalentwicklungsmaßnahmen, in Verbindung mit der Unternehmenskultur, die Comparex AG, mindestens in der Region, als attraktiven Arbeitgeber positioniert. Um national als auch international als attraktiver Arbeitgeber wahrgenommen zu werden, müssen jedoch vor allem noch externe Kommunikationsmaßnahmen eingeführt werden. Besonders vor dem Hintergrund, da die Comparex AG als neue, eigenständige Marke auf dem Markt auftritt. Wichtig ist, dass sowohl die Führungskräfte als auch die Mitarbeiter die Führungskultur leben und von den reichhaltigen Personalentwicklungsmaßnahmen Gebrauch machen.

4.2 Bertelsmann AG

4.2.1 Unternehmensvorstellung und Notwendigkeit des Employer Brandings

Die Bertelsmann AG ist ein 1835 gegründetes internationales Medienunternehmen mit Sitz in Gütersloh. Das Unternehmen ist in die Bereiche Fernsehen/ Radio (RTL Group), Bücher (Random House), Zeitungen/ Magazine (Gruner + Jahr), Medienservice (Arvato) und Medienclubs (Direct Group) unterteilt, die in ihren Branchen jeweils Führungspositionen einnehmen.

---

[232] Vgl. Comparex Deutschland AG (2011f).

[233] Vgl. Blaschke, T. (2008), S. 33.

Momentan beschäftigt die Bertelsmann AG weltweit mehr als 100.000 Mitarbeiter in über 50 Ländern. Der Konzernumsatz betrug im Jahr 2010 15,8 Mrd. €. Damit ist die Bertelsmann AG Europas größtes Medienunternehmen. Auch wenn das Unternehmen weltweit vertreten ist, erzielt es aufgrund seiner Wurzeln nach wie vor den meisten Umsatz in Europa, insbesondere in Deutschland.[234]

Die Notwendigkeit aktiv Employer Branding zu betreiben, erkannte der damals neue Vorstandsvorsitzende Hartmut Ostrowski als erster, als er sagte: „Wir müssen die besten Führungskräfte für Bertelsmann finden, aufbauen und binden. Frauen und Männer, die die Idee vom Unternehmer im Unternehmen schätzen und zu leben bereit sind."[235] Das Problem der Bertelsmann AG lag darin, dass sie nicht als attraktiver Arbeitgeber angesehen wurde. Ausführliche interne (Befragungen von Führungsnachwuchskräften, Recruiting-Kennzahlen) und externe (Wettbewerbsanalyse, Rankings) Analysen lieferten dieses Bild. So rutschte das Unternehmen in Arbeitgeberrankings von Top-Ten Platzierungen auf Mittelfeldplatzierungen ab. Auch wurden bei den Bewerbungseingängen für die Positionen der Führungskräfte sinkende Bewerbungseingänge gemeldet.[236] Da es sich bei der Bertelsmann AG um ein etabliertes Unternehmen handelt, ist das Hauptziel nicht, die Bekanntheit als Arbeitgeber zu erhöhen. Im Vordergrund steht, durch eine eindeutige Positionierung, die Attraktivität als Arbeitgeber zu steigern und somit sowohl qualitativ als auch quantitativ das notwendige Humankapital zu erhalten.

Um die Attraktivität als Arbeitgeber zu erhöhen, erfolgte bei Bertelsmann im ersten Schritt die genaue Analyse. Zum einen wurden die aktuellen Führungskräfte befragt, was sie dazu bewegt hat, Bertelsmann als Arbeitgeber zu wählen, zum anderen wurden externe Analysen durchgeführt. Schlussendlich konnten zwei Faktoren ermittelt werden, die zielgruppenrelevant sowie authentisch sind, Eigenverantwortung und Unternehmertum.[237] Durch diese Identifikation der Stärken war es dem Unternehmen möglich, ein einheitliches Konzept auf die Beine zu stellen „Create Your Own Career". Durch diesen Ausspruch wird schon sehr deutlich, dass ein wesentlicher Punkt die

---

[234] Vgl. Bertelsmann AG (2011a).

[235] Ostrowski, H. (2008), S. 7.

[236] Vgl. Hesse, G. (2009), S. 209.

[237] Vgl. Hesse, G. (2009), S. 209.

Eigenverantwortung ist. Der Mitarbeiter ist selber für seine Karriere verantwortlich und kann durch gute Arbeitsleitungen aufsteigen. Somit ist er ein Unternehmer im Unternehmen, er arbeitet zwar für Bertelsmann, aber zeitgleich auch an seiner Karriere. Selbstverständlich ist dieses Konzept nicht für alle Mitarbeiter anwendbar (z.B. Sekretäre oder Sachbearbeiter), die Fokussierung liegt eindeutig auf den Fach- und Führungskräften.

4.2.2 Die Maßnahmen der Bertelsmann AG

Nach der Analyse und der Positionierung erfolgten entsprechend der definierten Zielgruppen die konkreten Maßnahmen. Auch hier kommt neben der eigentlichen Umsetzung, der Unternehmenskultur eine Schlüsselfunktion zugute, denn wenn die unternehmerischen Grundsätze nicht aktiv gelebt werden, kann jede noch so gute Marketingkampagne nicht erfolgversprechend sein.

Die Unternehmenskultur der Bertelsmann AG ist durch vier Grundwerte definiert, die sogenannten Bertelsmann Essentials. Da sich die Arbeitgebermarke aus der Unternehmensmarke ableitet, bilden diese Grundsätze die Grundlage für das Employer Branding. Die Bertelsmann Essentials sind Partnerschaft, Unternehmergeist, Kreativität und gesellschaftliche Verantwortung.[238] Unter dem Grundsatz der Partnerschaft ist das gegenseitige Vertrauen, die offene Kommunikation und die Transparenz der Geschäftsprozesse zu sehen. Bertelsmann sieht die Mitarbeiter nicht als untergeordnet an, sondern als gleichwertige Partner. Durch diese Partnerschaft sollen beide Seiten profitieren, das Unternehmen durch motivierte Mitarbeiter und die Angestellten durch eine anspruchs- und verantwortungsvolle Arbeit mit hoher Eigenständigkeit. Der Aspekt der Eigenverantwortung ist zugleich einer der wesentlichen Merkmale des Konzepts „Create Your Own Career".

Auch der zweite Unternehmensgrundsatz, der Unternehmergeist wird in „Create Your Own Career" aufgenommen. Durch die dezentrale Struktur[239] der Bertelsmann AG mit ihren starken Marken RTL, Gruner + Jahr etc. wird das Unternehmertum der Führungskräfte gefördert. Die Geschäftsführer leiten die jeweiligen Firmen selbstständig, was auch den Führungskräften zugutekommt. Eine hohe Unabhängigkeit und somit größere Verantwortung fördert die Entfaltung der eigenen Fähigkeiten und dient zur Motivation der Mitarbeiter.

---

[238] Vgl. Bertelsmann AG (2009), S. 3.

[239] Vgl. Bertelsmann AG (2011b).

Die letzten beiden Grundsätze, Kreativität und gesellschaftliche Verantwortung sind eher allgemeiner Natur und spiegeln sich nicht direkt in dem „Create Your Own Career" wider. Doch nichtdestotrotz sind diese Grundsätze wichtig, um sich auch als attraktiver Arbeitgeber zu profilieren.

Durch den Aspekt der Kreativität wird die Internationalität des Unternehmens angesprochen. Die Bertelsmann AG fördert die Bewerbung kreativer und internationaler Mitarbeiter, dieser Trend wird noch dadurch verstärkt, da das Unternehmen weltweit vertreten ist. Der Aspekt der Corporate Responsibility verschafft dem Unternehmen erhebliche Imagevorteile, welche sich auf die Arbeitgeberattraktivität übertragen lassen können. Ein Teil der gesellschaftlichen Verantwortung ist die Nachhaltigkeit[240], also dass die verschiedenen Projekte langfristig angelegt sind. Übertragen auf das Employer Branding positioniert sich das Unternehmen als Arbeitgeber, bei dem eine hohe Arbeitsplatzsicherheit besteht.

Bei dem „Create Your Own Career" Konzept ist zwischen Online- als auch Offline-Aktivitäten zu unterscheiden. Da die Zielgruppe der Fach- und Führungskräfte hauptsächlich im Internet nach Informationen sucht[241], steht dieser Bereich im Fokus der Aktivitäten. Den Fokus der Online-Aktivitäten bilden die Websites www.createyourowncareer.de (bzw./.com) sowie www.discover.bertelsmann.de (bzw./.com). Neben diesen zwei Hauptplattformen existieren noch andere Online-Aktivitäten auf den verschiedensten Plattformen. Als Beispiele sind hier die Create Your Own Career Gruppen bei Xing (mehr als 1.800 Mitglieder) und Facebook (mehr als 3.800 Mitglieder) zu nennen.[242] Durch diese Aktivitäten kann Bertelsmann schnell und kostengünstig mit der definierten Zielgruppe kommunizieren und sich als kreatives und dynamisches Unternehmen positionieren.

Bei www.createyourowncareer.de handelt es sich um die Recruiting Website der Bertelsmann AG. Die optische Gestaltung erfolgt in Form von verschiedenen Testimonials. Die wichtigsten Karrierepositionen werden dabei durch einen Lichtstrahl dargestellt. Bei den Testimonials handelt es sich um tatsächliche Mitarbeiter des Unternehmens und nicht um Schauspieler. Im Gegensatz zu anderen Kampagnen geben die Mitarbeiter hier kein Statement ab, wie toll es ist

---

[240] Vgl. Ebenda.

[241] Vgl. Petkovic, M. (2008), S. 208.

[242] Vgl. Bertelsmann AG (2011g, h).

bei Bertelsmann zu arbeiten. (Siehe Anhang 18) Durch die Konzentration auf die wesentlichen Karrierepunkte (Zeitraum und Position) wird aufgezeigt, dass durch eigenes Engagement und Zielorientierung schnell Karriere gemacht werden kann, was die beiden Faktoren Eigenverantwortung und Unternehmertum anspricht. Unterstützt wird der optische Auftritt durch den intensiven Einsatz von Videos und Web 2.0 Anwendungen wie bspw. ein Praktikantenblog. Durch die Unterteilung in verschiedene Zielgruppen (Berufserfahrene, Absolventen, Studenten, Schüler) wird die Orientierung vereinfacht, womit schnell die richtigen freien Stellen gefunden werden können.[243]

Die Website www.discover.bertelsmann.de ist das Self-Assessment-Center der Bertelsmann AG. Das Online-Assessment startet mit der Begrüßung durch den Vorstandsvorsitzenden Hartmut Ostrowski, welcher neben der Vorstellung der eigenen Vita verdeutlicht, wie wichtig das Talent Management für Bertelsmann ist. Im Anschluss daran folgen fünf verschiedene Videos mit einer Gesamtlänge von ca. 25 Minuten. In diesen werden durch verschiedene Mitarbeiter die jeweiligen Bereiche und Einstiegsmöglichkeiten erläutert. Zwischen diesen Videos ist der Bewerber am Zug. Durch verschiedene Fragen zu dem bisherigen Karriereweg erhält das Unternehmen Informationen über den Bewerber und der Bewerber kann herausfinden, für welchen Bereich er sich am besten eignet. Am Ende des Online-Assessment erfolgt die Auswertung der Fragen. Aufbauend auf der Auswertung werden, individuell für den Bewerber ausgerichtete, Einstiegsmöglichkeiten angeboten.[244] Da die Informationen nicht gespeichert werden, handelt es sich nicht um ein echtes Assessment Center, sondern nur um eine Orientierungshilfe für die Bewerber.[245] Auch wenn das Ergebnis nicht bindend ist, so ist es für die Bewerber doch interessant zu erfahren, wo Einstiegsmöglichkeiten bestehen. Durch die verschiedenen Fragestellungen können etwaige persönliche Schwächen identifiziert werden. Als nicht so positiv anzusehen ist, dass die Mitarbeiter den Großteil der Sprechzeit über ihren eigenen Werdegang und Hobbys verwenden. Der interessierte Bewerber möchte eher etwas über das Unternehmen erfahren und die Karrierechancen, weniger über die einzelnen Personen.

---

[243] Vgl. Bertelsmann AG (2011c).

[244] Vgl. Bertelsmann AG (2011d).

[245] Vgl. Hesse, G. (2009), S. 215.

Neben der Broschüre „Create Your Own Career", welche sich kaum von der Recruiting-Website unterscheidet, ist ein wesentlicher Punkt der offline Aktivitäten das Recruiting Event Talent Meets Bertelsmann (früher Talent Meets Media bzw. Finance Meets Media). Diese Veranstaltung findet seit 2008 jährlich in der Bertelsmann Repräsentanz in Berlin statt. Bewerben können sich examensnahe Studenten der Fachrichtungen Wirtschaftswissenschaft, (Wirtschafts-) Informatik, Medienmanagement und Wirtschaftsingenieurwesen. Die besten Studenten erhalten dann eine Einladung für das Event. Bei dieser Veranstaltung geht es für die Bewerber neben dem Knüpfen wichtiger Kontakte (2010 waren neben vielen Top-Führungskräften u.a. der Vorstandsvorsitzende Hartmut Ostrowski und der Finanzvorstand Thomas Rabe anwesend)[246] auch darum, sich in verschiedenen Workshops zu profilieren. Diese Workshops bestehen darin, dass die Bewerber in Gruppen verschiedene Themen der einzelnen Geschäftsfelder bearbeiten, und anschließend ihre Lösungsansätze vorstellen. Neben der Prämierung der Siegentwürfe können sich die Sieger berechtigte Hoffnungen auf die Einstellung bei Bertelsmann machen.[247] Ziel dieser Veranstaltung ist es, sich bei den potenziellen Nachwuchsführungskräften als innovativer Arbeitgeber zu positionieren, und gleichzeitig die besten Bewerber im Anschluss an ihr Studium einzustellen.

Nach der eigentlichen Durchführung erfolgt auch bei der Bertelsmann AG kontinuierlich die Erfolgskontrolle, um die Wirksamkeit der einzelnen Maßnahmen zu messen. Sowohl die Online- als auch die Offline-Aktivitäten werden durchweg positiv beurteilt. Nach einer Umfrage bzgl. der ersten Recruiting Veranstaltung Talent Meets Media fiel das Feedback der Teilnehmer sehr gut aus. Sowohl die Bewerber als auch die Bertelsmann Mitarbeiter bewerteten diese, in Schulnoten ausgedrückt, mit 1,1. Als Anhaltspunkt für die Erfolgskontrolle der Online-Aktivitäten können die Zugriffszahlen herangezogen werden. Beide Plattformen (createyourowncareer.de/ discover.bertelsmann.de) haben sehr gute Zugriffszahlen erzielt. Alleine das Online-Assessment-Center hatte in den ersten sechs Monaten über 11.000 Zugriffe. Als eindeutigste Kontrollmöglichkeit sind die Daten zur Bewerberqualität als auch zur –quantität anzusehen. Sowohl die Anzahl der eingehenden Bewerbungen, als auch deren Qualität, sind gestiegen. Des

---

[246] Vgl. Bertelsmann AG (2011e).

[247] Vgl. Bertelsmann AG (2011f).

Weiteren sind die Bewerberabsagen nach einem Einstiegsangebot zurück-gegangen.[248]

Dieser Vergleich der beiden Unternehmen sollte verdeutlichen, dass starke Unterschiede bzgl. der Employer Branding Strategien vorherrschen. Da sowohl die Ausgangslage als auch die Zielsetzungen von Unternehmen zu Unternehmen unterschiedlich sind, bringt es nichts die Konzepte von großen Unternehmen einfach zu kopieren. Auch zeigt das Beispiel der Bertelsmann AG gut, dass Employer Branding nur Sinn macht, wenn es ganzheitlich betrieben wird. Es nützt nichts, wenn die Fokussierung auf den einzelnen Maßnahmen beruht, sämtliche Phasen müssen absolviert werden. Daneben ist es wichtig, das der Grundgedanke auch von den Führungskräften gelebt wird, was der Vorstands-vorsitzende Hartmut Ostrowski gut verdeutlicht.

---

[248] Vgl. Hesse, G. (2009), S. 217f.

5   Schlussbetrachtungen

Die Suche nach den besten und geeignetsten Mitarbeitern ist mittlerweile schwieriger denn je. Aus diesem Grund ist es unerlässlich, durch geeignete Mittel die Aufmerksamkeit und die Attraktivität als guter Arbeitgeber zu erhöhen. Die vorliegende Arbeit zeigt auf, dass durch den zielgerichteten und strategischen Aufbau einer Arbeitgebermarke der genannten Problematik entgegengewirkt werden kann. Zum einen wird durch eine gut geplante und durchgeführte Employer Branding Kampagne die Attraktivität als Arbeitgeber gesteigert, was das Unternehmen für potentielle Arbeitgeber interessant macht. Zum anderen werden durch die interne Umsetzung die Loyalität und die Verbundenheit zu der eigenen Firma erhöht. Dies führt zu einer höheren Motivation der Mitarbeiter und schlussendlich zu einer Leistungssteigerung. Auch wenn sich die Erfolge häufig erst nach einer längeren Phase einstellen und teilweise auch nicht messbar sind, bringt es dem Unternehmen unwiderlegbare Vorteile.

Ein erfolgreicher Aufbau einer Arbeitgebermarke kann nur funktionieren, wenn das gesamte Unternehmen hinter dieser steht. Deshalb darf die Employer Brand nicht widersprüchlich zu der Corporate Brand stehen. Eine große Verantwortung kommt der Top-Management-Ebene zuteil. Diese muss es schaffen, dass der Employer Branding Prozess intern gelebt wird. Die Verankerung in der Unternehmenskultur und die Umsetzung durch die Führungskräfte sind unerlässlich um die eigene Identität zu generieren. Dabei ist es entscheidend, dass sämtlichen Phasen die notwendige Aufmerksamkeit geschenkt wird und nicht nur Ressourcen in Marketing oder Recruiting gesteckt werden. Besonders der Analyse und der Planung kommt eine hohe Bedeutung zu Gute. Leider werden diese Bereiche häufig übergangen, da sich die beteiligten Personen nicht ausreichend mit dem Thema auseinandergesetzt haben.

Bei der Umsetzung ist es wichtig, dass eine klare Linie verfolgt wird. Aufbauend auf den gewonnenen Erkenntnissen durch die Analyse, muss der Prozess strategisch ausgerichtet werden. Es nützt nichts, wenn die Aktionen kurzfristig angelegt sind und nur in Phasen des wirtschaftlichen Aufschwungs durchgeführt werden, wenn sie dann in der nächsten Rezession aus Kostengründen wieder gecancelt werden. Selbstverständlich dürfen die Kosten nicht grundsätzlich vernachlässigt werden. Ein gutes Personalcontrolling in Verbindung mit einer intensiven Analyse kann diese Gefahr aber minimieren. Auch dürfen sich die Unternehmen nicht auf ihren etwaigen Erfolgen ausruhen.

Wichtig ist es immer wieder die wichtigsten Zukunftstrends zu ermitteln und die Maßnahmen darauf auszurichten.

Zusammenfassend ist zu sagen, dass ein Unternehmen, welches auch in Zukunft erfolgreich am Markt bestehen will, nicht mehr daran vorbei kommen wird Employer Branding zu betreiben. Momentan mag es noch einige Unternehmen geben, die noch keinerlei Aktivitäten gestartet haben, weil sie einfach ein gutes Image haben, aber auch diese werden umdenken müssen. Besonders kleine und mittelständische Unternehmen betreiben Employer Branding nicht in einem ausreichenden Rahmen, häufig aufgrund der begrenzten finanziellen Möglichkeiten. Diese dürfen nur nicht den Fehler machen, ihre Maßnahmen an denen der Großunternehmen zu orientieren. Besonders für regionale Unternehmen ist es wichtiger, sich auf ihre Region zu beschränken und sich dort als attraktiver Arbeitgeber zu positionieren.

Neben der Relevanz für kleine und mittelständische Unternehmen, werden zukünftig die sozialen Netzwerke (StudiVZ, Facebook, Xing etc.) zunehmend in den Blickpunkt der Employer Branding Kommunikation geraten. Aufgrund der intensiven Nutzung dieser Netzwerke durch die Fach- und Führungskräfte wird dieses Medium an Relevanz gewinnen. Ein weiterer Trend wird dahingehen, dass die Profilierung als attraktiver Arbeitgeber noch früher vollzogen wird als bisher. Kampagnen an Grundschulen oder gar Kindertagesstätten sind nicht gänzlich auszuschließen. Auch wenn dies anfangs unkonventionell erscheint, werden die Unternehmen schon in dieser frühen Phase versuchen, ihre Bekanntheit und ihr Image zu erhöhen.

In den Bereichen des internationalen und interkulturellen Employer Branding herrscht ebenfalls noch Nachholbedarf. Vielen Unternehmen ist es nicht bewusst, dass zwischen verschiedenen Nationen unterschiedliche Vorstellungen von einem guten Arbeitgeber herrschen. (Siehe Anhang 19) In Folge des demographischen Wandels sind die Unternehmen jedoch gezwungen ausländische Fach- und Führungskräfte zu rekrutieren. Deshalb muss auch das Employer Branding interkulturell ausgerichtet sein.

Wie diese vielen Zukunftsthemen zeigen, ist Employer Branding aktueller denn je und wird in der nächsten Zeit weiter in den Blickpunkt vieler Unternehmen geraten. Deshalb kann davon ausgegangen werden, dass auch in Zukunft zahlreiche und interessante neue Aktivitäten gestartet werden und somit ebenso der Forschungsbedarf in diesem Bereich sehr hoch sein wird. In diesem Sinne erwartet uns eine interessante und spannende Zeit mit diesem Thema.

Literaturverzeichnis

Albs, Norbert (2005): Wie man Mitarbeiter motiviert – Motivation und Motivationsführung im Führungsalltag, Berlin.

Bauer, Hans H. et al (2008): Meilensteine erfolgreicher Markenführung – Ein Leitfaden für eine kritische Diskussion über die eigene Marke, in: Bauer, Hans H. et al (2008): Erfolgsfaktoren der Markenführung – Know-how aus Forschung und Management, München, S. 1 – 14.

Baumgarth, Carsten (2007): Markenpolitik – Markenwirkungen – Markenführung – Markencontrolling, 3. Aufl. Wiesbaden.

Blaschke, Tillmann (2009): Gewinnung von Talenten für mittelständische Unternehmen, in: Backhaus, Klaus et al (2009): Employer Branding – Professionelles Markenmanagement zur Profilierung am Arbeitsmarkt, Leipzig, S. 28-35.

Bollwitt, Björn (2010): Herausforderung demographischer Wandel – Employer Branding als Chance für die Personalrekrutierung, Hamburg.

Buckesfeld, Yvonne (2010): Employer Branding – Steigerung der Arbeitgeberattraktivität in KMU, Hamburg.

Burmann, Christoph (2009): Employer Branding 2.0 – Gewinnung und Bindung qualifizierter Mitarbeiter, in: Backhaus, Klaus et al (Hrsg.) (2009): Employer Branding – Professionelles Markenmanagement zur Profilierung am Arbeitsmarkt, Leipzig, S. 55-62.

Burmann, Christoph/ Zeplin, Sabrina (2005): Innengerichtetes identitätsbasiertes Markenmanagement, in: Meffert, Heribert et al (2005): Markenmanagement – Identitätsorientierte Markenführung und praktische Umsetzung, 2. Aufl., Wiesbaden, S. 115-139.

Brickwedde, Wolfgang (2010): Kaum Gezwitscher um Talente, in: Personalmagazin 10/2010. S. 42.

Chambers, Elisabeth G. et al (1998): The War for Talent, in The Mc Kinsey Quarterly, 03/1998, S.44-57.

Esch, Franz-Rudolf (2010): Strategie und Technik der Markenführung, 6. Aufl., München.

Esch, Franz-Rudolf et al (2006): Corporate Brand Management – Marken als Anker strategischer Führung von Unternehmen, 2. Aufl., Wiesbaden.

Freter, Herrmann (2008): Markt- und Kundensegmentierung – Kundenorientierte Markterfassung und -bearbeitung, 2. Aufl., Stuttgart.

Furkel, Daniela (2007): Authentisch und Glaubwürdig, in: Personalmagazin 11/2007, S. 66-69.

Grbavac, Mario (2009): Employer Branding – Moderne Instrumente des Personalmarketings, Hamburg.

Hauser, Frank et al (2008): Unternehmenskultur in Deutschland, in: Bundesministerium für Arbeit und Soziales (Hrsg.): Unternehmenskultur, Arbeitsqualität und Mitarbeiterengagement in den Unternehmen in Deutschland, Berlin, S. 101–112.

Hesse, Gero (2009): Bertelsmann AG: Create Your Own Career, in: Trost, Armin (Hrsg.) (2009): Employer Branding – Arbeitgeber positionieren und präsentieren, Köln, S. 208–220.

Kabst, Rüdiger et al (2010): Was High Performer besser machen, in: Personalmagazin 10/2010, S. 44–45.

Kaplan, Robert S./Norton, David P. (2004): In Search of Excellence – der Maßstab muss neu definiert werden, in: Harvard Business Manager, Oktober 2004, S. 146–57.

Kenning, Peter et al (2002): Neuroökonomische Forschungsberichte, Teilgebiet Neuromarketing Nr. 1 – Die Entdeckung der kortikalen Entlastung, Münster.

Kiefer, Stefan/ Regnet, Erika (2008): Wissen wie die Zielgruppe tickt, in: Personalwirtschaft 04/2008, S. 34-37.

Kotler, Philip et al (2007): Marketing-Management – Strategien für wertschaffendes Handeln, 12. Aufl., München.

Kotler, Philip/ Bliemel, Friedhelm (2001): Marketing-Management – Analyse, Planung und Verwirklichung, Stuttgart.

Kroeber-Riel, Werner et al (2009): Konsumentenverhalten, 9. Aufl., München.

Meffert, Heribert et al (2002): Stellenwert und Gegenstand des Markenmanagements, in Meffert, H. et al (2002): Markenmanagement – Identitätsorientiert Markenführung und praktische Umsetzung, Wiesbaden, S. 4-15.

Meffert, Heribert et al (2005): Stellenwert und Gegenstand des Markenmanagements, in: Meffert, H. et al (2005): Markenmanagement –

Identitätsorientierte Markenführung und praktische Umsetzung, 2. Aufl., Wiesbaden, S. 4-17.

Meffert, Heribert/ Burmann, Christoph (2005): Wandel der Markenführung – vom instrumentellen zum identitätsorientierten Markenverständnis, in: Meffert, H. et al (2005): Markenmanagement – Identitätsorientierte Markenführung und praktische Umsetzung, 2. Aufl., Wiesbaden, S. 20–36.

Meffert, Heribert/ Koers, Martin (2005): Identitätsorientiertes Markencontrolling – Grundlagen und konzeptionelle Ausgestaltung, in: Meffert, H. et al (2005): Markenmanagement – Identitätsorientierte Markenführung und praktische Umsetzung, 2. Aufl., Wiesbaden, S. 27 –296.

Munzinger, Uwe/ Musiol, Karl Georg (2008): Markenkommunikation – Wie Marken Zielgruppen erreichen und Begehren auslösen, München.

Ostrowski, Hartmut (2008): Durch Wachstum Werte schaffen, in: Bertelsmann AG: Geschäftsbericht 2007,Gütersloh, S. 3–7.

Petkovic, Mladen (2004): Geschickte Markenpolitik, in: Das Personal – Zeitschrift für Human Resource Management 04/2004, S. 6-9.

Petkovic, Mladen (2008): Employer Branding – Ein markenpolitischer Ansatz zur Schaffung von Präferenzen bei der Arbeitgeberwahl, 2. Aufl., München/ Mering.

Riedel, Tim (2010): Markenaufbau und Mitarbeiterbindung global, in: Personalwirtschaft 11/2010, S. 52-54.

Ringle, Tanja (2006): Strategische identitätsorientierte Markenführung, München.

Sander, Matthias (2004): Marketing-Management – Märkte, Marktinformationen und Marktbearbeitung, Stuttgart.

Schuble, Joachim/ Eicher, Markus (2008): Die Botschaft hören sie wohl, allein es fehlt die Strategie, in: Sonderheft Personalwirtschaft 08/2008, S. 12-14.

Simon, Herrmann et al (1995): Personalmarketing: Strategien, Instrumente, Fallstudien, Wiesbaden.

Sponheuer, Birgit: Employer Branding als Bestandteil einer ganzheitlichen Markenführung, in: Burmann, Christoph/ Kirchgeorg, Manfred (Hrsg.): Innovatives Markenmanagement, Wiesbaden 2010.

Stephan, Michael (2010): Studenten mögen´s professionell, in:
Personalwirtschaft 08/2010, S. 45-47.

Stotz, Waldemar/ Wedel, Anne (2009): Employer Branding – Mit Strategie zum
bevorzugten Arbeitgeber, München.

Stritzke, Christoph (2009) : Marktorientiertes Personalmanagement durch
Employer Branding, Mannheim.

Süss, Martin (1996): Externes Personalmarketing für Unternehmen mit geringer
Branchenattraktivität, München.

Trost, Armin (2008): Die klare Botschaft fehlt, in: Personalwirtschaft 02/2008,
S. 34-36.

Wiese, Dominika (2005): Employer Branding: Arbeitgebermarken erfolgreich
aufbauen, Saarbrücken.

Wolf, Mareike Ulrike (2010): Employer Branding: Bedeutung für die
strategische Markenführung – Forschungsergebnisse im Kontext erfolgreicher
und nicht erfolgreicher Unternehmen, Hamburg.

Internetverzeichnis

BBDO Consulting (2006): Stellenausschreibung: http://www.marketing-
blog.biz/blog/plugin/tag/BBDO+Consulting, Zugriff am 05.05.2011

Bertelsmann AG (2009): Bertelsmann Essentials:
http://www.bertelsmann.com/bertelsmann_corp/wms41/customers/bmcr/pdf/Ber
telsmann_Essentials_DE.pdf, Zugriff am 27.05.2011.

Bertelsmann AG (2011): Auszeichnungen für „Create Your Own Carreer":
http://createyourowncareer.de/Karriere-bei-Bertelsmann/Auszeichnungen.html,
Zugriff am 25.05.2011.

Bertelsmann AG (2011a): Das Unternehmen und seine Bereiche:
http://www.bertelsmann.com/bertelsmann_corp/wms41/bm/index.php?ci=7&lan
guage=1, Zugriff am 27.05.2011.

Bertelsmann AG (2011b): So handeln wir – unsere CR Strategie:
http://www.bertelsmann.de/bertelsmann_corp/wms41/cr/index.php?ci=786&lan
guage=1, Zugriff am 27.05.2011.

Bertelsmann AG (2011c): Create Your Own Career:
http://createyourowncareer.de/, Zugriff am 28.05.2011.

Bertelsmann AG (2011d): Discover Bertelsmann:
http://discover.bertelsmann.de/, Zugriff am 28.05.2011.

Bertelsmann AG (2011e): Talent Meets Bertelsmann 2010:
http://createyourowncareer.de/TalentmeetsBertelsmann/Talent-Meets-Bertelsmann-2010.html, Zugriff am 30.05.2011.

Bertelsmann AG (2011f): Talent Meets Bertelsmann 2011:
http://createyourowncareer.de/Job/217748/Talent-Meets-Bertelsmann-2011.html, Zugriff am 30.05.2011.

Bertelsmann AG (2011g): Bertelsmann:
http://www.facebook.com/CreateYourOwnCareer, Zugriff am 30.05.2011.

Bertelsmann AG (2011h): Create Your Own Career:
http://www.xing.com/net/createyourowncareer, Zugriff am 30.05.2011.

Commerzbank AG (2009): Evaluationsstudie Modelprojekt Kids & Co. –
Kindertagesstätte:
https://www.commerzbank.de/media/karriere/diversity_neu/CoBa_evaluation23
0609lay_lange_Version.pdf, Zugriff am 27.04.2011.

Compamedia GmbH (2011): Gesucht: Die besten Arbeitgeber Deutschlands:
http://www.topjob.de/projekt/kurzbeschreibung/index.html, Zugriff am
11.05.2011.

Compamedia GmbH (2011a): Mit Top Job kann der Jahresabschluss kommen:
http://www.topjob.de/projekt/benchmarking/bewertungskategorien.html, Zugriff
am 11.05.2011.

Compamedia GmbH (2011b): Die besten Arbeitgeber im Mittelstand:
http://www.topjob.de/top-arbeitgeber/top-5/groessenklasse-a.html, Zugriff am
11.05.2011.

Compamedia GmbH (2011c): Die besten Arbeitgeber im Mittelstand:
http://www.topjob.de/top-arbeitgeber/top-5/groessenklasse-b.html, Zugriff am
11.05.2011.

Compamedia GmbH (2011d): Die besten Arbeitgeber im Mittelstand:
http://www.topjob.de/top-arbeitgeber/top-5/groessenklasse-c.html, Zugriff am
11.05.2011.

Comparex Deutschland AG (2011): Comparex Facts & Figures:
http://www.comparex.de/MediaLibrary/Content/web/de/de/unternehmen/presse/
recherche/comparex_facts-figures.pdf, Zugriff am 24.05.2011.

Comparex Deutschland AG (2011a): Das sind wir:
http://www.comparex.de/web/de/de/unternehmen/mitarbeiter/main.htm, Zugriff
am 24.05.2011.

Comparex Deutschland AG (2011b): Ihr Einstieg bei uns:
http://www.comparex.de/web/de/de/unternehmen/karriere/einstieg/main.htm,
Zugriff am 24.05.2011.

Comparex Deutschland AG (2011c): Arbeiten bei uns:
http://www.comparex.de/web/de/de/unternehmen/karriere/arbeitgeber/main.htm,
Zugriff am 24.05.2011.

Comparex Deutschland AG (2011d): Jobs & Karrieresystem:
http://www.comparex.de/web/de/de/themen/artikel.htm?articleid=20, Zugriff am
24.05.2011.

Comparex Deutschland AG (2011e): Performance Management:
http://www.comparex.de/web/de/de/themen/artikel.htm?articleid=21, Zugriff am
24.05.2011.

Comparex Deutschland AG (2011f): Trainings- & Weiterbildungssystem:
http://www.comparex.de/web/de/de/themen/artikel.htm?articleid=22, Zugriff am
24.05.2011.

DEBA (2008): Employer Branding in Deutschland – Definition Employer
Branding:
http://www.employerbranding.org/downloads/publikationen/DEBA_EB_Definit
ion_Praeambel.pdf, Zugriff am 06.04.2011.

Great Place to Work Institute Inc. (2011): Analyseleistungen:
http://www.greatplacetowork.de/consulting/index.php, Zugriff am 17.05.2011.

Great Place to Work Institute Inc. (2011a): Deutschlands beste Arbeitgeber
2011: http://www.greatplacetowork.de/best/list-de-2011.htm, Zugriff am
17.05.2011.

Helmrich, Robert/ Zika, Gerd (2008): Angebots- und Bedarfsprojektion nach
Sektoren, Qualifikationen und Berufsfeldern:
http://www.bibb.de/dokumente/pdf/12pr_veranstaltung_kontaktseminar_vortrag
_helmrich_zika_25-270608.pdf, Zugriff am 13.04.2011.

Solarworld AG (2008): SolarWorld No.1 mit Top-Platzierung bei
Nordamerikarennen:
http://www.solarworld.de/nc/presse/aktuelles/pressearchiv/presse-

archivdetails/article/solarworld-no1-mit-top-platzierung-bei-nordamerikarennen, Zugriff am 06.05.2011.

Solarworld AG (2008a): Der Solarworld Junior Einstein Award: http://www.einstein-award.de/index.php?id=98, Zugriff am 06.05.2011.

Trendence Institue Inc. (2010): Trendence Absolventenbarometer 2010: http://www.trendence.com/fileadmin/pdf/PM_Dab_10.pdf, Zugriff am 17.05.2011.

Unister Holding GmbH (2011): Unister schreibt Erfolgsgeschichte: http://www.unister.de/firma/ueber-uns.html, Zugriff am 22.04.2011.

Unister Holding GmbH (2011a): Weiterbildung bei Unister: http://www.unister.de/karriere/weiterbildung-bei-unister.html, Zugriff am 22.04.2011.

Universum (2010): Germany's Ideal Employers 2011: http://www.universumglobal.com/IDEAL-Employer-Rankings/The-National-Editions/German-Student-Survey, Zugriff am 17.05.2011.

Anhang

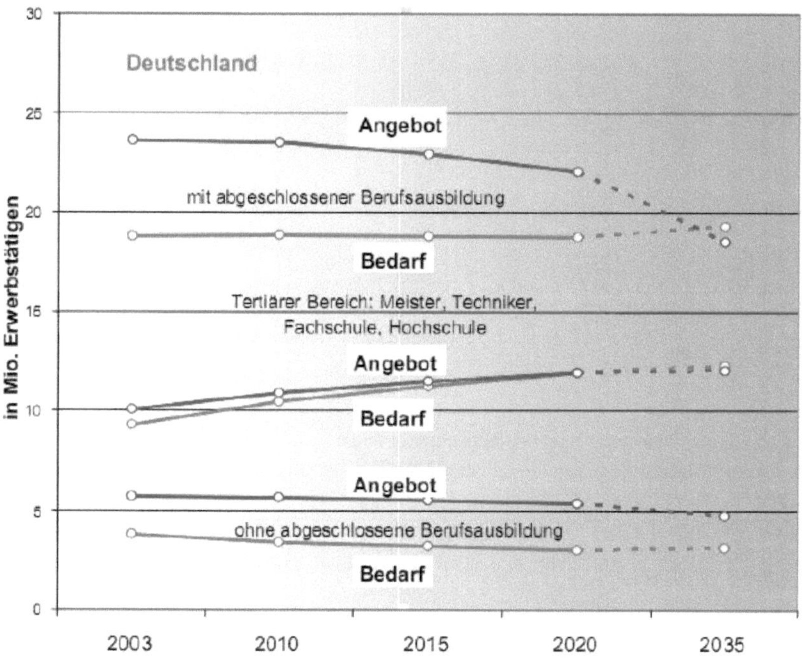

Anhang 1: Entwicklung Arbeitskräftebedarf in Deutschland 2003–2035
Quelle: Helmrich, R. /Zika, G. (2008), S. 17.

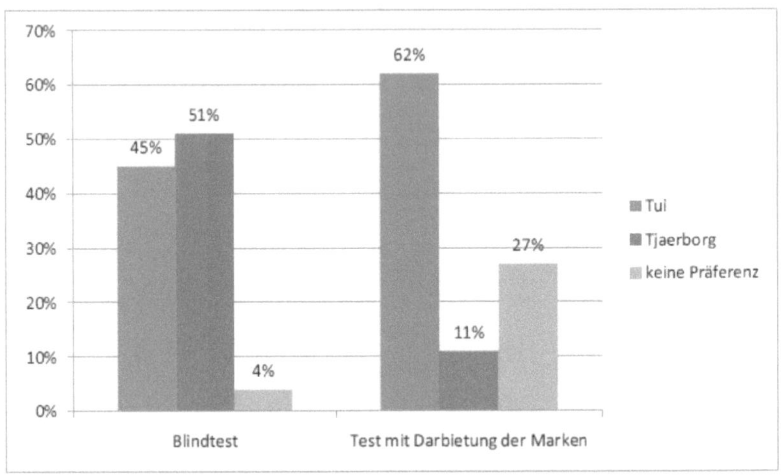

Anhang 2: Präferenzverteilung bei Blindexperimenten
Quelle: In Anlehnung an: Kenning, P. et al (2002), S. 3.

	Produkt	Arbeitgeber
Wahrnehmung	Produkt ist sichtbar, eindeutiges Design, Markenzeichen, Slogan	Arbeitgebereigenschaft nicht sofort sichtbar, erst nach direkter Erfahrung
Markierung	Eindeutig möglich, Markierung durch Markenzeichen, Design, Slogan	Als Arbeitgeber nicht eindeutig möglich, lediglich Unternehmen durch Corporate Design und Design
Differenzierung	Durch Design und Datenangabe eindeutig möglich	Kaum Differenzierungspotenzial, da große Ähnlichkeit der personalpolitischen Instrumente
Kontinuität	Zuverlässigkeit durch Qualitätskontrollen, Testurteile, sichtbare Änderungen	Unterschiedliche Umsetzung der personalpolitischen Instrumente durch Führungskräfte
Positionierung	Eindeutig möglich	Bei Rekrutierung mehrerer Zielgruppen schwierig
Bewertung	Weitestgehend vor dem Kauf möglich	Erst eindeutig nach Eintritt und längerer Verweildauer möglich
Entscheidungsrisiko	Geringes Risiko, Rückgabe und Garantie möglich	Hohes Risiko, Eigenkündigung ist im Lebenslauf sichtbar, erneute hohe Such- und Entscheidungskosten

Anhang 3: Unterschiede zwischen Produkt- und Arbeitgebermarken
Quelle: In Anlehnung an: Petkovic, M. (2009), S. 52.

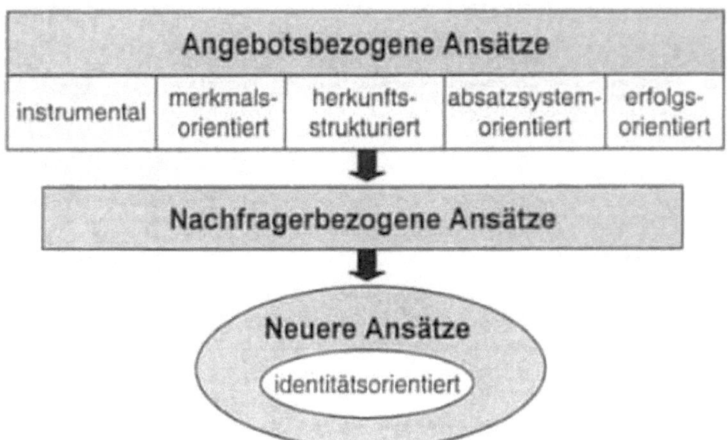

Anhang 4: Verschiedene Markenansätze
Quelle: Ringle, T. (2006), S. 13.

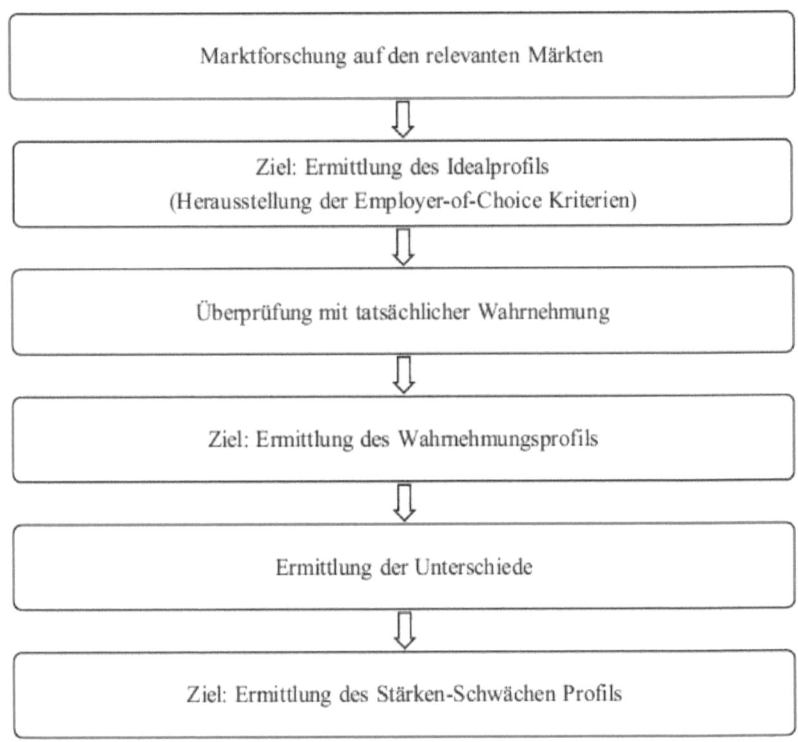

Anhang 5: Prozess der externen Befragung
Quelle: Eigene Erstellung.

Potenzielle Mitarbeiter	Aktuelle Mitarbeiter	Ehemalige Mitarbeiter
• **Gewinnung** von Mitarbeitern mit einem **hohen Fit** zum Unternehmen • **Stärkung der Position am Arbeitsmarkt** gegenüber Wettbewerbern • **Senkung der Akquisitionskosten** für neue Mitarbeiter • **Beschleunigung** des Akquisitionsvorgangs	• Schaffung einer **emotionalen Beziehung** zum Unternehmen • Steigerung von **Zufriedenheit, Motivation** und **Leistung** • **Bindung** von Mitarbeitern • **Senkung der Weiterbildungskosten** durch die höhere Mitarbeiterbindung • Etablierung einer klaren **Werteorientierung**, die für Mitarbeiter erfahrbar ist und die sie an **Konsumenten und andere externe Stakeholdergruppen** im Sinne einer "gelebten Marke" weitergeben	• Aufrechterhaltung einer emotionalen Beziehung • **Weitergabe positiver Erfahrungen** mit dem Unternehmen als Arbeitgeber an interne und externe Zielgruppen des Unternehmens • **Gewinnung Ehemaliger als Kunden** sowie Erhalt der Multiplikatorenfunktion im Absatzmarkt • **Netzwerkaufbau** • Positiver Einfluss auf die Unternehmenskultur

Anhang 6: Potentielle Ziele des Employer Branding
Quelle: Sponheuer, B. (2009), S.99.

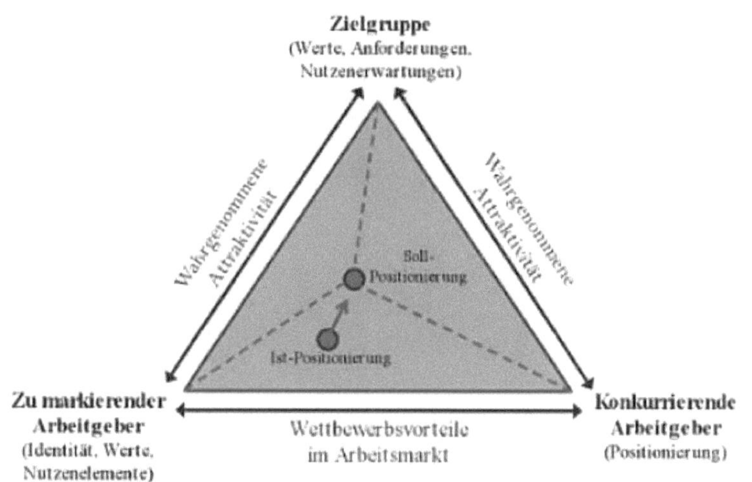

Anhang 7: Strategisches Dreieck der Markenpositionierung
Quelle: Simon, H. et al (1995), S. 16.

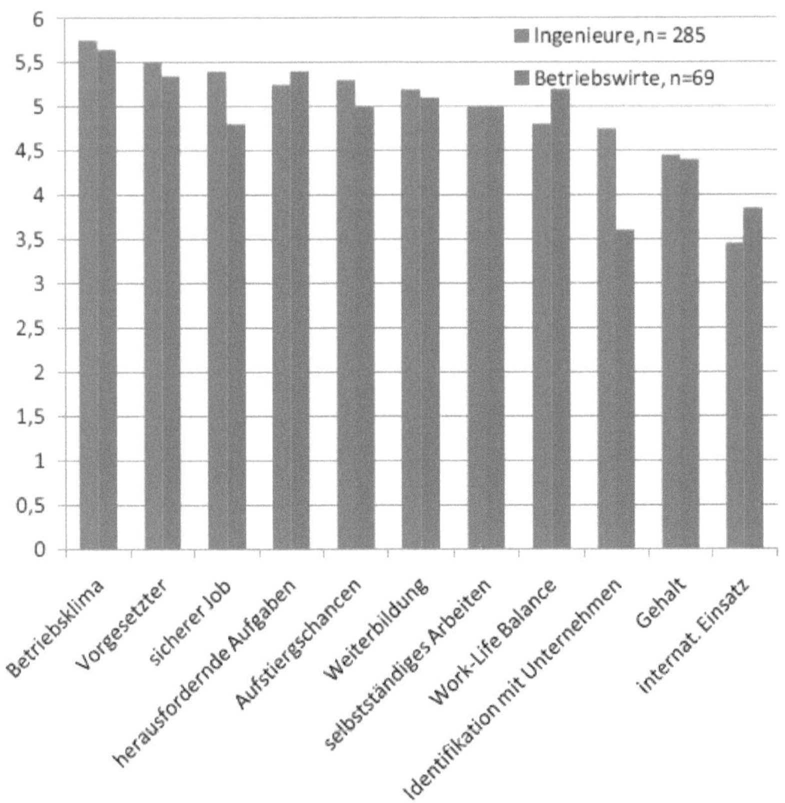

Anhang 8: Faktoren für die Arbeitgeberwahl von Ingenieuren und Betriebswirten
Quelle: Kiefer, S./ Regnet, E. (2008), S. 36.

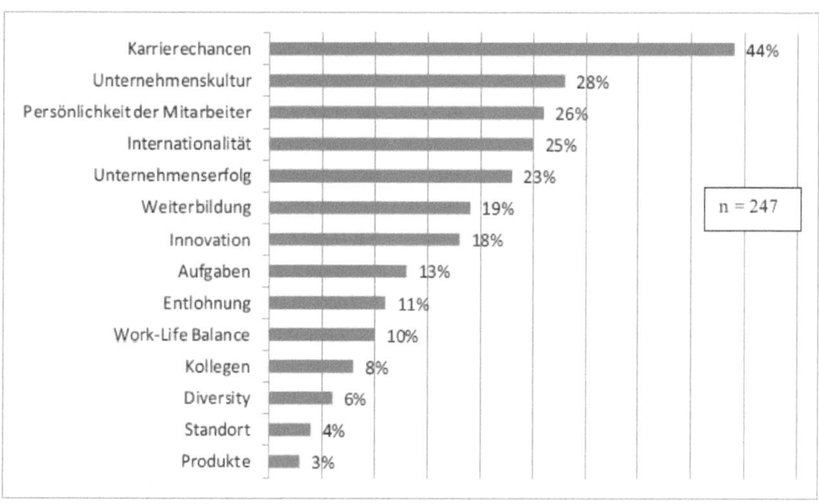

Anhang 9: Maßnahmen zu Positionierung als attraktiver Arbeitgeber
Quelle: Trost, A. (2008), S. 35.

Merkmale	Persönliche Kommunikation	Unpersönliche Kommunikation
Umfang des Empfängerkreis	gering	groß
Homogenität des Empfängerkreises	groß	gering
Kontaktfrequenz	groß	gering
Kontaktintensität	groß	gering
Distanz Sender-Empfänger	gering	groß
Rückkopplung Empfänger-Sender	groß	gering

Anhang 10: Merkmale persönlicher und unpersönlicher Kommunikation
Quelle: Kroeber-Riel, W. et al (2009), S. 536.

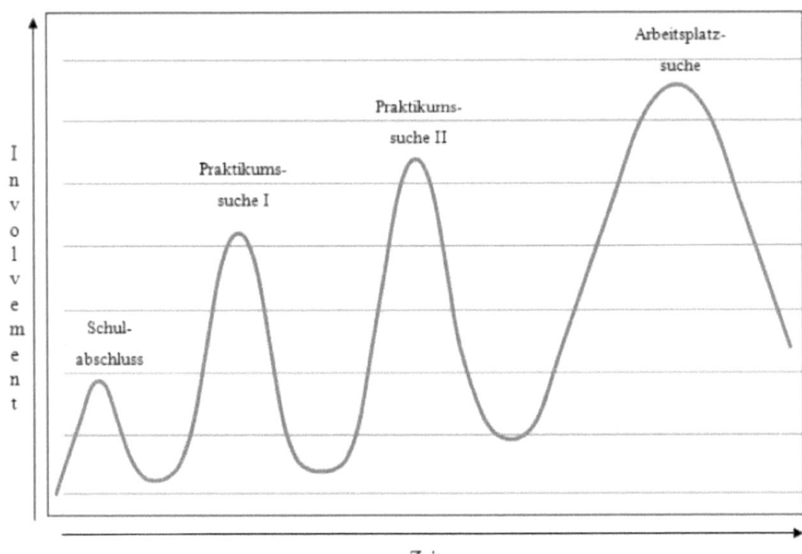

Ziele	Bekanntheit steigern	Informationen vermitteln	Vertrauen erzeugen	Relevant sein
Mittel	Massenkommunikation (Printanzeigen, Fernsehwerbung)	Eher Massenkommunikation (Jobbörsen, Unternehmensbesichtigungen)	Eher persönliche Kommunikation (Messeauftritte, Praktika)	Persönliche Kommunikation (Einzelgespräche)

Anhang 11: Involvement während der Studienzeit
Quelle: In Anlehnung an: Petkovic, M. (2008), S. 229.

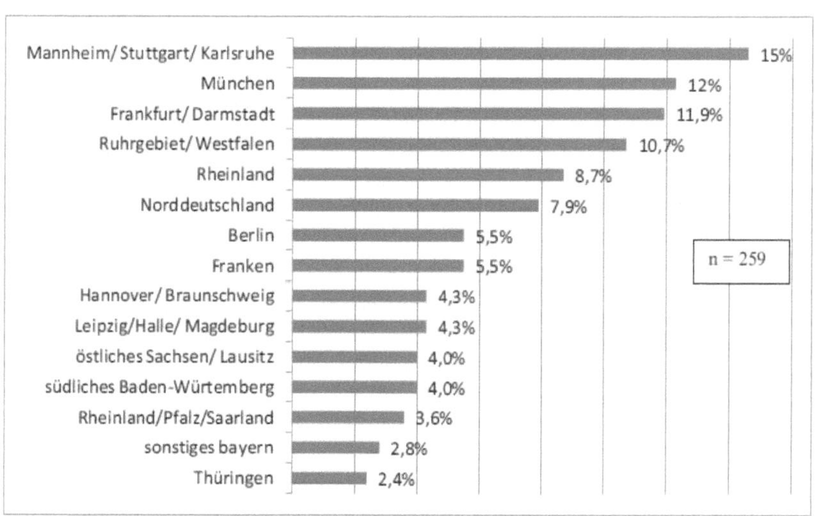

Anhang 12: Stellenanzeige für einen Controller
Quelle: BBDO Consulting (2006).

Anhang 13: Regionale Verteilung der Hochschulmessen
Quelle: Stephan, M. (2010), S. 46.

Größenklasse A (20-100 Mitarbeiter)	Größenklasse B (101-500 Mitarbeiter)	Größenklasse C (über 500 Mitarbeiter)
1. Krieger Schramm GmbH & Co. KG 2. Basilea Pharmaceutica Deutschland GmbH 3. New Communication GmbH & Co. KG 4. Fischer Academy GmbH 5. complement AG	1. Fujitsu Semiconductor Europe GmbH 2. dmc digital media center GmbH 3. Asklepios Klinik Hohwald 4. abat AG 5. HALTEC Hallensysteme GmbH	1. PHOENIX CONTACT GmbH & Co. KG 2. KiKxxl GmbH 3. PHOENIX CONTACT ELECTRONICS GmbH 4. TeamBank AG 5. B.A.D Gesundheitsvorsorge und Sicherheitstechnik GmbH

Anhang 14: Top Arbeitgeber nach Top Job 2010
Quelle: In Anlehnung an: Compamedia GmbH (2011b,c,d).

Platzierung	Unternehmen
	Top 3 der Unternehmen 50 bis 500 Mitarbeiter
1	noventum consulting GmbH
2	atrias personalmanagement gmbh
3	SAS Institute GmbH
	Top 3 der Unternehmen 501 bis 2.000 Mitarbeiter
1	DIS AG
2	domino-world TM
3	Cisco Systems GmbH
	Top 3 der Unternehmen 2.001 bis 5.000 Mitarbeiter
1	3M Deutschland GmbH
2	Microsoft Deutschland GmbH
3	ING-DiBa AG
	Top 3 der Unternehmen über 5.001 Mitarbeiter
1	SMA Solar Technology AG
2	Techniker Krankenkasse
3	Dow Deutschland

Anhang 15: Deutschlands beste Arbeitgeber 2011
Quelle: Great Place to Work Istitute Inc. (2011a).

Trendence Deutschland	Universum Deutschland
Business	
1. AUDI AG	1. AUDI AG
2. BMW Group	2. BMW Group
3. Deutsche Lufthansa AG	3. Deutsche Lufthansa AG
4. Porsche AG	4. Porsche AG
5. Deutsche Bank AG	5. Deutsche Bank AG
6. Adidas AG	6. McKinsey & Company
7. Auswärtiges Amt	7. Auswärtiges Amt
8. PricewaterhouseCoopers	8. Daimler AG
9. KPMG	9. Google Inc.
10. Volkswagen AG	10. Volkswagen AG
Engineering	
1. AUDI AG	1. AUDI AG
2. BMW Group	2. BMW Group
3. Porsche AG	3. Porsche AG
4. Siemens AG	4. Siemens AG
5. Bosch Gruppe	5. Daimler AG
6. Volkswagen AG	6. Volkswagen AG
7. Daimler AG	7. Lufthansa Technik AG
8. EADS	8. EADS
9. Lufthansa Technik AG	9. Fraunhofer-Gesellschaft
10. Fraunhofer-Gesellschaft	10. DLR

Anhang 16: Arbeitgeberpräferenzen von akademischen Nachwuchskräften 2010/2011
Quelle: In Anlehnung an: Trendence Institut GmbH (2010), Universum (2011).

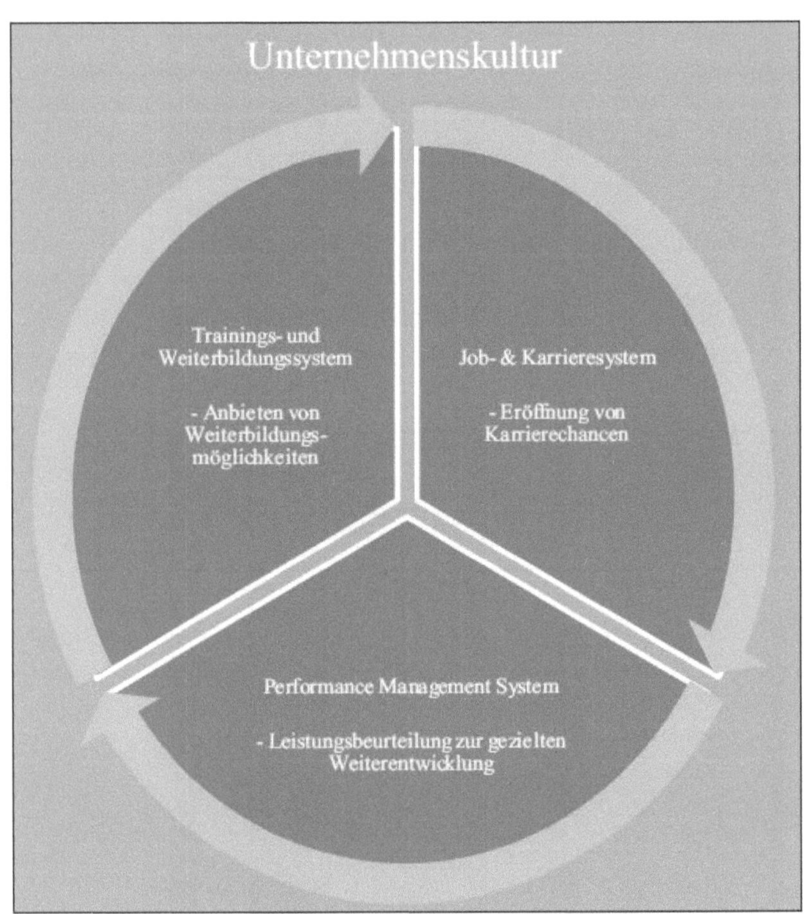

Anhang 17: Teilaspekte des Employer Brandings der Comparex AG
Quelle: Eigene Erstellung.

Anhang 18: Optische Gestaltung des Create Your Own Career Konzepts
Quelle: Bertelsmann AG (2011c).

Reasons for Choosing a Company	GER	FRA	IND	CHI	RUS	USA
Good working atmosphere	3,66	3,64	3,72	3,60	3,62	3,73
Cares for and respects its employees	3,59	3,52	3,64	3,71	3,61	3,75
Responsibility and challenges	3,46	3,72	3,76	3,50	3,21	3,53
Long-term business strategy	3,37	3,40	3,51	3,60	3,43	3,39
Regular training and personal development	3,29	3,28	3,59	3,53	3,32	3,47
Values I can share	3,22	3,28	3,38	3,52	3,03	3,44
Try new things, and mistakes are allowed	3,21	3,12	3,00	3,08	3,14	3,21
Appreciation of different cultural backgrounds and diversity	3,19	3,48	3,59	3,36	2,96	3,22
High quality products and/ or services	3,15	3,44	3,59	3,38	3,06	3,36
Job security and stability	3,09	2,56	3,55	3,24	3,31	3,48
International company	3,01	3,40	2,84	3,22	3,04	2,38
High salaries and benefits	2,80	3,04	3,02	3,34	3,21	3,17
High growth ambitions	2,77	3,32	3,59	3,42	3,00	3,16
High prestige and reputation	2,47	2,36	3,16	3,15	3,02	2,85
Close to where my family/ spouses live	2,44	2,12	2,32	2,29	2,11	2,84
A big company	2,17	2,20	2,57	2,45	2,46	2,19

n= 970;   1: not important;   4: very important

Anhang 19: Kulturelle Unterschiede bei der Bewertung als attraktiver Arbeitgeber
Quelle: Riedel, T. (2010), S. 53.

Einzelbände

Christian Schmidt
Employer Branding. Notwendigkeit und Gestaltungsmöglichkeiten
ISBN: 978-3-656-61557-6

Nicole Klein
Nachhaltige Unternehmenspolitik. Ein Wettbewerbsvorteil im "War for Talents"?
ISBN: 978-3-656-84059-6

Jakob Stoffel
The War for Talent. Gewinnen und Binden von High Potentials am sich wandelnden Arbeitsmarkt
ISBN: 978-3-656-88859-8

Nico Oertel
Employer Branding. Personalmarketing mit Zukunft
ISBN: 978-3-656-19069-1